江西科技师范大学校出版资助基金资助

语言应用偏误分析

杨霞林　吴峥嵘　肖放亮　林芝雅　黄利华　著

西南交通大学出版社
·成　都·

图书在版编目（CIP）数据

语言应用偏误分析 / 杨霞林等著. —成都：西南交通大学出版社，2013.1（2019.7 重印）
ISBN 978-7-5643-2129-1

Ⅰ.①语… Ⅱ.①杨… Ⅲ.①汉语–应用语言学 Ⅳ.①H1

中国版本图书馆 CIP 数据核字（2012）第 319955 号

语言应用偏误分析

杨霞林　吴峥嵘　肖放亮　林芝雅　黄利华　著

责 任 编 辑	郭发仔
特 邀 编 辑	程　曾
封 面 设 计	墨创文化
出 版 发 行	西南交通大学出版社
	（四川省成都市二环路北一段 111 号
	西南交通大学创新大厦 21 楼）
发 行 部 电 话	028-87600564　87600533
邮　　　　编	610031
网　　　　址	http://www.xnjdcbs.com
印　　　　刷	成都蓉军广告印务有限责任公司
成 品 尺 寸	148 mm×210 mm
印　　　　张	9.312 5
字　　　　数	260 千字
版　　　　次	2013 年 1 月第 1 版
印　　　　次	2019 年 7 月第 3 次
书　　　　号	ISBN 978-7-5643-2129-1
定　　　　价	28.00 元

图书如有印装质量问题　本社负责退换
版权所有　盗版必究　举报电话：028-87600562

前　言

　　语言是由语音、词汇和语法组成的，具有承载民族文化和传递信息的功能，它是一个用于社会交际、庞大而又复杂的系统。

　　语言是工具，是具有多功能、多属性的交际工具。工具人人会用，但使用的效果因人而异。比如，拥有一台高性能配置的电子计算机，有人只会进行人机对话，玩玩游戏；有的人仅仅用来上网看看新闻，看看网络电影；有的人只是通过它写几篇文章、存储一些资料，发几份电子邮件；而有的人办工、学习、通信、交际、购物、汇款、娱乐等都离不开电子计算机，其工具性能被发挥到极致。就工具性质而言，语言和电子计算机有相似之处。语言学属工具性学科，适用于人类社会的任何领域。人类社会成员认识、理解语言工具属性的程度直接影响到语言使用的质量及效果。不同的人使用电子计算机，效能效应大不一样；无以数计的社会成员时时刻刻在使用语言工具进行思考、学习、工作、交际和娱乐，其客观质量、社会效果更是千差万别，大相径庭。

　　语言应用是一种综合能力，是人类社会成员生存能力、学习能力、交际能力和工作能力的日常自然显示。人的能力有的是先天具有的，如呼吸、觅食、运动等；有的是后天通过不断学习和实践锻炼形成的，如语言应用能力。人类个体语言能力从某种程度上决定了社会成员自身的生存、发展。

　　语言应用能力的养成贯穿了实践者的生命历程，语言应用的质量和效果在语言实践中不断得以提升。其间，民族特征、地域习俗、社会形态、家庭和学校教育，以及生活习惯、感情表达，都会对个人的语言能力产生影响。因此，每个社会成员的语言应用能力和语言表述方式千差万别，有时出现偏误在所难免。

　　语言应用偏误分析指针对语言实践中所产生的各种偏离、偏差或错误的口语、书面语现象进行有针对性的分析，通过纠偏改错来获得理想的语言效果。语言应用偏误分析并非局限于人们常说的纠正错别字和修改病句，其内容远比后者丰富。语言应用偏误分析不仅同人们的语言活动和思维活动直接相关，而且包括民族语言特征、民族情感方式、地域民俗习惯、各种语言环境、不同语言形态和接收信息的认知、理解程度以及信息交流双方或多方的背景、思想、感情和心理状态等多方面因素。无疑，具体的语音、词汇和语法的内容和形式是语言应用偏误分析的主要载体，同时涉及记录语言的书写错误和追求语言表达效果的修辞手段应用偏差、失误，等等。

语言应用偏误现象纷繁复杂，产生的原因多种多样，但还是有规律可循。我们力图对杂乱无序的语言应用偏误现象进行归纳分类，分别从语音、语句、修辞、语用推理和汉字等方面寻找偏误产生的具体原因，分析各种偏误的特质和属性，然后提出纠偏改错的有效方法，努力从系统性、科学性和合理性等方面构建汉语应用偏误分析的理论框架，探寻汉语应用偏误分析规律。

本书编写之前由杨霞林和吴峥嵘共同讨论并明确写作指导思想，商定编制全书写作体例。参加编写的人员及其承担的写作内容按章节顺序说明如下：

杨霞林，前言，第一章　绪论；
肖放亮，第二章　语音偏误分析；
吴峥嵘，第三章　语句偏误分析；
林芝雅，第四章　修辞偏误分析；
杨霞林，第五章　语用推理偏误分析；
黄利华，第六章　汉字偏误分析；
最后由杨霞林统稿。

我们对语言应用偏误分析的认识、思考和研究刚刚起步，科学阐释和论证还欠深入，难免出现语言应用偏误分析中的"偏误"，期待各位批评指正。

作　者

2012年9月

目 录

第一章　绪　论 ··· 1
　第一节　语言应用偏误分析概说 ··· 1
　　一、语句形态正确掩盖的应用偏误 ··· 3
　　二、语言应用偏误分析的合理或合情推理 ··································· 6
　　三、思维形式规律同语言应用偏误分析的关系 ····························· 10
　第二节　语言应用偏误的基本类型 ·· 13
　　一、语音偏误 ··· 13
　　二、语句偏误 ··· 16
　　三、修辞偏误 ··· 19
　　四、语用推理偏误 ·· 20
　　五、汉字偏误 ··· 24
　第三节　偏误校正的基本方法 ··· 27
　　一、信息要素与概念本质属性统一 ·· 27
　　二、客观内容与主观情感因素统一 ·· 30
　　三、内容减缩与补充潜在信息统一 ·· 33
　　四、信息传递与正确完整理解统一 ·· 35

第二章　语音偏误分析 ··· 39
　第一节　语音偏误概说 ·· 39
　　一、语音偏误 ··· 39
　　二、普通话语音偏误分析 ·· 40
　第二节　音位偏误分析 ·· 40
　　一、音位偏误概说 ·· 40
　　二、声母偏误分析 ·· 43
　　三、韵母偏误分析 ·· 47
　　四、声调偏误分析 ·· 53

第三节　音节偏误分析 ································· 54
一、普通话同音偏误分析 ······························· 54
二、普通话异音偏误分析 ······························· 62
第四节　韵律偏误分析 ································· 64
一、音节调配偏误 ······································· 64
二、音节节拍偏误 ······································· 67
三、平仄偏误 ··· 69
四、押韵偏误 ··· 73

第三章　语句偏误分析 ································· 78
第一节　语句偏误概说 ································· 78
一、在一定限度内灵活运用语法规则不影响言语交际，
不会造成语句偏误 ································· 79
二、出现语句偏误的句子大量存在，需要我们认真分析 ········ 81
第二节　句子成分搭配不当引起的语句偏误 ············· 83
一、句子成分残缺 ······································· 83
二、句子成分与词语的不匹配 ·························· 92
第三节　语义搭配不当引起的语句偏误 ················· 95
一、两个词语的意义不能相互选择造成的偏误 ············ 96
二、词语的意义与句子所要表达的
意义不能搭配而造成偏误 ·························· 106
第四节　语序不当引起的偏误 ·························· 111
一、多重定语或多重状语的语序出现错误导致偏误 ········ 111
二、词语的顺序不符合事理导致偏误 ···················· 118
第五节　虚词的误用及句子杂糅导致的偏误 ············ 124
一、虚词的误用导致偏误 ······························ 124
二、杂糅导致的偏误 ···································· 131

第四章　修辞偏误分析 ································· 137
第一节　修辞偏误概说 ································· 137
一、什么是修辞偏误 ···································· 137

二、修辞认识中的几种偏误……………………………………139
　第二节　修辞中的语音偏误……………………………………142
　　一、语音锤炼概述………………………………………………142
　　二、语音偏误类型………………………………………………146
　第三节　修辞中的词语偏误……………………………………154
　　一、词语锤炼概述………………………………………………154
　　二、词语偏误类型………………………………………………164
　第四节　修辞中的句子偏误……………………………………179
　　一、句子锤炼概述………………………………………………179
　　二、句子偏误类型………………………………………………184
　第五节　修辞格的使用偏误……………………………………197
　　一、比喻偏误……………………………………………………197
　　二、比拟偏误……………………………………………………201
　　三、借代偏误……………………………………………………203
　　四、夸张偏误……………………………………………………204
　　五、对偶偏误……………………………………………………207
　　六、排比偏误……………………………………………………211
　　七、仿词偏误……………………………………………………212

第五章　语用推理偏误分析……………………………………214
　第一节　语用推理偏误分析概说………………………………214
　　一、辨析词语信息，理解概念本质……………………………215
　　二、理清事物关系，明确语句内容……………………………216
　第二节　与概念相对应的词语偏误分析………………………218
　　一、明晰概念属性………………………………………………218
　　二、理解概念特征………………………………………………220
　　三、确定概念外延………………………………………………222
　第三节　与简单命题相对应的单句偏误分析…………………225
　　一、辨析命题蕴涵………………………………………………225
　　二、确定陈述主体………………………………………………227

三、明晰事物性质 ································· 229
第四节　与复合命题、推理相对应的复句偏误分析··· 232
　　一、补充潜在信息 ································· 232
　　二、考察事物关系 ································· 236
　　三、借助思维形式 ································· 241

第六章　汉字偏误分析 ································· 245
第一节　汉字偏误概说 ································· 245
　　一、什么是汉字偏误 ······························· 245
　　二、造成汉字偏误的原因 ··························· 246
第二节　汉字笔画偏误 ································· 248
　　一、笔画变形 ····································· 249
　　二、笔画增减 ····································· 251
　　三、笔画误断误连 ································· 252
　　四、笔画配合偏误 ································· 252
　　五、笔顺书写偏误 ································· 253
第三节　汉字部件偏误 ································· 255
　　一、部件增减 ····································· 255
　　二、部件改换 ····································· 260
　　三、部件组合偏误 ································· 268
第四节　汉字整字偏误 ································· 268
　　一、形近替代 ····································· 268
　　二、同音替代 ····································· 272
　　三、义近替代 ····································· 278
　　四、违规用字 ····································· 281
第五节　汉字偏误校正的基本方法 ······················ 282
　　一、扎实掌握组合汉字的基本元素 ··················· 282
　　二、学习汉字六书的基本知识，掌握汉字正字方法 ····· 283
　　三、学习和使用规范汉字，关注汉字的调整变化情况····· 285

参考文献 ··· 287

第一章 绪 论

第一节 语言应用偏误分析概说

认识和理解语言应用偏误分析概念的前提是对语言概念和民族语言概念具有明确、清晰的认识。

语言是由语音、词汇和语法组成的,具有承载民族文化和传递信息的功能,它是一个用于社会交际的庞大而复杂的系统。现代汉语是以北京语音为标准音,以北方词汇为基本词汇,以典范的白话文著作为语法规范的现代汉民族共同语。

列宁曾说,语言是人类最重要的社会交际工具,强调了语言工具性质的重要性,但这仅仅揭示了语言概念的一部分内涵。在人类世界,不同语系、不同民族的语言分别具有各自的语系特点、地域特征和特有的民族情感表达方式。所以,不同语系、不同民族语言的民族性和地域性特征非常明显。语言的形成和运用离不开思维形式和逻辑推理。思维是无声的语言,语言是有声的思维,社会成员以民族语言为载体进行思维活动。任何一个人进行思维活动时都要运用恰当的或者自己认为合适的思维方式和方法,在大脑中形成语句雏形——这是人脑内部层面的语言活动,然后通过转换机制转换成口头语或书面语,表达思想、传递信息。二者的语言形态和语义表述体现了逻辑的概念、命题、判断、推理和一般逻辑方法的内容。语言能力是一种综合能力,是人类社会成员生存能力、学习能力、交际能力和工作能力的日常自然显示。

语言应用偏误分析指针对语言实践中所产生的各种偏离、偏差或错误的口语、书面语现象进行有针对性的分析,通过纠偏改错来获得理想的语言效果。偏离、偏差和错误主要包括两种情况:一是在不同语境传递信息、交流信息过程中出现的语言形态或文字材料等方面的不正确、不规范、不和谐现象；二是在接收语言信息时，未能全面正确理解对方的思想或者意图而产生的不准确、不完整的认知、理解。本书以现代汉民族共同语的口语、书面语和语言材料为认知、分析和研究对象。

语言应用偏误有时是个体的有时可能是群体的语言现象，属于对正确目的的语言规律的偏离。语言应用偏误反映了语言活动中实践者的语言表达能力和接收能力等方面的问题。语言应用偏误现象纷繁复杂，产生的原因多种多样，但还是有规律可循。学习语言应用偏误分析，可以帮助我们认识语言习得规律并深化认识，指导我们避免自身偏误，发现并校正他人的偏误，从而提高语言能力。

语言应用偏误分析不仅包含传统意义的纠正错别字和修改病句，而且内容远比后者丰富。它还包括民族语言特征、民族情感方式、地域民俗习惯、具体语言环境、语言表述形态和接收信息的认知理解程度，以及信息交流双方或多方的背景、思想、感情和心理状态等多方面因素。当然，语言材料是语言应用偏误分析最主要的载体，包括语音、词汇和语法的内容和形式，以及记录语言的文字和追求语言表达效果的修辞手段应用效果，等等。

社会成员在语言实践中出现语言应用偏误是一种必然现象。其产生的原因是多方面的。一方面，语言按照自身的规律处在不停的运动变化和发展当中，而语言学理论的研究和发展往往相对滞后；另一方面，人们学习语言、运用语言，不可能是先系统学习语言学知识和理论之后再使用语言，而是在语言实践中学习语言，自觉或不自觉地慢慢积累语言的感性知识，逐渐提升自己的语言能力，期间出现应用偏误在所难免。每个人学习语言的过程都非常漫长。教育、指导我们学习语言的老师包括年幼时家庭内部年长的成员、儿时玩耍的伙伴、学校读书学习时的老师和同学，等等。在这种自然状态中学习和使用语言，出现偏误难以避免。相对而言，在语言学习的初级阶段产生的偏误较多，到熟练掌握思维和语言工具之后应用偏误现象便会逐渐减少。但是，表述或理解相对复杂的思想时，如果违反了思维和语言规律，就会产生语言应用偏误。

一、语句形态正确掩盖的应用偏误

有的语句结构和形式没有明显问题，却存在多处偏误。一篇关于松江鲈鱼传说的散文写道：

……而且随着时光的流逝，关于四鳃鲈的美谈还在延续。

语句形态没有问题，但句中的"随着"、"流逝"和"延续"时间概念错乱。

"流逝"，意味着远去。按照原句陈述的时间节点画个坐标，那么箭头在当年，而箭尾在今天、明天和将来。"延续"则正好相反，如果今后仍将延续的话，那么箭尾在当年，箭头在今天、明天和将来。

两个反向的箭头，又怎么能产生"随着"的效果呢？如果要保留原句的"延续"语义，有两种修改方案：

方案一：改"流逝"为"延续"，调整后的句子为：而且随着时光的延续，关于四腮鲈的美谈还在延续。

方案二：删"而且"，再删"流逝"前的"的"，改"随着"为"纵然"，"还"字前面加个"却"字。修改后的句子为：纵然时光流逝，关于四腮鲈的美谈却还在延续。

原句的偏误属于经常出现于人们语言实践中的时空错位、事物发展顺序或事物之间关系的紊乱、主观愿望与客观效果相违背的现象。再如下面描写雷雨天的语句：

……那是前所未有的一个夜晚，暴雨交加，电闪雷鸣……

"交加"指两种事物同时出现或同时作用一个对象，说的是两个事物之间的关系。"暴雨"为单一事物，如何"交加"？这一类属于空间方位错乱，动机与目的相反的偏误。

考查书面语，一般较为注重信息内容的准确度和清晰度，以及表达形式的规范、文字的书写形体是否正确，等等。有时偏误会隐藏于正确的语句形态当中。如：

人与动物存在区别。

这是一个典型的语言应用偏误案例。命题的语言形态没有问题，但存在概念相互之间界限模糊的错误。命题的语言应用目的不仅仅是区别两个事物外延的差异，还在于人与动物两个事物之间的关系以及本质属性的不同。这里的人与动物两个事物概念之间的关系是属种关系，属于同一类事物。概念反映事物的本质属性是以类为单位的，表明两个事物存在区别，首先必须理清二者之间的类属关系，重点还是阐述语句两个陈述对象的本质属性差异。

我们知道，人也是动物，而且仅仅是动物中的一种。人与动物之间的关系是子类事物同母类事物的关系。犹如确认越野吉普车是汽车的一个种类，则越野吉普车与汽车的区别之命题不能成立。提出一个命题，内容必须清晰。人与其他动物的区别很多，必须找出最本质的区别，才能准确、科学、正面回答这个问题。考察人与其他动物两个认识对象各自的特点，比较二者之间的区别，实际上就是运用定义这一逻辑方法揭示两个事物的内涵，以概念方式表达它们各自的本质属性。

一般认为，人是直立行走、会思维、能制造并使用工具进行劳动的高级动物。动物是会呼吸、能运动、需要摄取食物的生物。两个概念表明人除了动物的一般性特征之外，还具有其他动物不具备的直立行走、会思维、能制造和使用工具等属性，二者的根本区别就在于此。而近年来许多科学研究成果证明，猩猩、棕熊等动物直立行走是经常性行为，而猴子、猩猩用石块砸开核桃，用粗大的树枝压碎坚果外壳获取食物就是使用工具的过程。看来，证明人与其他动物的本质区别还得从人的社会属性同动物的自然属性的差别这一角度来进行考察。

人是以语言为载体进行思维活动的高等动物。语言的实质是，由语音、词汇和语法组成的，具有承载民族文化和传递信息功能，是一个用于社会交际的庞大而复杂的系统。在人类世界，不同语系、不同民族的语言分别具有各自的语系特点、地域特征和特有的民族情感表达方式。而区别于人的其他动物群体内部一般只有简单的信息内容及其传递方式，如猴子的尖叫声传递危险信号，诸如此类的都是最初级的、适用范围很小、信息含量极少的简单信息传递。人类以外的动物怎么可能拥有各自的语言系统呢？

人类同一的思维形式更是其他动物所不具有的。逻辑形式和逻辑规律是客观世界的反映。概念、命题、推理等思维形式以语言为载体，经过漫长的历史发展，已经形成科学的系统。与语言学科一样，其工具性特征使之成为应用于各门类学科的基础科学。多种报纸、杂志和书籍所言动物的"思维"仅仅是无科学系统的、连思维形式启蒙状态也谈不上的条件反射。人之外的任何动物群体都没有语音、词汇和语法组成的语言系统，自然也就没有承载思维形式的物质载体，何来真正科学意义的思维活动？

通过以上阐释我们清楚了人与其他动物最主要的区别在于人是以语言为载体进行思维活动的，而其他动物不具有这种高智能的社会属性。其实，这个命题只须增加两个字，表述为"人与其他动物存在区别"，就没有问题了。

再来看一则网络新闻标题：

教育部：非必须不举办暑期学生集中活动

这是一个句义混乱并产生歧义的句子。句首的"非"是负命题的标志，否定了"必须不举办暑期学生集中活动"的属性。不仅表述不清晰，而且令人费解。

再看正文：北京8月2日电：教育部2日晚间下发紧急通知，要求各地在暑期举办学生集中活动时依据"非必须，不举办"的原则。而网络新闻作者在网络发表时却将标题写成"非必须不举办暑期学生集中活动",去掉了"非必须,不举办"中的双引号和逗号,变成了病句。

此处标题应改为:

教育部紧急通知:"非必须,不举办"暑期学生集中活动
或:非必须,不举办暑期学生集中活动

二、语言应用偏误分析的合理或合情推理

推理是指根据已知命题进行推导,得出新的命题。这是获得新知识的有效途径,是思想的积极扩展。思维形式之一的推理强调结论的客观性、科学性和有效性,以及推理形式的正确、规范,此为合理推理。在语言实践中,人们在特定语言情境中会自觉或不自觉地运用推理,这种推理并不完全等同于逻辑推理,大多数情况下不一定完全遵守思维形式推理规则。因为在动态的推理过程,往往会因为诸多因素而受到干扰,包括具体语境和信息交流多方的阅历、情感等因素,得出结合当时具体语言材料的、针对具体事物的特殊性结论。此为合情推理。

有的语言信息蕴涵相对错综复杂的语用认知心理过程,包括补充和激活语境信息,经过必然或者不必然的推导过程再引申出结论,最终的理解建立于交际双方对交际话语、交际情景和交际意图互明的基础上。这种交流过程显得复杂一些。语用语言应用偏误分析方法能够清晰解读这种语言现象。

一个现实生活中的对话场景:小个子班长擦黑板,最高处的"垃圾"够不着。她转过身很客气地请一名高个子男同学帮忙。看上去颇有绅士风度的男同学甩给班长一句:

我又不是班干部,更不是入党积极分子,我为什么要擦黑板?

高个男同学回答小个班长的话完整的意思包括补充和激活的语境信息,即下面推理的第一句话,形成了一个三段论推理:

班干部和入党积极分子擦黑板；
我不是班干部也不是入党积极分子；
所以，我不擦黑板。

问题在第一句话，也就是推理大前提的概念"擦黑板"并不周延，而在推理的结论中周延了，这就违反了三段论推理的基本规则：前提中不周延的概念在结论中不得周延。周延是逻辑学概念，指一个概念的所有外延被断定，即概念周延，反之则不周延。小个班长和高个男同学的信息交流，虽然肯定了"班干部和入党积极分子要带头擦黑板"，但至于其他人（包括我）是否擦黑板，根据前面提供的材料进行推理不能推导出必然性的否定结论；即使进行推导，只能得出或然性结论：其他人（包括我）可能擦黑板，也可能不擦黑板。所以，高个男同学的说法蕴涵的推理形式并不合理也不合情，缺乏可靠性。

《吕氏春秋·审应览第六》言秦国和赵国订约：

空雄之遇，秦、赵相与约，约曰："自今以来，秦之所欲为，赵助之；赵之所欲为，秦助之。"居无几何，秦兴兵攻魏，赵欲救之。秦王不说，使人让赵王曰："约曰：'秦之所欲为，赵助之；赵之所欲为，秦助之。'今秦欲攻魏，而赵因欲救之，此非约也。"赵王以告平原君，平原君以告公孙龙。公孙龙曰："亦可以发使而让秦王曰：'赵欲救之，今秦王独不助赵，此非约也。'"

这段话的意思是秦、赵两国所定条约规定：从此以后，秦国要做的，赵国帮助；赵国要做的，秦国帮助。不久，秦国发兵攻打魏国，赵国要去援救。秦王很不高兴，派人责问赵王说，我们两国已经约好，秦国所要做的，赵国帮助；赵国所要做的，秦国帮助。现在秦国进攻魏国，赵国不但不帮助秦国，反而要援救魏国，这是违背条约的。赵王把这件事告诉平原君，平原君又告诉了公孙龙。公孙龙说，赵国也可以派人去责问秦王，赵国要援救魏国，现在秦国竟然不帮助赵国。这也是违反条约的。

秦使者指责赵国违约是有据可依，而公孙龙的回答同样理直气壮，双方各执一词，据理互不相让。为什么秦赵两国对所订条约作出完全不同的解释？秦责问在前，主动权在手，而赵回应于后，也丝毫不显被动。平原君的门客公孙龙是战国末年名家主要代表人物之一，他就是利用了条约中"所欲为"概念既没有明确内涵又无具体外延的含混，各自都为自身利益着想，双方的理解自然会产生歧义，以致思想交流无法正常进行，谁也说服不了谁，使得秦国的指责不能成立。秦赵两国各执一词，各自的推理言辞貌似合理，实则矛盾，所以无效。

协议、条约、合同和公文最忌讳语焉不详，自古以来就是这样。词语表意，语句陈述的基础是概念，其次才是命题。概念不清晰如同没有房基的空中楼阁，如产生分歧则找不到争辩的物质坐标，是真正的说不清楚；反之，概念清晰了，认识对象明确了，即使不争辩也明明白白。

有个学生从网上抄来的三段论，请老师回答后面的补充提问：

大前提：A+B+C=大学生；
小前提：203寝室的同学有A+B而没有C；
结论：　所以，203寝室的同学不是大学生。
补充提问：203寝室的同学是什么？

一个前提内容不明晰的三段论推理。老师回答："根据已知条件，203寝室的同学是具有A+B属性但没有C属性的大学生。该同学摇摇头，不满意。"老师说："只有明确A+B+C的具体内容，才能寻求完整的答案。"

于是这名男同学又递过一张纸，是别的同学写的注解：A=吃饭，B=睡觉，C=谈恋爱。他非常生气地说："我们203寝室四个人都没谈女朋友，别的班有人骂我们是只知道吃饭睡觉的猪。"老师问："骂你们的人一定谈了女朋友啰？"学生点点头。

三段论中的 A、B、C 三项，骂人者仅仅比 203 寝室的同学多了 C 项。以此类推，骂人者充其量只是"谈恋爱的猪"。此三段论推理形式正确无误，但大前提内容不明，A、B、C 可用任何概念替代，无可靠性的结论缺乏说服力。

合理推理是依据已知前提，利用事物之间的本质联系进行推导，不考虑人的感情因素，求得客观性的可靠结论。

科学性和客观性不带任何感情色彩，语言应用偏误分析的合情推理相对复杂，有时牵涉具体内容，合情与合理会产生碰撞。如：

A. 只有努力学习，才能攀登科技高峰。
B. 只有努力学习，才不能攀登科技高峰。
C. 只有不努力学习，才能攀登科技高峰。
D. 只有不努力学习，才不能攀登科技高峰。

这是一本教材解说"必要条件假言推理真值表"所举的一组联结词相同的必要条件假言命题。必要条件假言命题的特征是没有条件就没有结果，有了条件可能有结果也可能没有结果。以必要条件真假值为依据，检测 A、B、C、D 四个命题的真假，得出结论：

A. 有条件，有结果，命题为真；
B. 有条件，无结果，命题为真；
C. 无条件，有结果，命题为假；
D. 无条件，无结果，命题为真。

四个命题只有 C 为假，其余 A、B、D 都为真。

如果 B 命题真，努力学习是徒劳的。但思维形式和规律明确表示真值表阐释必要条件假言命题的逻辑原理正确无误，只是采用的案例没处理好常项和变项的组合关系。单独看一个命题，语义内容容易引起误解。

四个命题是加工后的逻辑语言，穷尽了条件与结果之间关系的所有情况，全范围说明必要条件假言命题的真假情况，不能简单地理解为自然语言表述的意义。在思维实践中，思维形式体现出的是正确、本质和充分的逻辑意义。理解逻辑值的意义和作用，可以帮助人们在思维活动中自觉追求运用思维形式和逻辑方法的有效性、可靠性。

再客观分析 B 命题，把它看成交际语言，其所承载的信息应该和 A 命题的信息综合解读。A 和 B 共同表明必要条件的特征之一：有了条件可能有结果也可能没有结果的两种情况。假如调换成大家都熟悉的内容，就好理解了。如：

A. 只有年满 18 岁，才有选举权。
B. 只有年满 18 岁，才没有选举权。

B 指的是有了条件却没有结果的情况，如被剥夺了政治权利的人即使年满 18 岁，也没有选举权。表示必要条件关系与结果的逻辑语言合理但不一定合情，往往是语义导向让人难以接受。二者兼顾固然理想，但思维形式和规律排斥人的主观意识和思想感情。

三、思维形式规律同语言应用偏误分析的关系

在强调任何人的思维活动都必须服从同一的思维规律的同时，我们必须充分认识和理解民族语言的地域性和民族性特征。不同民族对不同事物有着不尽相同的情感表达方式。有些特殊的语句所承载的信息往往呈现出错综交叉的画面和多维信息空间的特点。

下面举一个较为典型的感情色彩浓烈的谚语为例。最早把现代逻辑学系统地介绍到中国的著名哲学家、逻辑学家金岳霖先生曾说：

十几岁时就发现谚语"金钱如粪土，朋友值千金"有问题，如果以谚语为前提进行逻辑推理，得出结论是"朋友是粪土"。

中国人对朋友的看重和深刻认识可谓历史悠久。从"有朋自远方来，不亦乐乎"、"海内存知己，天涯若比邻"的名句名诗，到秦

琼的"为朋友两肋插刀",以及宋江待朋友胜过亲兄弟的"及时雨"名号传遍江湖,还有坊间"在家靠父母,出外靠朋友"等,都印证了朋友和友情的珍贵。语言表述如果仅凭借词语形容,很难达到人们向往的效果,找个参照物一比较,抽象的事物就形象化、具体化了。世上人人离不开,万万不能少的就是钱,一分钱可以难倒英雄汉,可见钱的珍贵程度。可是,钱和朋友相比较哪个更重要呢?谚语到底说明了什么道理?

"朋友是粪土"?这不是谚语的创作者和使用者自己打自己的板子吗?问题出在哪儿?谚语是联想比喻形象描绘,逻辑推理是思维形式客观推导,二者碰撞的结果让谚语的创作者和使用者都始料未及。我们现在对谚语所涉及的具体对象作事物之间的关系分析。

谚语多来自民间,在形成和流传过程中人们注重用形象化的语言表达主要内容,用最经济的词语画龙点睛,言简意赅;而线性叙述语言的整体科学性和思维形式的有效合理性往往被忽视。谚语把金钱同朋友作直接比较,两利相衡取其重,人们看重的当然是朋友。句子是汉语表达完整意思的基本单位,谚语由两个分句构成,我们考察两个分句内部事物之间的关系之后,再对全句作整体分析。

金钱如粪土,二者之间的关系是:……如……,"金钱"和"粪土"在命题中等值,形成两个事物之间的对称关系;

朋友值千金,二者之间的关系是:……值……,"朋友"和"千金"在命题中等值,形成事物之间的对称关系;

又因为"金钱"概念和"千金"概念等值,通过"金钱"概念的中介作用,"粪土"、"千金"和'朋友'三者形成对称关系传递。

故此,以谚语"金钱如粪土,朋友值千金"为前提进行逻辑思维推理,根据对称关系原理,可理解为:金钱是粪土,朋友是千金(金钱),那么,朋友也是粪土。

人类社会活动的信息交流,特定情境中的语用推理并不完全等同于逻辑推理。语言应用偏误分析中的语用推理遵循的是合理或合情以及意会原则。

谚语"金钱如粪土,朋友值千金"的逻辑推理追求的是单一的必然性结论,"朋友是粪土"的结果使人无法接收。金岳霖先生早年从语句的形式结构和事物之间抽象的对称关系角度进行静态客观的推理,未顾及语句命题的具体语境、民族语言特征以及信息发出和接受多方的情感因素。因此,这种推理的前提与结论之间的关系是超语境的,其结果是一般的、普遍的、有效的。

而语用推理与形式推理的最大区别就是对语境的高度依赖性,前提对结论的意义不是抽象的,而是在具体的语境中显现出来,包括信息交流各方的身份、心理、阅历、信仰、情感以及语境等,区别于抽象、封闭、客观的形式推理。语用推理追求的不仅是合理,还有情境、形象等合情因素,而且信息交流的双方(多方)互相意会和明了。两个形象画面,两组比较对象,多元交叉信息构成了谚语的语言应用表意焦点——朋友重于金钱。在语言变化发展的实践中,各种谚语的长盛不衰也证明了此类语句合情合理性的强大生命力。

以同一个谚语为前提进行推理,怎么会得出不同的结果呢?

在金岳霖先生所处的时代,语言应用偏误分析的语用推理基本理论还未产生,他的静态推理遵循全人类同一的思维规律,注重形式,强调推导的客观性和可靠性,得出具有普遍性意义的一般性结论,合理有效;而语用推理包含民族语言表意特征,还有具体语境和信息交流多方的阅历、情感等因素,得出针对具体语言材料进行比较得出特殊性合情推理结论,同样有效。我们现在分析这一类内容和形式特点突出的语言现象,必须具体问题具体分析,不能简单地认为"金钱如粪土,朋友值千金"表意偏误。

1945年,著名漫画家廖冰兄的漫画《猫国春秋》在重庆展出,大文豪郭沫若应邀参加首展剪彩仪式。郭沫若问廖冰兄:"你的名字为什么取得这么古怪,要自称为兄呢?"版画家王琦代为解释:"他妹妹名冰,兄妹二人相依为命,所以他取名冰兄。"郭沫若听了哈哈大笑,道:

噢,我明白了。郁达夫的妻子一定叫郁达,邵力子的父亲一定叫邵力。

不愧是大文豪，思维敏捷，反应迅速，郭沫若先生顺着王琦话语的思路，从开始向廖冰兄提问立刻转为"我明白了"，并且链接加联想，妙语趣解两位含有家庭内部称谓的名人姓名。因为有廖冰兄的妹妹名叫廖冰在前，所以，郁达夫的妻子叫郁达，邵力子的父亲叫邵力于后就顺理成章了。

郭沫若用的是类比推理吗？郭沫若先生的"类比"是特殊语境中借用类比推理形式即兴衍生出来的类比联想，是一种不受思维形式拘束的自由发挥。就思维方式而言，郭沫若先生采用的是类比联想：以廖冰兄是廖冰之兄为类比条件，戏说郁达夫为郁达之夫，邵力子是邵力之子。特定的语言背景、特定的语言环境中产生了"郭氏"合情推理。

而类比推理是根据两个或更多的思维对象具有一系列相同或相似属性，其中一个对象具有这些相同的属性之外还具有另外的属性，从而推出另一个对象也具有另外的属性。类比推理的适用范围很广，并且完全依赖于两类对象的相同属性进行推导，而且结论必须经过实践检验。

第二节 语言应用偏误的基本类型

语言由语音、词汇和语法构成，文字是记录语言的书写符号，修辞是追求语言表达效果而使用的方法和手段。语言是音义结合的复杂系统，又是一种特殊的社会现象，有口头语和书面语两种形式。语言应用偏误分析以书面语为主要对象，而文字记录语言，修辞讲究如何语用语言，因此语言应用偏误分析大致可以分为语音偏误、语句偏误、修辞偏误、文字偏误和语用推理偏误等几种类型。

一、语音偏误

语音偏误，指语言实践中学习或使用语音过程中的偏离或者偏差现象。语音偏误分析,就是发现偏误的具体问题,归纳偏误的基本类型,指出偏误产生的原因和寻找科学的校正方法,等等。

汉语语音具有区别于印欧语系的许多特点:一个汉字一个音节,音节之间界限分明,每个音节都有元音,乐音较多,加上声调高低起伏转折形成的抑扬顿挫,音乐性特征明显,而且一字多音现象较为普遍。多音字应当结合具体的语言环境确定读音。例如,毛泽东的词《浪淘沙·北戴河》:

大雨落幽燕,
白浪滔天,
秦皇岛外打鱼船。
一片汪洋都不见,
知向谁边?

往事越千年,
魏武挥鞭,
东临碣石有遗篇。
萧瑟秋风今又是,
换了人间。

最后一行"换了人间"的"了"意思是某件事情或某个过程全部结束,区别于用在动词或形容词后面表示动作行为或变化已经完成的助词"了",前者语义较重,读音是"liǎo",后者语义较轻,读音是"le"。如果把"换了人间"的"了"读成"le",那真是大煞风景,不仅破坏了词作的意境,朗读效果也必定大打折扣。

汉语语音系统只有400多个音节,因此同音现象普遍。要认知和掌握同音词语的意义,必须结合具体的语言环境具体分析。辨析读音相同书写形体相同的同音字,如果文字读音先入为主,被表层信息干扰,很容易产生错误。如某小说的句子:

……一个健步冲到门前。

他一个健步跳进湖水。

显然，两个句子中的"健步"都应改为"箭步"。"健步"的意思是步伐矫健，脚步快而有力，如健步如飞。"箭步"的意思是起步的速度像射出去的箭一样飞快，而且步伐跨越的距离很大。"健步"与"箭步"读音相同但意义有别，不可混淆。

再看教学实践中的一个案例，一名学生在课堂上概括名著《红与黑》描写的德·瑞那夫人对于连的感情，用了八个字：

柔情如水，一往情深。

立刻有同学指出，"柔情如水"错了，应该是"柔情似水"。争论由此而起。成语怎么不可以改？胸有成竹可以说成竹在胸，柔肠百转改成柔肠百结，柔情似水说成柔情如水又错在哪里？

汉语语音特征之一，一个汉字一个音节，四个声调再加上轻声的搭配组合，高低起伏，抑扬顿挫，音乐性特征明显。比如楹联讲究平仄间隔，上联平起仄收，下联仄起平收，突出韵律效果，古诗词的吟唱形式对音调的要求更加严格。绝大多数成语经过语言实践锤炼，格式相对固定，语音形式与思想内容的有机结合的确无懈可击。"柔情似水"也体现了这一特点。假如改"似"为"像"，口语化元素不合要求。同样，"如"也不合适。因为前面的两个音节"柔情"都是第二声阳平，声调高昂，尽管"如"具有书面语特点，但声调也是阳平，表示"情"的内涵，怎么能一路高昂洪亮呢？"柔情如水"四个音节的声调组合为：升调/升调/升调/降升调，显得缺少韵律变化，而且阳刚气味十足，不协调；换成"似"就大不相同了。"柔情似水"，四个音节声调为：升调/升调/降调/降升调，韵律变化就出来了。成语述说的主体"柔情"两个音节声音呈上升趋势，响亮登场；紧接着音调下滑，转换成体现阴柔美感的降调"似"；结尾是表示有起有伏的降升调"水"。四个音节声韵调的变化组合，音韵灵动，由刚化柔，悠久绵长。诸如此类的成语还有柔情媚态、柔情蜜意、柔枝嫩叶等等,声调都是平仄有序搭配,目的是从语音形式上结合成语的思想内容突出语音形式效果。

所以,"柔情如水"失去了音调美感,破坏了"柔情似水"内容和形式自然协调的整体效果。在一般情况下,没有充分的理由不要擅自对成语进行改动。

二、语句偏误

这里所说的语句是汉语的语法单位。语指的是词语和短语(有的语法书称之为词组),词是最小的造句单位,短语是词的组合,是大于词的造句单位;句子是词(短语)与词(短语)的组合,加上语气,可以表达相对独立完整的意思,用来传递信息,表达思想。不同数量的词语经过搭配组合可以构成无数语句。在语言实践中,不同语气、不同结构、不同类型的语句承载着丰富的思维内容,更显得形态各异,姿态万千。

词与词(短语)相互组合,加上语气成为句子。信息交流必须结合语境和信息交流对象的具体情形,选择合适的语句形式,并且遵循语法规则,这样说出的句子才能清楚地表达思想。在语言运用的实际过程中,信息传递者未按照语法规则造句,思想表达出现了偏差或错误而影响了交流,就是语句偏误。

如文章《"五四"是一道分水岭》说:

九十年来,针对"五四"的著述,可谓叠床架屋,数不胜数。……它的价值、意义和源流已经被前人说尽了。想要讲出点新意,可谓难而又难。

句中"叠床架屋"使用不当。"叠床架屋"是说床上加床、屋上架屋,指诗文内容、理义毫无新意,重复累赘;也可说在语言实践中词语重复多余,句子冗余。原文所要表达的是研究"五四"的著述已经非常多了,自己很难写出新意。其侧重点是数量繁多而不是重复累赘。如要修改,直接删去"叠床架屋"。

汉语的实词表述实际内容,虚词尽管词义比较虚,但语法意义同样重要,并非可有可无,如使用不当或者不当省略也会产生偏误。如一篇新闻的引题是:首架租赁进口客机飞抵浦东机场。主标题是:

上海综保区融资租赁"零突破"

标题中"零突破"表述的到底是有了突破还是没有突破?零的意思是无、没有,如零距离、零风险,即没有距离,没有风险。根据报道的内容,上海综保区的融资租赁工作因为首架进口客机的到来而有了突破,实现了从无到有的发展。正确的说法是"零的突破"。仅仅少了一个结构助词"的",意思正好相反。

一篇题为《食品安全需要长治久安》的文中有句话:

现代人生活中面对的食品如汪洋大海,食品生产销售的上下游环节丝丝相扣,单靠一个或及格监管部门是无能为力的。

此处的"丝丝相扣",令人费解。"相扣"意为套住或搭住,"丝丝"与之搭配形成一个主谓结构,不知何意。成语丝丝入扣,指的是织布时每一根经线按序从筘齿间穿过,然后紧密联结。看来,"食品生产销售的上下游环节"需要全面监管,应该是"环环相扣"才对。圆形的环按照一定的顺序一环套一环形成整体,如此意义才与原句表意相符。"丝丝相扣"实属成语"丝丝入扣"和"环环相扣"拆开后的随意组合,杂糅且不合语境。

江西婺源古民居延村进村小道右边一所房子山墙上有一条标语:

见证怀孕!

"见证"一词为表动作行为语素加表事物名称语素构成的一个复合词语,在语言实践中,可用作名词,也可用作动词。如用作名词造句:

卢沟桥石狮子上的弹痕就是日军侵略中国罪行的见证。

用作动词造句:

卢沟桥的石狮子见证了日军侵略中国的罪行。

标语中的"见证"是用作动词还是用作名词呢?先假设是用作动词,太不合常理,谁能"见证"别人"怀孕"?作第二步猜测,用作名词,文句不通,违反了标语表意明确的基本原则,如果没人能看懂的标语还能说是标语吗?

经过实地调查得知,标语历史已有20多年,当时的农村大张旗鼓宣传计划生育政策。延村的干部为形象化解读计划生育政策,避免无"准生证"的妇女怀孕后被动员做人工流产,告知打算生育的适龄夫妻必须办好"准生证"才可怀孕,遇到计划生育工作检查,孕妇须备"证"待"见";标语表达的意思是"见""证"方可"怀孕","怀孕"者必须"见"到"证"。

标语书写者把"见证"一词拆开来当成两个词使用,"见"了"证"才能"怀孕",让"准生证"和"怀孕"零距离组合。另类的拆词,不遵守宣传标语用词规范原则,一个词语表示两个概念的罕见现象,引起了歧义!

下面的宣传张贴画的文字表述也颇为不当:

左上角"破坏市容设施"一个动宾短语分成两行,与其他文字没有构成语句形式联系,可看成是省略了主语的减缩句。这种文辞排列是号召还鼓动?

主体文字第一行与第二行、第三行组成完整句式:"违法行为具体表现"(是)"创建文明城市 构建和谐发展"、"侵占、损坏环境卫生设施"。再往下的内容是处罚依据。把"创建文明城市构建和谐发展"、与"侵占、损坏环境卫生设施"并列为"违法行为",文句表意矛盾、杂糅,宣传效果与其初衷大相径庭。

公开张贴的宣传画,如此语句,如此偏误,实在是太不应该!

三、修辞偏误

所谓修辞,主要意义之一指运用语言的方法和技巧。人们在语言实践活动中,往往通过不同的方法、技巧或者技术手段追求理想的表达效果。在特定的语境当中,运用恰当的语言手段,往往可以获得具有较明显的交际影响和审美效果。但是,如果片面追求修辞效果,或修辞方法不当,或修辞技巧失误,就会出现语言应用目的偏离。这就是修辞偏误。

如某建筑工地挂了一幅巨大的标语牌:

以安全之浆 撑发展之舟。

想弄明白标语的意思,真是费思量。首先"浆"乃"桨"之误,最早的船桨木头制作,所以"桨"从木,而非豆浆、糖浆的"浆"。再看,"浆"改为"桨"仍不恰当,船桨可以划船但撑不了船。如调整为"以安全之桨划发展之舟"还是不理想。以船桨为动力的"发展之舟"多大?"桨"的安全系数是否足够?这个标语的比喻辞格没处理好本体同喻体之间的相似关系,一个"浆"字乱了全句,毫无修辞效果。

一家晚报整版刊登广告,宣传一种叫做"乌木甘"的药品,治疗痛风疾病有神奇效果,其中一篇文章的标题如下:

重获健康 他们不再"闻风丧胆"

成语"闻风丧胆",指听到一点风声就吓破了胆,形容对某种力量或事物的极端恐惧。广告之"风"并非闻风丧胆所描绘的令人感到恐惧的事物或力量,指的是痛风之"风"。广告文章标题不仅篡改了"风"的含义,即使如广告所指的"痛风"也太夸张了。那"痛风"是什么?有那么吓人吗?不能为了突出药物的疗效而言过其实,危言耸听。广告的过度夸张反而会适得其反,消费者反感不真实的广告语言。商品广告语言的夸张与艺术创作语言的夸张不同。文学语言为了创造一种意象,通过极度夸张来追求特殊的艺术效果。如"蜀道难,难于上青天",再如"惊回首,离天三尺三",给人以丰富的想象空间,回味无穷。广告语言如果漫无边际地夸大商品和相关事物的价值与属性,真实性就会大打折扣,消费者难以相信和接受。上述广告的语言表述过度夸张,既不合理又不合情,影响了广告效果。

四、语用推理偏误

语用指人们在特定的语境中对于语言的实际运用活动,注重话语表达和话语理解。语用活动是发话人和受话人的动态交际过程。推理是从一个或几个已知前提出发,通过推导得出新的结论的思维活动,注重科学性、可靠性和有效性。语用推理结合语言材料,综合语言信息的表层意义、信息的主观意图、语境的时空特点、信息交流的特定背景和信息交流双方或者多方的情感因素、理解程度等,进行合情或者合理的推导,得出的结论可以是必然性的,也可以是或然性的。合理推理的必然性结论不一定合情,合情推理的或然性结论不一定合理。

现代逻辑理论认为,三段论推理注重的是体现三段论公理和三段论推理的逻辑意义、逻辑性质及逻辑特征。考察一个具体的三段论可以不考虑前提或结论内容的真假与否,只需符合思维形式客观规律以及思维形式全人类同一性原则即为真实三段论。例如:

宣传品是艺术品;

标语口号是宣传品；
所以，标语口号是艺术品。

大前提内容明显虚假，导致结论内容虚假，但思维形式之一的推理以全人类同一的思维规律和推理规则为准绳，注重推理形式推导过程正确无误与结论的可靠有效，舍弃个别推理内容的真假，因此，这个规范的三段论形式正确有效，但结论的内容不可信。

课堂上，一名同学指着书上的一句话向老师提问，这句话是：

1987年12月16时59分，一颗中国当代科学文化的巨星，拖着万丈光芒从我们头上飞逝了，陨落了。

这是当年冰心老人《悼郭老》中的一个句子。学生问："老师，既然是飞逝了，那就看不见了，怎么又说陨落了呢？两个概念不能并列使用。"

老师的回答是：概念、命题和推理是全人类同一的思维形式。在思维实践中，它们的载体是语言。人类世界多种语言分属不同语系，各种语言都具有明显的民族性和地域性特征。思维形式和语言密不可分但又有区别。我们使用汉语进行思维活动，可以寻找利用概念、命题以及推理同汉语词、短语和句子之间的某些对应规律。我们一定要明确两点：一是概念、命题和推理出现在语言载体中是经过加工后的人工语言，不包含语调提示和情感表达，一般不使用修辞方法，并非我们看到的所有书面语言都是概念、命题或推理。二是人们日常生活交际中大量使用的大多是没经过加工的自然语言，人们可根据表述的需要自由选择语调，进行陈述、提问、祈使，或直接、委婉表达思想感情，也可运用多种修辞手段追求满意的表达效果。

冰心老人的《悼郭老》一文，想念、思念、悼念之情真挚动人，其中运用比喻等修辞方法是展开想象表达思想感情常用的写作方法，文学家更习惯于调动多种书面语句式和修辞手段追求最理想的语言表达效果。悼念文章比喻郭老为"中国当代科学文化的巨星",郭沫若逝世了,"巨星"自然"飞逝了,陨落了"。表面看去"飞逝"、"陨落"并用不够合理;但两个词在文学性描写语境中属于全句比喻格中的组成部分,是展开想象的形象描绘,是合情的,没有问题。

一家大型电力企业招聘主控机房工程师的面试现场,主考官在应聘者非常自信地连续回答了几个专业问题之后突然提问:

什么情况下 2+3 不等于 5?

应聘者开始一愣,略加思考,然后回答:

2+3 永远等于 5。

结果,这位高级工程师未能成功应聘。

这不是脑筋急转弯之类的试题,而是检测一个人思维方式的取向。我们现在把问题分解成两个部分:

什么情况下(甲事物),2+3 不等于 5(乙事物)。

如果按照常规思维方式,孤立地分析乙事物,我们就会得出 2+3 就是等于 5;甲事物也不可能存在。实际上只要进一步推敲,这个问题要求回答的是什么情况下乙事物可以存在,实质上是考察甲乙两个事物之间的关系。遇到此类问题,在思维实践中选择恰当的思维方式尤为重要。

事物在运动变化发展过程中必然会跟其他事物产生各种各样的联系,全面观察分析事物之间纷繁复杂的关系时,必须找到能够反映事物之间本质属性的内在联系。必须经过抽象概括,选择有效的思维形式来确定事物之间的内在联系。如果有必要还可以舍弃某个思维对象内容的真假。针对上述工程师面试遇到的问题,关键是对甲事物性质的确定,然后明确甲乙两个事物之间的关系,可以这样回答:

如果 1+2 不等于 3，则 2+3 不等于 5。

还有，如果 5-2 不等于 3，则 2+3 不等于 5。

语言学把这类的表述形式叫做假设复句，逻辑学称之为充分条件假言命题。逻辑学在复合命题和一些推理形式当中，往往会在整体思维材料中舍弃个别思维对象内容的真假，着重考察研究整体思维材料的内在联系和本质属性，而且尤其注重思维形式的正确、有效和可靠。因为只有思维形式正确，才能保证思维内容正确。

再举一个同类型案例：

问：什么情况下可以撬动地球？

答：如果给我一个支点，就可以撬动地球。

这就是"支点"和"撬动地球"两个事物之间的充分条件关系。孤立地考察两个事物中的任何一个对象，这个命题就不能成立。地球围绕着太阳在太空中运行，何来支点？撬动地球更无从谈起。按照常规思维方式，这是一个永远不能实现的客观存在。现代逻辑只是揭示二者之间的必然联系，保证思维形式的正确、可靠和有效，而舍弃了其中某个思维对象内容的真假。所以，这个表示充分条件关系的假言命题成立。

事物之间的充分条件关系特征是：有了条件必定有结果，没有条件可能有结果也可能没有结果。以上两个问题的积极意义在于启发人们开动脑筋想方设法把众多的"不可能"变成"可能"。

上文提到的那位工程师只是孤立地把"2+3"看成一个数学命题，他的回答并没有错，2+3 就是等于 5。但他没有选择有效的合理思维方式，积极创造条件，使得"2+3 不等于 5"的"不可能"变成"可能"。招聘者会考虑，如果在工作实践中遇到技术方面的"不可能"，他会积极努力想方设法创造条件使其变成"可能"吗？所以应聘者落选。

一名中学生写了一封信，说自己对英语课程特反感，并且认为

中国人没必要学外语。主要内容可以概括成一个三段论:

大前提:洋人学 ABC;
小前提:我不是洋人;
结论:所以,我不要学 ABC。

以上推理的结论是一个伪命题,原因是前提中不周延的概念"学 ABC"在前提中不周延,而在结论却周延了,这就违反了三段论推理的基本规则。根据前提提供的材料进行推理不能推导出必然性的否定结论,思维形式和思维方法存在明显错误。

五、汉字偏误

汉字是记录汉语言的书写符号;语素是构词单位,是区别于词、短语和句子的最小的语法单位;汉语的词是最小的、能自由独立运用的造句单位。字与词是两个不同的概念。

汉字属表意体系文字,是音、形、义的统一体。汉字体系庞大,形体众多,结构、读音、意义都很复杂。记录语言书写过程中的笔画、偏旁、部件容易书写错误,同音代替等现象也属于汉字偏误。尤其是长期用电脑写作、记事、发邮件,许多人对汉字越来越陌生了,汉字偏误现象也越来越频繁。

某电视剧,展示一正面人物形象的内心独白时打出字幕:

我一定要牢记您的教导。我要"吾以吾血溅轩辕"。

电视剧的人物语言明显是仿鲁迅先生当年留学日本时在自己照片上的题诗:

灵台无计逃神矢,
风雨如磐暗故园。
寄意寒星荃不察,
我以我血荐轩辕。

如果说电视剧中台词将"我"改为"吾",只是显得过于随便,毫无价值,语体文风也不协调,那么将"荐"改成"溅"表意则千差万别。"荐"本指牧草,引申指进献牲牢以祭祀。《左传·隐公三年》记载:"可荐于鬼神,可羞于王公(羞,进献食物)。"轩辕,黄帝之号。《史记》记史自黄帝始,故后人常用以借指祖国。"荐轩辕"即献身祖国之意。而"溅轩辕"的"溅"只液体迸射,无"荐"字之意。一字之谬,全句颠覆。

一位青年女作家在某电视节目中说,自己特别喜欢用"嚣艳"这个词。她还说,自己喜欢造字:

比如"娓娓动听"的"娓"字右边的这根尾巴不是美好的东西,于是改成"姊",变为"(姊)(姊)动听"。

她认为既然鲁迅能够造字,为什么我们不能呢?鲁迅造的字已经收进了字典,以后可以考虑把我们的字也收进去。

"娓娓动听"的"娓"字是一个形声字,"尾"的功能仅表明读音。汉字的产生和发展有自身的规律。汉字书写符号形体尤其是形声字约定俗成一经确定之后,全社会共同使用,任何个人行为的改动都无效。叠音形式"娓娓"形容谈论不倦或说话动听,"姊姊"无此含义。再则,说尾巴"不是美好的东西",水中游动的鱼儿,尾巴婀娜轻摇,节奏清晰,连贯流畅。汉字的哲理意象、情感意义博大精深,不能因为一己之见而改变汉字的书写形体。违反规律生造汉字,实属荒唐之举。

某家社区医院的户外广告语如下:

常年开展下腹部手术(兰尾、疝气、子宫肌瘤等)。

且不说阑尾手术是否属于"下腹部手术",把"阑尾"写作"兰尾",不知是粗心还是误繁为简,或者同音误用。阑尾的阑意思是残、尽。阑尾是盲肠最末的一小段,故名。兰是植物名。繁体字写作"蘭",

与"阑"书写形体相似。只需翻翻字典就可避免出现偏误,实在是不应该。

一篇介绍书画名家的文章说:

先生 90 高龄依然笔耕不辍,其工笔侍女形神兼备。

其实,画家画的是"仕女图"而并非"侍女图"。侍女是古代皇宫里侍奉帝王后妃的女子。如杜甫的《观公孙大娘弟子舞剑器行》有"先帝侍女八千人"之句。仕女,旧时指官宦人家的女子。孟元老《东京梦华录》中有"内有仙洞仙桥,仕女往往夜避,吃茶于彼"句。现代汉语一般不用"仕女"一词,但还能看到国画中有很多仕女图。在古代,侍女与仕女虽然都生活在深宫大院或宦官人家,但地位高低大不相同。侍女是仆,是伺候人的;仕女是主人,是被人伺候的。"侍女"与"仕女"音同义殊。"侍""仕"不分,只闻其声,不明字义,偏误在所难免。

某会上一位代表发言:

正月十五日是一年中的第一个月圆之夜,也是一元复始,大地回春的夜晚,人们对此加以庆祝,也是庆贺新春的延续。

"元"的本义为头、首、始。"一元"是事物的开始。董仲舒《春秋繁露·玉英》有:"谓一元者,大始也。"《春秋》言,一者,万物之所以始也;元者,辞之所谓大也。谓一为元者,视大始而欲正本也。"复始"即回复到初始,也就是重新开始。一元复始说的是旧的一年过去了,新的一年又开始了。新的一年是从正月初一开始的,怎么元宵节也成了"一元复始"呢?

新年又称元旦、元正、元朔,元宵又称远夜、元夕、上元。两个传统节日中都有个"元"字,但并非指同一天。韩偓《元夜即席》诗曰:"元宵清景亚元正,丝雨霏霏向晚倾。"描述正月初一的一元复始不能用于正月十五的元宵节。汉字的文化信息丰富多彩,仅认字形未解字义,拉此配彼,岂不成了乱点鸳鸯?

一家博物院给公安局送锦旗,内容是:

撼祖国强盛,卫京都泰安。

当有人质疑此句不应用"撼动"的"撼",而应用"捍卫"的"捍",送锦旗单位的负责人回应:"撼"字没错,显得厚重。"撼"的本义是摇动、摇晃,如蚍蜉撼树;"捍"的意思是捍卫或防御。送锦旗单位要表达的本意是"保卫祖国强盛,京都安康",却写成"撼祖国强盛",成了"让祖国强盛的局面'摇晃'起来"。锦旗的书面语形式是把"撼(捍)卫"拆开,然后分别用在两个分句的开头,属于拆词联合表意,没有问题,但表述动作行为的关键字用错了,差之毫厘,谬之千里。

第三节 偏误校正的基本方法

学习偏误分析是为了在思维活动和语言实践基础上追求信息传递、语言交流的准确、清晰和情感表达的合理、和谐,以及不同语言背景、语言环境中选择使用恰当的语言形式,尽量不犯或者少犯语言错误,以获得理想的语言效果。

语言交流过程包括信息发出的表层意义、话语蕴涵、语境特征,以及交流双方或多方的背景、情感和信息接收者的认知、理解程度等多方面元素。偏误的校正方法多种多样,我们可以尝试从以下几个方面入手解决问题。

一、信息要素与概念本质属性统一

信息传递的第一要素是准确,同一思维环境使用同一概念必须保持前后统一。传递或者接收复杂的信息,瞄准其焦点是关键;面对多个概念,抓住主要概念的本质属性至关重要。如果是陈述或理解多项事由组成的复杂事物,理清表明它们之间的关系至关重要。

北欧某国的地方法庭上,一个司法条文认定已经"死亡"的生产经营者作为被告正在为自己辩护。

被告于两年前患严重的心脏病住进医院并接受手术治疗,换了人工心脏,因为手术治疗和身体恢复的效果都很好,三个月后出院。回家休养了一段时间,身体渐渐康复,于是他开始继续经营自己的产业,而且收入相当可观。但是他毫不理睬源源不断、逐渐塞满他家信箱的催缴税款的通知单。终于被公诉人以抗税的罪名推上了被告席。

法庭上,公诉人陈述过后,被告胸有成竹地为自己辩护,他拿出九年前国家有关部门对人体生命死亡的司法解释:一个人的心脏停止跳动一个小时以上,并且再也不能恢复生理机能,可以认定为死亡。他说:

尊敬的法官先生,您不会否认这是代表国家的法律文书,您也不会否认在座的所有人都必须无条件、无保留地执行。至于我,心脏停止跳动已经两年多了,更谈不上恢复生理机能;所以,我是国家法律已经做出鉴定的"死亡"人。而法律规定死人是不需要纳税的。

如果没有新的司法解释,被告的生命可以认定为法律意义的"死亡"。法庭辩论结束后,法官与被告对话:

法官:被告,你坚持认为自己已经死亡了吗?
被告:不仅我坚持认为,司法条文也这么认定。
法官:你坚持不纳税吗?
被告:是的。坚持。
法官:好的,你可以继续不纳税,也就是说你胜诉了。

法官随后宣读判决书:

被告坚持认为自己已经"死亡",并且有国家司法解释的认定,法院予以采信。同时,也因为被告本人的坚持和国家司法的解释,法院认定已经"死亡"的被告不能履行法律规定的国民纳税义务;与此相应,根据权利与义务相等原则,决定立即停止被告享受一切国民待遇和福利。责令被告在一周内注销户籍、银行账号、终身保险号、汽车驾驶证以及用被告姓名注册的一切正式文件及文书。

官司的结局是,被告请求重新审判,并且当庭表示悔过认罚,补交所有税款。法院见其幡然悔悟,国家税款没有流失,也收到警示他人的效果,于是与公诉人协商,撤销了判决。

这场官司的焦点是被告的"死亡"认定。被告钻了国家法律条文的空子。可见当时的法律条文对"死亡"概念的解释出现严重偏误,没能完整揭示"死亡"概念的本质属性。好在法官灵活运用法律的其他条文惩戒了被告,避免了法律的尴尬和失败。

2009年出版的《〈现代汉语词典〉勘误与商榷》说:

商业银行与农业银行、交通银行、建设银行是并列关系。后来有人提出,工行和农行、交行、建行是并列关系,而商业银行是另外一个概念,它与工行、建行、交行、农行是包含关系。

它们到底是包含关系还是并列关系?这是一个牵涉多个事物的复合信息,其焦点就是商业银行与工行、建行、交行、农行的关系属性。

首先要明确思维形式之一概念的形成过程。概念反映事物以类为单位。人们认识事物,在概括事物共同属性的基础上,舍弃个别对象的非特有属性和具体形态,抽象表述一类事物区别于其他事物本质的、特有的属性,于是就形成概念。

再看概念之间的关系。形式逻辑研究概念之间的关系,不考虑概念内涵的差异,专指概念外延之间的异同情形,如全同关系、包含关系、包含于关系、交叉关系和全异关系,等等。

然后要了解银行概念。银行是通过存款、贷款、汇兑、储蓄等业务，承担信用中介的最主要的金融机构。现代银行结构非常繁杂，按经营主体分类，有政府银行、私营银行、股份银行、独资银行等；按经营区域分类，有全国性银行、地方性银行；按经营功能分类，有全能性银行、专业性银行、企业性银行、互助合作银行等；按经营业务分类为中央银行、商业银行、投资银行、储蓄银行和其他专业信用机构。它们构成以中央银行为中心、股份商业银行为主体、各类银行并存的现代银行体系。

我们国家的银行体系颇有中国特色：中国的金融机构包括政策性银行、大型商业银行，如工商银行、农业银行、建设银行、中国银行、交通银行等；全国性股份制中小型商业银行，如招商银行、浦发银行、民生银行、兴业银行、光大银行等。此外还有城市商业银行、农村金融机构、中国邮政储蓄银行、外资银行、非银行类金融机构，等等。

现在来具体考察商行与工行两个概念外延之间的关系。从经营业务角度分析，商业银行以信用中介、支付中介、信用创造和金融服务等为主业，区别于以投资为主业的投资银行，也区别于以储蓄为主业的储蓄银行，以及农村金融机构、非银行类金融机构，等等。

如此，可以确定，从经营业务范围认识和理解商业银行，其概念的外延包含工商银行的概念外延，即商行与工行两个概念之间就是包含关系。至于国内近年出现的城市商业银行、农村商业银行和互助性质的借贷信用社等金融机构，都是商业银行大概念包含在内的小概念，同样属于包含关系。

二、客观内容与主观情感因素统一

一个语句可以表示相对完整的思想。一个命题可以反映人们对某个事物的基本认识。语句陈述的内容是客观的，而语气语调则包含了人们主观上的情感因素。只有语句的客观内容和情感因素统一起来，才能表达完整的信息和思想。

人与人相互之间的称谓是家庭关系、血缘关系、人际关系或者社会关系的一种反映。请看下例：

　　昨天下班在校车上，坐在我前排的是办公室的美女佳丽，她旁边还有一位可爱的小妹妹。当我打听到小妹妹的身份后，问她："你怎么称呼佳丽的？""当然叫姐姐啰。"佳丽抢先回答。我接着问小妹妹："你叫佳丽做姐姐？"小妹妹点点头。

　　"那你叫佳丽姐姐的姐姐叫什么？"

　　"也是叫姐姐。"小妹妹很自信。

　　"真聪明，"我不失时机地表扬她，"你知道吗？佳丽姐姐办公室有个跟她坐面对面的何主任，佳丽叫她姐姐。你怎么叫她？"

　　"那是我妈妈。"

　　"我知道。现在你和佳丽姐姐在一起，你刚才也说了，叫佳丽姐姐的姐姐同样叫姐姐。现在你回答，叫佳丽姐姐的姐姐何主任叫什么？"

　　"嗯——"小妹妹有点迷糊，"叫妈妈姐姐。"

　　"不对，应该叫姐姐妈妈。因为你是先跟着佳丽姐姐叫何主任姐姐，回到家里再叫妈妈，合在一起叫姐姐妈妈。"

　　"妈妈姐姐，姐姐妈妈，不是一样的吗？"

　　"不一样。要不你回家去问何主任。"

　　假设，何主任回到家，如果听了女儿的提问会有何感想：是她降级做姐姐还是她女儿升级做妹妹呢？

　　姐姐和妈妈，外延不能重叠的、两个完全不同的概念，怎么能集于一人之身呢？这是偏误吗？

　　以思维形式和思维规律为研究对象的形式逻辑考察研究纷繁复杂的事物间的关系，主要从事物之间的对称性和传递性两个方面进行观察和分析。上述就是一个比较典型的社会实践中传递性关系的案例。它的线性发展顺序是：甲称呼乙为姐姐，乙称呼丙为姐姐，即甲和丙在称呼关系上有传递关系,甲自然称呼丙为姐姐。

上面提及的"小妹妹、美女佳丽以及何主任"是特定时期、特定场合人际关系、家庭关系和社会关系的反映,而且具有鲜明的社会、单位、家庭以及民族、地域和时代色彩。如果较起真来,说这三人称呼乱套了,将两个具有对立关系的概念外延重叠在一起,而且违反了事物之间传递性的基本规则,有谁会认同?

理论运用到实践时还应遵循本地土壤气候适用原则。考察此类称谓现象只能结合具体背景、具体语境,一事一议,一人一议。考察称谓信息的客观性的同时,应考察当事人相互之间的社会关系和情感因素,将称谓的社会、家庭、单位、年龄和同时感情等多方面元素统一起来,小妹妹叫佳丽做姐姐、佳丽称何主任为姐姐,大家都能接受。

社会交际活动讲究交际礼仪,人与人之间的称呼更是大有讲究。"位"属高频用词,是含敬意的人称量词。但语言实践中对那些根本不应该敬重或者不值得尊重的人使用"位"作人称量词的现象比比皆是。

一则题为《在日中国人首次被执行死刑》说的是福建人陈德通十年前在日本致中国同胞3死3伤,于2009年7月28日在日本东京监狱被处死。加入日本黑社会组织"清龙会"的陈德通,因为日常生活小事残忍杀害三名旅日同胞,并使其他三人受伤,被处以极刑,实乃罪有应得。文章写道:

……市民团体曾经公布了陈德通等几位死刑犯的问卷调查。

罪当不赦的杀人犯为何以"位"称之?

汉语中常用的人称量词有个、名、位,等等。"个"一般多用于口语,"名"一般用于书面语,二者感情色彩都呈中性;"位",《现代汉语词典》注明"量词,用于人,含敬意",语言交际实践中既用于口语也用于书面语。例如,饭店迎宾小姐通常会问:请问一共几位?此处"位"便是表示对顾客的尊敬。

三、内容减缩与补充潜在信息统一

表述一个完整的思想,人们可以选择自己认为合适的语句形式。在特定的背景或者语境下,人们往往采用简洁或省略方式,减词缩句。如此,补充隐藏的信息和激活话语蕴涵必不可少,否则偏误难以避免。

传说,唐伯虎第一次在茶馆见到正在绣花的秋香,便走火入魔,于是狂热追求。聪明的他事先把一篮橘子搁在秋香等人绣花的小茶室的墙角,然后栽赃秋香等丫鬟偷吃了他的橘子。在秋香和同伴一时不能证明自己清白的情况下,唐伯虎提出了一个检验方法,说:

现在只有一个办法证明你们没有偷吃我的橘子,快点张开口,让我闻一下,有橘子味道便是偷吃,没有橘子香味就说明没有偷吃。

尽管秋香等不情愿接受,但又没有其他办法解脱,只好勉强同意。

其实,唐伯虎对着秋香的口腔闻橘香,的确是风流聪明加胆大无赖。他闻橘香的理由是:吃了橘子必定口留橘香,于是来个反向推理,口留橘香则偷吃了橘子,口无橘香便没吃橘子。

他的理由也是反向推理的依据,实际上是个充分条件假言命题;传统逻辑表述为有之必然,无之未必不然。把话语蕴涵和语句隐藏的信息补充完整,吃橘子与口腔里的橘子香味的关系是:

有了吃橘子的条件,则必然有口留橘香的结果;
没吃橘子,可能口有橘香,也可能口无橘香。

但是唐伯虎的反向推理不能成立,因为充分条件假言命题可以从条件推出结果,却不能从结果存在推出条件存在。结合以上故事,口留橘香可能吃了橘子,也可能没吃橘子。犹如烤火之后手掌必定发烫,但是不能从手掌发烫推出一定烤了火。热水泡过,手掌同样会发烫。唐伯虎的阴谋得逞是因为秋香未能识破他的思维偏误,被唐伯虎的错误导向牵着鼻子走入思维"岔道"。

2000年11月,李瑞环考察香港,在一次与新闻媒体记者接触时,一名女记者抢先提出问题:

"您刚才在讲话中多次强调团结的重要。这是不是指香港不够团结?"

女记者从李瑞环强调的"团结重要"命题出发,以事物的正面属性为参照,从反面比较,然后依照想象的主观情境,提出问题,确实刁钻。全场顿时静了下来,记者的眼光一并汇聚于李瑞环。李瑞环笑了笑,反问记者:

"如果我祝你身体健康,是不是指你的身体不健康呢?"接着,他把目光转向所有记者,"可不可以这样理解呀?"

在场所有人员鼓掌,笑声充满整个大厅。

无数的思维实践证明,一个简单性质命题(如团结重要),只是反映某类事物具有或者不具有某种属性,至于与之相关联的事物是否具有这种属性(如香港团结或者不团结),必须通过其他命题来反映。如果以某个命题(如团结重要)为参照对象,进行多向元素中的单向比较,并判断与之相关联的事物是否具有这种属性(如香港团结或者不团结),则仅仅是一种想象的主观情境,缺乏客观依据和科学意义。

女记者的偏误在于从一个肯定命题出发,提出一个相关否定命题存在的必然性问题,纯属主观联想。李瑞环用相同的思维方式提出另外一个问题,反问一针见血。

美国著名逻辑学家罗纳德·斯穆里安年轻时在普林斯顿大学读书,心仪一位可爱的姑娘,但腼腆的他没有勇气表白,因为害怕遭到拒绝。后来,逻辑给了他勇气、力量和智慧。一天,他抓住一个机会,向正在校园看书的女孩走去,郑重其事递上一张纸条,说:

"你好。我在这张字条上写了一句关于你的话,如果你觉得我写的是事实,那么请你送给我一张你的照片。好吗?"

女孩第一反应,这又是一个花费心思寻找借口的追求者;同时又想无论他写什么我都有主动权说不是事实,然后可以礼貌地拒绝他的要求。可是,天真的女孩没有想到,罗纳德·斯穆里安的字条的话语蕴涵隐藏得太深。如果是不能否定的事实,单纯的姑娘怎么办?当女孩答应罗纳德·斯穆里安之后随即打开字条,仔细一看,上面写着:

你不会现在吻我,也不想把照片给我。

事已至此,矜持的少女已经被罗纳德·斯穆里安的逆向思维方式俘虏,她能反悔吗?能不给相片吗?只是接收和理解了部分信息的女孩已经此时已经由主动转为被动了。结果这位漂亮的姑娘不仅送给罗纳德·斯穆里安玉照,而且后来还成了他的妻子。

四、信息传递与正确完整理解统一

思维实践和语言交际活动中信息传递的基本要求是内容准确和形式规范,而接收和理解信息不可忽视背景、语境和特定的陈述对象。

1942年8月,国民党政府主席林森因车祸在重庆去世,蒋中正接任国民政府主席,同时兼任行政院长、教育部长和中央大学校长,四项职务集于一身。

1944年暑假,中央大学组织一批学者去美国、英国、加拿大等国进行考察;因当时处于抗战期间,动用外汇需国民政府批准。于是,中央大学打了一个报告逐级呈报,报告内容如下:

中央大学校长蒋中正呈教育部长蒋中正,教育部长蒋中正呈行政院长蒋中正,行政院长蒋中正呈国民政府主席蒋中正。

四个层级，都是"蒋中正"呈"蒋中正"，古今中外罕见的公文。就报告逐级上报程序而言，中央大学报告的行文措词没有一点问题，滑稽之处在于"蒋中正"反复出现，而且正好是行政垂直管理一条主线的主政人物。

中央大学报告上多次出现的"蒋中正"分别为"中央大学校长蒋中正"、"教育部长蒋中正"、"行政院长蒋中正"和"国民政府主席蒋中正"，公文的规范要求一个字也不能少，因为他们分别代表这些单位、部门和政府的最高行政领导者。

如果简单地以为中央大学的报告就是呈给"蒋中正"一个人的，反正他一人身兼四职，如此孤立表面地认识理解这个特殊的历史现象，那就太简单化了，属于严重偏误。

要说清楚这个问题必须从思维形式概念的外延与内涵的关系方面进行阐释。概念的外延指概念所反映具有特有属性的对象；概念的内涵指所反映对象的特有属性。如中央大学报告中的中央大学校长蒋中正、教育部长蒋中正、行政院长蒋中正和国民政府主席蒋中正分别是四个内涵完全不同的概念，情况极其特殊的是这四个概念的外延集中于蒋中正一人。四个概念的外延完全重合，相互之间的关系属全同关系，但四个概念的特有属性存在本质区别，分别为不同单位、部门及政府的最高行政领导人。

再举一例。著名作家沈雁冰，1927年首次以"茅盾"为笔名发表小说《幻灭》，而此前他在新文学初期写的文章，作者名字全是沈雁冰。文学类著作反映1927年以前的他则称沈雁冰，以后的称茅盾。中华人民共和国成立后，他曾担任文化部长和政协副主席，全是冠名沈雁冰，而不用茅盾。同理，茅盾、沈雁冰是两个完全不同的概念，1927年以前的文章作者是沈雁冰，此后文坛的著名作家是茅盾，新中国成立后的文化部长和全国政协副主席不是茅盾而是沈雁冰。沈雁冰、茅盾属分别出现于不同历史时期的不同概念，内涵属性也不一样，只不过这些概念的外延集中于同一个人。

概念是反映事物特有属性的思维形式。外延和内涵是概念的逻辑特征，任何概念都包括外延和内涵，外延和内涵则是概念有机的完整统一。简言之,内涵说明所反映事物是什么样的,表明此事物与其他事物的区别;而外延指概念的使用范围,说明概念反映的对象是哪些事物。

马克·吐温(1835—1910)是美国著名的作家、幽默大师,也是著名的演说家,19世纪后期美国现实主义文学的杰出代表,曾被誉为文学史上的林肯。他的创作风格融幽默与讽刺于一体,既富于独特的个人机智与妙语,又不乏深刻的社会洞察与剖析;既有辛辣的阐述,又有警醒的严肃。马克·吐温因为看不惯某些国会议员的装腔作势和滥用权力,在一次酒会上回答记者提问时说:

美国国会中有些议员是混蛋。

报纸一刊出,许多抗议电话随之而来。华盛顿的国会议员谁也不认可自己是混蛋,纷纷要求马克·吐温道歉并予以更正。几天后,马克·吐温在《纽约时报》刊登了一个道歉启示:

日前鄙人在酒席上发言,说"美国国会中有些议员是混蛋"。事后有人向我兴师动众。我考虑再三,觉得此话不恰当,而且也不符合事实。故特此登报声明,把我的话修改如下:"美国国会中有些议员不是混蛋"。

马克·吐温的道歉声明比回答记者的提问仅仅多了一个否定词,表面看修改后的道歉启示否定了之前的言论,实际上仅添一字,潜在的信息更加吸引读者。其前后言论的思维形式是两个性质命题。命题的否定形式与单句中否定词语的作用性质相似,但存在本质区别。

"美国国会中有些议员是混蛋",属特称肯定命题,逻辑形式为SIP(特称肯定命题)。其思维内容表明的只是某事物的一部分具有某种属性,它的逻辑意义在于并未表示事物的其余部分是否具有这个属性。结合命题,也就是说美国国会中有些议员是混蛋,其他的议员可能是混蛋,也可能不是混蛋。

"美国国会中有些议员不是混蛋",属特称否定命题,逻辑形式为 SOP(特称否定命题)。其思维内容表明的只是某事物的一部分不具有某种属性,它的逻辑意义在于并未表示事物的其余部分是否具有这个属性。结合命题,也就是说美国国会中有些议员不是混蛋,其他的议员可能是混蛋,也可能不是混蛋。

思维形式的客观规律已经证明相同素材的性质命题存在一种相互之间的真假制约关系,两个相同素材的 SIP 与 SOP 之间的真假相互制约关系为不可同假,但可以同真,这就是思维形式当中相同素材特称命题的客观反映。

马克·吐温前后言论表面上是肯定与否定的关系,貌似不能同时成立,实质上他回答记者的提问和报纸刊登的道歉声明完全可以同时为真,但不能同时为假。两个于不同时间、不同场合、内容对立的交际语句,尽管第二句比第一句仅仅增加了一个否定词,但是内涵的变化衍生出丰富的信息空间,如何理解因人而异,因为想象的色彩会随着主观意志的变化而变化。

第二章 语音偏误分析

第一节 语音偏误概说

一、语音偏误

语音是语言的物质外壳,是由人的发音器官发出的、具有一定意义的声音。语音具有社会属性、物理属性、生理属性等特点。一般而言,语音偏误分析应该要先从区分"失误"和"偏误"这两个概念①开始。

失误是在特殊情境下产生的偶然现象。如注意力不集中、疲劳或紧张等,都会造成失误。失误是不成系统的,是外在的因素而并非语言习得的内在因素所造成的,它不反映说话人的语言能力,本族语说得再好的人也会犯这样的错误。一旦出现这种错误,说话人有能力改正它。失误的主要特点是:失误与失误之间是彼此孤立的,不具有语言习得的系统性和规律性。

偏误则是对正确的目的语语言规律的偏离。这种错误是系统的、有规律的,它反映了说话人的语言能力。偏误与偏误之间是成系统、有规律地联系着的。因此,从理论上说,语音偏误分析可以发现语言习得规律并深化我们的认识。从实践上说,语音偏误分析可以帮助我们预测和避免偏误,指导学习实践。

语音偏误是指学习者在使用目的语语音时不自觉地对正确语音规律的偏离,是以目的语为标准表现出来的错误或不完善之处。这种错误是成系统的、有规律的,反映了说话人的语言能力,属于语言能力范畴。语音偏误是语言实践中最基本的偏误类型之一,而且几乎是随着学习的开始就发生的,随着学习的深入,发生的语音偏

---

① 肖奚强:《略论偏误分析的基本原则》[J],《语言文字运用》,2001(2)。

误也会越来越多。

语音偏误分析，就是对学习或使用语音过程中所犯的偏误进行分析，从而发现学习者产生偏误的规律，包括偏误的类型和偏误产生的原因等。

二、普通话语音偏误分析

语音教学是汉语教学中不可或缺的一个重要组成部分。普通话语音偏误分析，就是指针对在普通话语音系统的学习或实践过程中所出现的规律性、系统性的语音偏误现象进行分析研究。

从学习者的学习或使用情况来看，普通话语音偏误分析，可以从普通话的音节内部、音节整体、音节运用三个角度来进行，分别称为音位偏误分析、音节偏误分析、音韵偏误分析。

普通话语音偏误分析具有重要的意义。第一，偏误分析既重视偏，也重视对，从中可以发现方言区的人习得普通话的规律并深化我们的认识。从学习者语音偏误这一新的视角开展研究，必将深化我们对推广民族共同语规律的认识，加快推广普通话的进程。第二，可以帮助我们预测和避免错误，指导教学。通过错误分析，可以找出方言和普通话的对应关系，了解学习者的学习心理、学习进程、学习策略或程序，预测、避免、克服错误，提高教学的针对性。第三，可以端正我们对语音错误的态度。通过偏误分析，学习者应认识到偏误是不可避免的，是语言学习过程中的正常现象。从某种意义上说，它还是学习者学习语言的一种手段。

第二节 音位偏误分析

一、音位偏误概说

语音系统简称音系，指一种语言或方言中各种语音要素及其

（组合聚合）关系的总和。每种语言都有自身的语音系统。语音的系统性正是语音社会属性的表现之一。

音位是一个语音系统中具有辨义功能的最小的语音单位，可以分为音质音位（汉语如声母、韵母）和非音质音位（汉语如声调）。音位偏误分析正是以音位理论为支柱、以音位判断为基准、以某一具体音系为研究对象而展开的。

音位偏误，着眼于音节内部来讲，指在进行普通话发音时，音节成分（声母、韵母、声调）存在规律性的语音错误或语音缺陷。

语音错误指音节读音中有一个或者一个以上的音节成分保留了方音。这类语音错误均呈现出明显的方言特点，常常重复出现，表现出系统性。其实质属于音位错（音类错）[①]，即声母、韵母等音质音位及声调等非音质音位出现了错误，使得所发的音与应发的音之间意义产生"对立"关系，从而能区别意义。举例如下：

声母舌尖中浊鼻音 n 与舌尖中浊边音 l 不分；唇齿清擦音 f 与舌根清擦音 h 不分；舌尖前清塞擦音 z，c，s 与舌尖后清塞擦音 zh，ch，sh 不分；舌尖后浊擦音 r 与舌尖中浊边音 l 不分；送气音与不送气音不分（如"痹"bi 读作 pi），等等。

韵母则表现在前、后鼻音不分，把撮口呼韵母读成齐齿呼韵母（"鱼"yu 读成 yi），丢失、改换或增添韵头、韵尾等。

在声调方面，主要表现为调类、调值与普通话完全不一致，如把阴平调值读作降调，把上声调值仅读作升调等。

语音缺陷指的是指在音节读音中有一个或者一个以上的音节成分处在方言和普通话的过渡状态。即音值不准或不到位，有欠缺。其实质属于同一音位的变体错（音值有差别）[②]，即所发的音和应发的音比较，虽然两者音质不同，但彼此不构成对立，不能区别意义。因此，它一般不会在交际中造成困难或误解，只会影响说话人的普通话语音面貌。举例如下：

---

①、② 刘俐李，《普通话水平测试标准的音位学思考》[J]，(语文研究)，2001 年第 1 期

声母的发音部位不正确,但并没有把一类声母读成另一类声母,较常见的有:将舌面音 j, q, x 读得太接近舌尖前 z, c, s 或读成舌叶音;将舌尖后音 zh, ch, sh, r 读得舌尖接触或接近上腭的位置过于靠后或靠前,但还没有完全错读为舌尖前音";将舌尖音 z, c, s 读得偏后等。

韵母的缺陷多表现为"合口呼、撮口呼的韵母圆唇度明显不够,语感差"、开口呼的开口度偏小、复韵母的舌位动程不够等。

声调缺陷一般表现为声调调形、调势基本正确,但调值长度读得不到位。比如,上声调值尾音高于起音,应适当着力上扬,但不少人忽视了这一点;或者受方言发音影响,上扬的高度偏低。另外,也有人对四声的相对音高控制不好,发起音来忽高忽低,无法表现四声的抑扬和谐之美。

"缺陷"介于"正确"和"错误"之间,正是有了作为"左邻右舍"的正确与错误的存在,缺陷才有了存在的可能。因此,进行语音矫正,难点在语音缺陷。语音缺陷包括以下几个特点:第一,成系统性。方言语音都是成系统的,方言普通话语音也是成系统的。方言普通话音系是普通话音系和方言音系相互作用的产物。在这个混合性的音系(方言音系与普通话音系非常接近时可能会出现融合)中,普通话音系是主要的、明确的,方言音系是次要的、携带的。第二,语音效果的明显性。语音缺陷主要表现为音位变体的音值差。虽然音值只差那么一点,但语音之间的不和谐性非常明显,有的甚至非常刺耳。第三,语音缺陷的顽固性和矫正的反复性。长期"浸泡"在方音环境中,容易导致对方音缺陷(相对普通话语音而言)甚至语音错误的不敏感,进而产生模糊或不正确的音类、音值判断。与此相关,语音缺陷的矫正会根据方音经验和方音习惯的程度深浅出现反复。[1]

音位偏误分析需要以某种具体语言语音系统为参照。下面将主要以赣方言语音系统为例,分别从声母、韵母、声调三个角度,分

---

[1] 吴健:《方言口音普通话的语音矫正》[J],《语言教学研究》,2009(12)。

析赣语区普通话学习者对普通话语音规律的偏离现象。

二、声母偏误分析

（一）声母常见错误及辨正

1. 声母的缺失与异读

（1）舌尖后音 zh, ch, sh 的缺失与异读。

普通话里，舌尖前音、舌尖后音的常用字约 900 个，其中舌尖前音约占 30%，舌尖后音约占 70%。舌尖前音和舌尖后音分得很清楚，如"诗"读 shī，"丝"读 sī；"主"读 zhǔ，"组"读 zǔ；"春"读 chūn，"村"读 cūn 等。但非官话方言区，即南方的吴、湘、赣、客家、闽、粤方言，还有广西平话、徽州方言，大都没有翘舌音，大都读成了平舌音，也有些读成舌尖中音 d, t, 或读成舌面前音 j, q, x。再有官话方言区一些地方，如天津、银川、西安等地，也常把普通话里属翘舌音的一部分字念成了平舌音。

下面列举几种舌尖后音 zh, ch, sh 辨正的方法及规律，下文其他几组声母辨正时亦适合。具体如下：

① 利用形声字偏旁类推：分别记住常用的平舌音或翘舌音的简单字，这些字加上偏旁的其他字，大多数也念平舌音或翘舌音（极少数例外），这样可以带出一批平舌音或翘舌音的字。如用"子 zǐ"带"孜 zī、仔 zǐ、籽 zǐ"；"叟 sōu"带"嫂 sǎo、溲 sōu、搜 sōu、嗖 sōu、馊 sōu、艘 sōu"等（"瘦"例外，念 shòu）

② 利用普通话声韵配合规律类推（记无不记有）：其一，平舌声母 z, c, s 决不与韵母 ua, uai, uang 相拼，所以"抓、爪、拽、妆、装、庄、桩、撞、幢、僮、状、壮、揣、踹、窗、疮、床、闯、怆、创、刷、耍、衰、摔、甩、帅、蟀、霜、孀、双、爽"等字都念翘舌音。其二，翘舌声母 sh 决不与韵母 ong 相拼，所以"松、淞、忪、嵩、竦、悚、怂、耸、宋、讼、颂、送、诵"等字都念平舌音。

③ 记少不记多（记单边）：方言里的某一类音，在普通话里分

为两类音,这两类音经常出现一边字数较少,一边字数较多的情况。如韵母a, e, ou, en, eng, ang 与平舌声母 z, c, s 相拼的字很少,而与翘舌声母 zh, ch, sh 相拼的字较多。我们只记少的一边,其余的自然属于另一边了。

④ 掌握方言和普通话的语音对应规律:各地方言和普通话都是从古代汉语发展而来,它们之间存在着有规则的对应关系。以赣方言为例,如:

其一,普通话语音声母是 zh, ch, sh 的字有一部分在上古语音的声母相当于今天的 d, t。当今读 zh, ch, sh 和 z, c, s 分不清时,碰上方言声母读 d, t 的字,普通话不读 d, t 的话,就要读 zh, ch, sh,例如抚州方言:zh 张中猪传赵;ch 茶虫昌拆床。

碰上声旁读音为 d 或 t 的形声字,大都念 zh, ch, sh,如绽,声旁为定, ding, 古代从 d 声母,今声母一定演变为 zh 声母,读 zhan。再如"治、滞、刷、纯、澄"等字。

声母是 d 或 t 的形声字的声旁构成的另一些形声字,大都念 zh, ch, sh,如涛,今读 tao,从 t 声母,声旁为寿,根据语音演变规律,寿字当读舌尖后音。再如"调、掉、跳、迢"等字。

其二,方言里古蟹止流深臻曾摄开口三等知章组字今读为[tɕ、tɕʻ、ɕ]声母的字,如南昌县(塘南)方言:势 ɕi、誓 ɕi^{31}、纸 tɕi^{24}、是 ɕi^{31}、抽 tɕʻiu^{42}、周 tɕiu^{42}、沉 tɕʻin^{33}、针 tɕin^{42}、陈 tɕʻin^{33}、神 ɕin^{33}、升 ɕin^{42}、承 ɕin^{33},普通话今读 zh, ch, sh 声母。

其三,方言里古遇摄三等知章组字今读[tɕ、tɕʻ、ɕ]声母与[y]韵的字,普通话今读 zh, ch, sh 声母,如南昌县(塘南)方言:猪 tɕy^{42}、除 tɕʻy^{33}、煮 tɕy^{24}、书 ɕy^{42}、树 ɕy^{31}。

(2)声母 r 的缺失。

江西境内客赣方言区只有新干、清江、鄱阳和樟树四个地区有此声母。声母 r 的缺失比较明显。r 母字在方言中今读[ø][n̠][l]等声母。这些字与普通话语音对应今读 r 声母。以南昌方言为例:

读[ø]的字有:惹 ia^{24}、饶 iɛu、热 iɛʔ^{5};

读[n̠]的字有:软 n̠yon^{24}、忍 n̠in^{24}、认 n̠in^{31}、日 n̠iʔ^{5}、让 n̠ioŋ^{31}、

瓢ɲiɛŋ³³、肉ɲiuʔ⁵;

读[l]的字有：孺lu²⁴、揉lɛu²⁴、闰lən³¹、绒luŋ³³；由于 r 和 l 发音部位比较接近，而且都是浊声母，音色比较近似，有些方言区的人容易把 r 发成 l。

2. 声母相混

（1）鼻音 n 和边音 l 相混。

在许多方言里，n 和 l 是不分的（如四川、湖北、湖南、江西、安徽、厦门等地）。有的只会念其中一个，有的两个不加区别，随意使用。像南京就只有 l，没有 n，"男"、"内"、"牛"、"脑"、"泥"等鼻音字，都念成了边音字。方言区的人，要想分辨鼻音和边音，首先要学会 n 和 l 的正确发音，它们的发音部位相同，把舌尖顶住上齿龈，区别在于发 n 时，让气流鼻腔出，是个鼻音声母；发 l 时，让气流从舌头的两边出，是个边音声母。

两声母的相混其实有一条规律，即大部分方言两者在洪音（开口呼、合口呼）前混同，都读［l］母；细音（齐齿呼、撮口呼）前不混，只是舌尖中音 n 大多读成了舌面前音 ɲ，两者听感上，差异不大，如蓝lan³³=南lan³³、炉 lu=奴 lu；但连liɛn³³≠年ɲiɛn³³、吕 ly≠女ɲy，等等。

（2）唇齿音 f 和舌根音 h 相混。

普通话里，唇齿音 f 和舌根音 h 分得很清楚，如"发"读 fā，"花"读 huā；"费"读 fèi，"会"读 huì。但有些方言有 f, h 相混的情况，例如：闽方言多数把 f 读成 b, p 或 h；湘方言有些地区把 f 读 hu；粤方言则是读 f 的字较多。有些普通话读 h 的字（大都是和 u 领头的韵母相拼的字），在广州话里都读成了 f；四川、山西等省的某些地区，也有 f, h 不分的现象。这些方言区的人，除了要学会 f, h 的正确发音外，还要学会辨别记忆普通话里哪些是 f 声母字，哪些是 h 声母字。

如南昌方言[hu-f-]不分，见系晓匣二母合口韵的字今读多为[f]母，混同于非敷奉母，如呼晓fu⁴²=夫非fu⁴²|挥晓fəi⁴²=非非fəi⁴²|魂奉fən³³=浑匣fən³³|忽晓fuʔ⁵|福非fuʔ⁵|昏晓fən⁴²=分非fən⁴²|户匣fu³¹=付非

fu^{31}，等等。

（3）声母送气音与不送气音相混。

赣方言中，有着"肚子饱了"会读成"兔子饱了"之类的笑话。这是没有注意古全浊声母字清化时声母送气与否的原因。

客赣方言的一大语音特征是古全浊声母字今读塞音、塞擦音时，无论平仄均读送气清音，如牌p'ai^{33}、徒t'u^{33}、题t'i^{33}、；棒p'ɔŋ^{31}、洞t'uŋ^{31}、坐ts'o^{31}、肚t'u。

对应于普通话时，则是平声送气，仄声不送气。在此类方言声母读普通话时，尤其注意要把仄声送气改为仄声不送气，如"电、在、重"等字，都要读不送气音。

（4）声母k与h相混。

古匣母开口洪音字方言今读[h]母，如"客气"念成喝气，南方的两广和湖南南部尤其多，如江西南昌县（塘南）方言：揩hai^{42}、口hɛu^{24}、靠hau^{11}、肯hɛn^{24}、看hon^{11}、糠hɔŋ^{42}、壳hoʔ。

（5）声母文读白读相混。

南昌县（塘南）方言中，古匣母部分字今白读[ø]母，如：湖u^{33}、话ua^{31}、黄uɔŋ^{33}、还uan^{33}、滑uaʔ^5。与普通话语音对应时今读为舌根音h，也有文读的读法，如湖fu^{33}、话fua^{31}、黄fuɔŋ^{33}。

有些方言将普通话舌面音j、q、x与齐、撮两呼相拼的一些字白读为舌根音g、k、h与开口呼相拼的音，而文读则与普通话接近。例如："解、鞋"读作［kai、xai］；"敲下去"读作［k'auxa k'i］。这一类主要是来自古见系声母的假摄、蟹摄字，在各方言中有消失的倾向。这类字常见的只有数十个：

j：家、架、嫁、皆、阶、介、界、芥、疥、届、戒、械、街、解、间、豇；

q：敲、掐、嵌、钳；

x：虾、下、鞋、解（姓）、懈、蟹、陷、馅、衔、限、苋、瞎、杏；

3. 声母增添

该现象是指普通话的零声母字在有些方言今读时，带上明显的辅音声母。如普通话零声母字方言中绝大部分今读[ŋ]母，以南昌县

（塘南）方言为例：暗ŋon[11]、爱ŋai[11]、牙ŋa[33]、袄ŋau[24]、晏ŋan[11]、鸭ŋaʔ[5]、恶ŋɔʔ[5]、硬ŋaŋ[11]等；或者部分今读[ȵ]母，如：呕ȵiɛu[24]、月、义、藕、言、语等。

客家人还把另一部分零声母字，如"院、园、员、缘、远、怨、垣"等字带上 v 声母。因此，就相应的字读普通话时，注意把这些字的辅音声母去掉。

（二）声母常见缺陷及分析

声母缺陷表现为声母的发音部位不正确，但并没有把一类声母读成另一类声母。声母缺陷的矫正方法首要一点就是掌握正确的发音方法和发音部位。赣方言声母常见缺陷有：

（1）zh，ch，sh，r 舌位靠前（上牙龈），但又不是 z，c，s，或读成舌叶音。

（2）发 zh，ch，sh，r 时矫枉过正，把舌头卷得太后，音色含混不清；或发音时声带振动，带有明显浊音色彩（主要是南昌片）。

（3）j，q，x 带有尖音 z，c，s。发普通话声母 j，q，x 时尖音色彩较浓。

（4）发 f 时带有双唇摩擦，但上齿也在起作用。

（5）读 z，c，s 时舌尖露了出来，即读成齿间音，如[θ]（[ ]为国际音标，下同）；或将舌尖音 z，c，s 读得偏后。

（6）把普通话声母[x]读作赣语喉擦音[h]。其实，普通话的声母[x]为舌根擦音，发音部位在舌根与软腭，且发音时绷得较紧；而赣语[h]为喉擦音，发音部位较低，发音状态较松，如河、核等。

三、韵母偏误分析

（一）韵母常见错误及辨正

1. 韵母的缺失与错位

（1）前后鼻韵尾 n，ng 的缺失与错位。江西省内赣方言前后鼻韵尾 n，ng 情况不一，如：

① 无前鼻韵尾 n。代表点是萍乡市和安远县龙布乡。这两个地方分别代表了两种类型。前一种类型以萍乡市为代表，其特点是：不论是普通话的前鼻还是后鼻韵尾字，在方言中一律都读为后鼻音。如"山、商"同音，都读为 shang。对于这一类方言，发好前鼻音是一大难题。后一种类型以安远县龙布乡为代表，主要特点是部分普通话前鼻韵母字在方言中读为后鼻韵，如"分、封"同读为"feng"；另有部分字脱落韵尾，没有鼻音尾，变成了元音韵母，如"惯"读为"gua"。

② 无后鼻韵尾 ng。代表点宜丰县和上高县，普通话的后鼻韵母字在这两个地方都读为前鼻韵母。如宜丰县方言"羊"读为"ion"，"影"读为"ian"。对于这一类方言，练习者首先要掌握后鼻韵的发音方法，而后还应对字的归属有正确的认识。

③ n, ng 共存，但缺失与错位明显。

方言中虽有前后鼻韵尾 n, ng，但它们的分化规律并不能与普通话对应。赣方言普遍存在这个问题，即 ng 尾只与元音"a, o"组合成 ang, ong, iang, iong 等后鼻韵母，而缺失了 eng, ing 韵母。普通话中 eng, ing 字方言中则今读分别为 en, in 韵母。

另外，方言中 ang, ong 韵母与普通话存在错位情况。大部分方言中 ang 韵字在普通话中应读为"eng"，方言中 ong 韵字在普通话中应读为"ang"。如"钢"字，普通话读为"gang"，南昌方言中则读为"gong"；"坑"字，普通话读为"keng"，南昌方言读为"kang"。要注意的是，普通话 eng 与唇音（b, p, m, f），相拼时，方言中韵母往往读为"ong"，如"风"读为"fong"，"棚"读为"peng"。在读普通话时，遇到此类情况，要注意对应规律。

分辨前鼻音韵尾与后鼻音韵尾，除了要区分-n 与-ng 的发音外，应该记住普通话中哪些字是前鼻音，哪些字是后鼻音。记字的办法主要是：

其一，利用声旁类推。前鼻音韵尾的声旁如：申、艮、今、分、真、林；后鼻音韵尾的声旁如：争、凌、正、令、生。

其二，记声韵调拼合规律。例如：普通话中，d, t 不与 in 相拼，只与 ing 拼。常用字如"丁、顶、定、听、挺、停"等都是后鼻音。

n，l 不与 en 相拼（除"嫩"外），只与 eng 拼。常用字如"能、愣、冷、楞"等都是后鼻音。

bing 没有上声字，"秉、丙、炳、柄"等常用字都是后鼻音。ping 没有上声和去声字，"品、聘"等常用字是前鼻音。

xin 音节只有阴平和去声，没有阳平和上声；xing 音节只有阳平和上声，没有阴平和去声。所以，阴平、去声一定是前鼻音，阳平和上声一定是后鼻音。

其三，记少丢多。记住了 gen 只有"跟、根、亘"三个常用字，也就记住了"庚、赓、羹、耕、更、耿、梗"等后鼻音的常用字。

记住了 hen 只有"痕、很、恨、狠"等四个常用字，也就记住了"亨、哼、横、衡、恒"等后鼻音的常用字。

记住了 z，c，s 和 en 相拼的只有"怎、参、岑、森"等字，也就记住了"曾、增、层、赠、憎、蹭、僧"等后鼻音的常用字。

记住了 nin 只有"您"这一个字，也就记住了"宁、拧、柠、咛、泞、狞、凝、佞"等后鼻音常用字。

（2）撮口呼缺失。普通话四呼齐全，但江西境内的赣方言昌靖片大部分地区、抚广片的部分地区都无撮口呼。这些方言中的撮口呼一般读成齐齿呼。如"雨"方言读成"yi"、"选"方言读成"xian"、"云"读成"yin"韵等。要注意练习 ü 的发音：可以先发 i，然后把双唇撮拢成圆形，发 ü。

（3）韵头 u 丢失。其一，普通话里 d，t，n，l，z，c，s 七个声母与韵母 uan，uei，uen 相拼时，有些方言区的人，常常丢失介音 u，而念成与韵母 an，ei，en 相拼的字。如：

① 有些方言区的人常分不清 an 韵和 uan 韵的字，他们常把声母 d，t，n，l，z，c，s 后 uan 韵的字，念成 an 韵的字。如：

端正 duān zhèng 念成 dān zhèng，

长短 cháng duǎn 念成 cháng dǎn。

② 有些方言区的人，常把声母 d，t，z，c，s 后的 uei 韵念成 ei 韵。如：

堆积 duī jī 念成 dēi jī，兑付 duì fù 念成 dèi fù，对唱 duì chàng 念成 dèi chàng。

③ 有些方言区的人常把声母 d，t，l，z，c，s 后 uen 韵的字，念成了 en 韵。如：

敦促 dūncù 念成 dēncù，土墩 tǔ dūn 念成 tǔ dēn，吨位 dūn wèi 念成 dēn wèi。

④ 有些方言区的人常把声母 d，t，l，z，c，s 后 uo 韵的字，念成了 o 韵。如：多 do、拖 to、挪 lo、罗 lo、做 zo、搓 co、错 co、梭 so、所 so。

其二，舌尖后声母与后鼻韵母 uang 相拼时，往往丢失 u，如：

庄 zhuang—zang 床 chang—cang 双 shang—sang

其三，当舌面后声母 h 与合口呼韵母相拼时，往往丢失韵头 u，并改 h 为 f，例见第二节的区别 h 和 f。

这些方言区的人学习普通话必须注意增加韵头，有时声母、韵母、韵尾也要作相应的改变。练习这类发音，在有辅音声母的音节里，可以运用三拼连读法，先慢后快，使韵头到位。如"岁"，方言中容易念成 sei，练读时注意不要忽略了介母的发音，念成 s-u-ei。

2. 韵母相混

（1）o 和 e 相混。

赣方言中一般只用 o 不用 e，该用 e 的时候都用了 o，所以江西人说普通话时容易出现 o 和 e 不分；如将"个、河、合、鹅"等念成了[o]。辨析 o，e，uo 这组韵母，可以首先分析韵母的发音要领，以便从音色上准确把握它们各自的发音，然后从普通话的拼合规律入手加以区分。在普通话里，单韵母 o 只跟声母 b，p，m，f 相拼，不跟其他声母相拼；而 uo，e（"什么"的"么 me"除外）则刚刚相反，不跟 b，p，m，f 拼合，可以和其他声母（除 j，q，x 外）相拼。

（2）韵母文白相混。

古梗摄字今有文白读之分，如南昌县（塘南）方言：生 sɛn^{42} 生死（文读）|生 saŋ^{42} 生熟（白读）、明 miaŋ^{42} 明日（文读）|明 min^{42}

明白（白读）等。

古见系开口二等字今读洪音，如南昌县（塘南）方言：家 ka⁴²、牙 ŋa³³、街 kai⁴²、界 kai¹¹、交 kau⁴²、咸 han³³、眼 ŋan²⁴、江 kɔŋ⁴²、羹 kaŋ⁴²、硬 ŋaŋ¹¹。

3. 韵母增添

（1）方言中今读带 [i] 介音，对应之普通话不带介音。如下：

古流臻三摄开口一等字、梗摄开口二等字主要元音为 [ɛ]，逢 [k] 声母时，带 [i] 介音，如南昌县（塘南）方言：沟 kiɛu⁴²、狗 kiɛu²⁴、跟 kiɛn⁴²、根 kiɛn⁴²、哽 kiɛn²⁴、更 kiɛn¹¹。古通摄三等部分字的今音韵母（除唇音外）有 [i] 介音。如南昌县（塘南）方言：龙 liuŋ³³｜供 tɕiuŋ⁴²｜陆 liuʔ⁵。

（2）方言中今读有"on、uon"两个前鼻韵母，普通话里没有，对应于"an、uan"，如下：

古山摄见系开合口一、二等字韵母今读不同，如南昌县（塘南）方言：寒 hon³³ ≠ 闲 han³³；按 ŋon¹¹、晏 ŋan¹¹（开口）；官 kuon⁴² ≠ 关 kuan⁴²；完 uon³³、环 uan³³（合口）。帮组开口二等字与合口一等字今读也不同，如南昌县（塘南）方言：搬 pon⁴² ≠ 班 pan⁴²；瞒 mon³³ ≠ 蛮 man³³。

（3）方言中今读有"-m"前鼻韵母，普通话里没有，对应于"-n"。这主要见于客家的宁石话，赣方言的抚广片大部、安义、弋阳等地。这些方言字普通话今读时必须注意发音方法正确，即 n 尾是舌尖顶住上齿龈。如抚州话[①]：

三 sam¹¹、阴 im¹¹、甜 tʻiɛm¹³、饮 im³⁵。

（二）韵母常见发音缺陷及分析

（1）合口呼、撮口呼的韵母圆唇度明显不够，语感差，如 u 圆唇不到位等。

（2）开口呼的开口度偏小或者复韵母的舌位动程不够等。

---

① 颜森：《赣语及其抚广片的若干特点》[J].《江西师范大学学报》，1990（4）。

（3）鼻韵尾过度强化。为了使前后鼻韵母产生发音部位上的区别，有意识加大鼻韵尾在音节结构中的比重，使鼻辅音 – n 和 – ng 的发音既长又重，在音节中的地位过分突出。普通话里的鼻韵尾应该是"唯闭音"，即在发音过程的三个阶段中，只有成阻、持阻两个阶段不发音，被过分强化后，除阻阶段也呈发声状态，偏离了正确的发音方法。在发音示范和音素分解的讲解中，或在发音练习的初始阶段，偶尔如此夸张，可能对了解发音要领有所帮助，可在实际发音中，后鼻辅音的色彩超过了正常的分量，肯定是一种缺陷。

（4）某些后鼻韵母中主要元音位置偏移。由于过分强化了后鼻辅音的色彩，其前面的某些元音的位置产生偏移我，例如 ing 中的 i 发成[i]，eng 中的 e 舌位偏后偏下，等等。用改变某些元音舌位的方法去适应后鼻韵尾的夸张，整个韵母的发音位置总体上后移，以拉开与前鼻韵母发音位置的距离。在前后鼻韵母的发音学习中，后鼻韵母的发音受到较多的重视，学习者可能会认为只要反前后鼻韵母发得足够后，就可以分清前后鼻韵母了。其实，这是认识上的误区。

（5）前鼻韵母发音动程偏短。发好前鼻韵母对于区分前后鼻韵母非常关键。前鼻韵母发音学习中有一种现象比较普遍，即为了表现前鼻韵母音节收尾时的前鼻位置，不惜缩短声母、元音和鼻辅音结合的动程，使鼻辅音前面的声母或元音发音位置前移。这样一来，前鼻辅音的色彩是鲜明了，前后鼻韵母的对立也清晰了，可音素之间的动程被压缩，音节显得干瘪不饱满。特别是在翘舌音声母和前鼻韵母相拼时，这种缺陷表现得尤为突出。zh, ch, sh, r 本来的发音部位是上腭前部，和前鼻韵母拼合时，往往有人发成舌尖接近上齿龈的部位，提前与鼻韵尾 n 的位置一致起来，从而丢失了"声母（上腭前部）——元音——鼻韵尾（上齿龈）"这个舌位变化过程的部分区间。这种缺陷，与发音器官的活动能力有很大的关系。在音节发音的瞬间不能使舌位变化达到一定的幅度，就必然会产生这样的问题。

四、声调偏误分析

普通话语音和汉语方言的主要区别在于声调不同。学习普通话必须突破声调关。江西方言区的声调系统相当复杂,各地区有各地区的特点,一般来说都有六七个调类,调值也与普通话的差别很大。

(一)声调常见缺陷及分析

(1)音程偏短、不够饱满。如去声51,终点音在"2"或"3"位置上,而不是"1"。

(2)上声的发声问题较多,一是音程过短,不完全,发成了212;二是音程过长,尾音上扬,发成了215。

(3)起点音"5"位置不够。江西绝大部分地区的阴平调值偏低,有方言点念成44、33,甚至11(波阳县)。

据此归纳,学习者在声调方面的偏误主要表现在两方面:

一是调型问题,即相对音高的变化走向不到位,如55读成33,35读成24,214读成213,51读成42。

二是调域问题,即同一调型中把握不住相对音高的实际音高,难以形成自身的音高体系,容易"跑调"。五度标调法只能标示出声调的调型:55、35、214、51,不能标示出声调的调域,即"5"的相对音高的实际意义。

在声调偏误的两个问题中,调型问题不是主要问题,因为调型是汉语四声的类型,只要不发生调型混淆(升调读成降调),辨义就不是问题。薛凤生在《北京音系解析》中说:"在实际说话时,这些调位的调值不会是那么固定,比方说,假如把阴平读做44,阳平读做25,上声读做213,去声读做31,对老北京人来说,可能会有些不顺耳,但也不至于发生辨义上的问题。"

而调域问题就是一个难题,多数学生掌握声调的音高走向不难,难在掌握不好相对音高的音域。也就是说,发一个单字音容易,但是一进入两个以上音节的组合片断时就容易出错。如"大鱼"调型是51、35,第一个音节相对音高念准了,但是第二个音节就常不在同一个相对音高的系统中了,可能低于也可能高于前一个音节的相对音高。虽然调型仍然不变,读成24,而在受话人角度听来就可能感知为去声加上声,听成"大雨"。

第三节 音节偏误分析

一般来说,一个汉字表示一个音节,一个音节代表一个汉字。音节偏误,是指在音节使用过程中出现的音节层面上的规律性的偏误现象。下面从同音偏误、异音偏误两个角度来分析。

一、普通话同音偏误分析

同音现象是世界各种语言共有的一种客观现象。它是有限的语音形式和无限的意义内容相矛盾的必然产物,是语言经济原则的反映。汉语同音现象是指声韵调完全相同而意义不同的音节。现代汉语中存在着大量的同音音节。既然大量存在,就难免会出现混用、误用等偏误。在人们视野可及的各种文字材料中,如中小学生的作文、教师学者的论文、报纸杂志的稿件、电影电视的字幕等,都存在着同音偏误现象。

汉语同音偏误是指在同音音节应用过程中时表现出来的错误或不完善之处。这种错误是成系统的、有规律的,反映了使用者的语言能力,属于语言能力范畴。

结合字形来看,汉语同音现象分为两类:同音同形类型和同音异形类型。依据对偏误实例的具体分析,汉语同音偏误也可以分为两个方面:一是受客观因素影响的同音偏误,二是受主观因素影响的同音偏误。

(一)客观因素下的同音偏误

汉语里有些同音偏误现象,有着明显的客观因素在里面,如对某些同音字词义不理解或不清楚；有些同音字词语义交叉，找不到两个同音字词的区别点；句义不明确、语境不完整时容易用错；语文基础不扎实，所以出错；受周围人或媒体尤其是广告的误导，等等。下面从同音异形和同音同形两个方面展开论述。

1. 同音异形类型

此类型又可以分为三种情况：

（1）语义失调。指所用的同音异形字词其意义在语句中与语义不协调。这种现象最为多见，例如[①]：

在民间，不规范的两性放荡之所以为人不耻的原因是政府日复一日年复一年地宣传一种严格道德操守的缘故。(《文汇报》1996.5.24）

"不齿"和"不耻"是一组同音词，但意义很不相同，前者是不以为羞耻的意思，后者是不与同列、看不起的意思。这句是说两性放荡行为被人看不起，显然应该用"不齿"。

她正一步步向我走来。也许要说"走"并不确切，因为她是依靠助步器一点点地挪动而来。但毕竟并不如我所想象的那样躺在床上。我既激动又辛酸，把手里的那堆"礼物"一撂就扑上前去扶她。（《文汇报》1996.9.12）

"辛酸"与"心酸"虽都有"悲痛、难受"的意思，但它们的侧重点不同。"辛酸"指客观遭遇给人造成的苦难、悲痛。"心酸"是指心理上受刺激之后心情上出现痛苦、悲伤之感。此例中当用"心酸"。

1956年12月文化部副部长田汉来南阳考查，提出"抢救汉画"，并建议另选馆址，重建一个汉画馆。(《光明日报》1997.12.6）

"考查"与"考察"音同义近，都有调查研究的意思，但仍有区

[①] 刘丽娟：《现代汉语同音误用现象研究》，黑龙江大学，2005年6月。

别。"考查"指考核检查,即用一定的标准来衡量行为、活动,如"考查学生的学业成绩"。"考察"指实地观察调查,以了解事物的真相或本质,如"考察山川地形"、"出国考察教育"。此例"考查"系"考察"之误。

年轻一代的女作家都对这种公式化的形象提出<u>置疑</u>。(《参考消息》1997.12.11)

"置疑"与"质疑"同音,但意义、构词方式和用法都不相同。"置疑"按字面解释是设置疑问,即表示怀疑的意思,它属动宾式构词,不能用作"提出"的宾语。"质疑"是质询、疑问的意思,属联合式构词,可以而且经常用作"提出"的宾语。这例应该用"质疑"。

所谓通感,就是把听觉、视觉、嗅觉、味觉和触觉通过联想<u>勾通</u>起来。(张九韶《爱的湖》第236页,山东文艺出版社,1996)

"勾通"与"沟通"读音虽然相同,但意义差别很大。"勾通"常指暗中勾结,带有明显的贬义色彩。"沟通"则是指使两方面彼此通连,有具体义和抽象义。此处用的就是"沟通"的抽象义。

(2)语句歧义。所用的同音异形字词其意义在语句中虽与语义可以配合,但语境不明,语句存有歧义。例如:产品含有致(治)癌物质;正在演越(粤)剧;他占有(战友)的房子;产品全部(不)合格;参加期中(终)考试;切忌(记)此事;应该偿(长)命;

某电视广告"戴某某牌领带,使您的仪容更潇洒!"受众一听,自然就想到"遗容",肯定心里不舒服。

需要指出的是,这类同音异形词在阅读的时候是不产生歧义的,因为字形作为区别手段,只有在念诵时才可能产生歧义。

(3)效果差异。所用的同音异形字词其意义在语句中虽与语义可以配合,但语用表达效果存在明显差异。例如:张九龄的《望月怀远》首句"海上生明月"的"生",有人认为是"升"之误,应为

"海上升明月",才符合常理。

实际上,"生"不是"升"的混用,此处恰恰是妙用。一个"生"字,赋予海水与明月以鲜活的生命,也象征着诗人的情愫随海潮与明月油然而生。"生"字既写活了景物,又表达了情感的产生。这里,"生"字堪称是全篇的诗眼,它点明了大海与明月的关系,意境雄浑阔大,创造了一幅宁静空灵、清新淡雅的画面,为后面的描写抒情做好了铺垫。

"海上升明月"虽然和"海上生明月"仅一字之差,而且"升""生"二字读音完全相同,但给人的感觉大不一样。它只是就景写景,大海成了一个地点,一个背景,和月亮的关系显得模糊。原诗中的那种壮阔、雄奇、灵动的气象因此大为减弱以至完全消失。

再如张若虚《春江花月夜》首句:"春江潮水连海平,海上明月共潮生。"一个"生"字,就赋予了明月与潮水以灵动的生命,成为千古绝唱。

又如毛泽东词《沁园春·雪》中"原驰蜡象"句,亦有"原驰腊象"之说。大部分认同前者。"腊"改成"蜡",两字同音,虽只换个偏旁,却增添了诗意的形象性,且与上句中的"银蛇"形成对仗,效果大为不同。

2. 同音同形类型

所用的同音形字词其意义在语句中虽与语义可以配合,但语境不明或省略,无论是阅读还是诵读,语句皆存有歧义,如:我们爱韶山的杜鹃(花还是鸟?)花在哪里去了?(花草还是花费?)他们将要出师(学满期还是出兵)。

又如一位山里农民到县城百货商场去买香皂,对话如下:

农民:同志,这香皂几多钱?
售货员:一块(略停顿)四角六。
农民:城里香皂这么贵!(惊愕之极)

农民不识字情有可原,售货员停顿清楚也无可厚非。那么,是什么原因使他们产生歧义的呢？原来是语境省略下的同音现象所致。"块"是语音相同而意义不同的同音词。售货员说的"块"，指的是"块状的东西，"作量词用；农民则把"块"理解为"纸币的'块'，相当于'圆'（元）"。一元四角六分买一块香皂，的确是贵了点。其实售货员变通一下说法："四角六分一块"，"一块香皂四角六分"，那么就不会产生歧义了。

3. 消解同音歧义方法

为了更好地发挥同音音节在语言实践中的功能，可以采取很多办法来消除同音音节带来的歧义。比如：

（1）一些单音节的同音词，变成双音节，如"优"字的"优秀"、"优良"和"忧"字的"忧虑"、"忧愁"，"依"字的"依照"、"依旧"和"医"字的"医治"、"医疗"，"青"字的"青年"、"青春"和"清"字的"清楚"、"清洁"，等等。

（2）用同义代替的方法，也可以消除同音词引起的歧义。如"期终"、"年终"改成"期末"、"年末"，"全不"和"全部"中的"全部"改成"全都"，"预见"和"遇见"中的"遇见"改成"遇到"，等等。

（3）把一些同形同音词，加上所属的类别词，就可以把这些同音词区分开来，如"杜鹃花"和"杜鹃鸟"；以"枇杷果"和乐器的"琵琶"相区分；以"工作母机"和生蛋的"母鸡"相区别；用"食用油"和运输用的"石油"相区分，等等。此外，可以在某些词的后面加上儿化词，同样能够使一些同音词区分开来，如："油票儿"和"邮票"；"白面"和"白面儿"（一种毒品），等等。

（4）无论同音同形或是同音异形，遇上语境不明朗，都会造成言语交际的误解或歧解等负面效应。交际时需要努力补充完整语境方可消解同音歧义，如：

产品全部合格，可以出售；产品全不合格，不可以出售。
那有杜鹃，飞起来了；那有杜鹃，开得真好看。

（二）主观因素下的同音偏误

主观因素下的同音偏误主要是指偏误因人为因素造成的，存在主观上的故意性特征。这些因素包括人们认知水平、心理因素等。心理学家通过研究发现，心理因素会干扰话语编码过程，造成语误。也就有说，心理因素会影响人们的语言交际。主观因素下的同音偏误应就在此语误之列。

1. 因认知心理而同音偏误

鲁迅的保姆曾经给鲁迅讲过一个故事[①]：从前，有一个古庙里，庙里有条美女蛇，美女蛇是一个人首蛇身的怪物，这怪物会呼唤别人的名字，被呼喊的人倘一答应，这怪物夜间便要来吃这人的肉。文末的教训是：倘有陌生的声音叫你的名字，你万不可答应他。似乎人的名字和人自身有着某种神秘的联系。

认为名称和事物之间有着某种神秘联系的认知心理观念，在中外许多民族中都很盛行。这种观念带来了许多禁忌，带来了对语言的迷信和崇拜。汉语里出现了同音混用偏误不足为奇了。

（1）因避讳而同音混用。避讳几乎可以说是中国古代文化中普遍存在的现象。避讳的方法之一，是采用与之同音的其他字。旧时商人，自己不上也不准别人说"关门"一词。船夫，自己不说也不准别人说"翻"及一切同音的词。甚至姓陈的船夫，陈不念"沉"，而读"安"，姓舒的村庄却对外称"赢村"。典型例子如"元来"与"原来"的混用。

"原来"一词在明王朝以前写作"元来"，有人认为这是"原"的别体，所以改为'原来'。晚唐诗人章碣《焚书坑》诗后两句为"坑灰未冷山东乱，刘项元来不读书"；南宋诗人陆游在《示儿》诗中写有 "死去元知万事空，但悲不见九州同"；宋代笔记小说《齐东野语》中有"……但诬奏传播万里，而元来按发之事，未能暴白天下……"其中的"元"字含义为起初、本来，《说文》中"原"字被解释为"高平曰原"，显然与"元来"的"元"字相去甚远。

[①] 鲁迅：《从百草园到三书屋》，见《朝花夕拾》，人民文学出版社 1979 年版。

"元来"一词为何到了明朝被改成"原来"呢？其实"元来"是正体，因为"元来"犯了朱元璋的忌讳，所以"元来"就被改成了"原来"。

（2）因迷信崇拜而同音混用。这种观念导致许多民间风俗习惯的形成及同音混用偏误现象。例如，广州风俗：春节时赶花市，每家买回一盆金桔，以示吉祥如意，因为"桔"可谐"吉"音。绍兴习俗：吃粽子、年糕求来年有始有终（粽）、步步高（糕）升；吃鸡喝酒求吉庆长久，因为"鸡"谐音"吉"、"酒"谐音"久"；不吃鱼，以求年年有余（鱼）。

鲁迅先生也曾经挖苦过相信名称和事物之间有着某种神秘的联系而妄图名称的改变替代内容上的变革的做法。他说："在北京常看见各样好地名：辟才胡同，乃兹府，丞相胡同，协资庙，高义伯胡同，贵人关。但探起底细来，据说原是劈柴胡同，奶子府，绳匠胡同，蝎子庙，狗尾巴胡同，鬼门关。字面虽然改了，涵义还依旧。这很使我失望。否则，我将鼓吹改奴隶二字为'弩理'，或是'努礼'，使大家可以永远放心打盹儿，不必再愁什么了。"

（3）消解此类偏误的方法。今天我们从科学的观点看问题，名称和事物之间是没有什么必然联系的。用什么样的语音来称呼事物，这不是由事物的本质、特征或其他什么属性决定，而是偶然的，是社会集团任意选择的，是社会集团长期约定俗成的结果。世界语言的多样性就证明了这一点。同一事物在不同的语言中完全可以用不同的语音来称呼它。如祖国（汉语）—motherland（英语）—vaterland（德语）；向日葵（汉语）—sunflower（英语）—spatz（德语）……因此消解这类同音偏误主要在于学习科学，懂得知识，摆正观念，提高认知能力和文化水平。

2. 因猎奇心理而同音偏误

这种偏误主要表现于媒体语言，特别是广告语言上的同音混用现象。一个时期以来，随着市场经济而兴起的广告大潮，也带来了一些语言文字应用上的问题。突出的表现就是胡乱改动现有的成语俗语，绞尽脑汁利用汉语的特点，改变某些字词的音义，以达到所谓的"市场效应"。

（1）具体表现。即求"同音"忽视"同义"而滥用同音字的现象，即故意写错成语或熟语中的一个字而用另一同音字相代，以引起广大消费者的注意。例如：

"咳"（刻）不容缓（药品广告）、"骑"（其）乐无穷（山地车广告）、"鳖"（别）来无恙（补品广告）、一"明"（鸣）惊人（眼镜广告）、默默无"蚊"（闻）（驱蚊器广告）、无可替"带"（代）（透明胶带广告）、一"网"（往）情深（网吧广告）、一见钟"琴"（情）（钢琴广告）、随心所"浴"（欲）（热水器广告）、终生无"汗"（憾）（空调广告）、以"帽"（貌）取人（服装店广告）……。

（2）消解此类偏误的方法。这类为追求市场经济利益而不顾语言规范的行为，大都是明知故犯而并非无意用错。这容易对消费者造成误导，而受伤害最大的则是中小学生，会导致以讹传讹，将造成不良后果。因此，必须一方面采取有力的措施加以遏止，另一方面对广大的广告从业者进行必要的培训。要讲清楚语言应用和语言规范的关系，讲清楚千百年来形成的成语和人民群众中代代相传的俗语是凝固性的、不容随意改动的语言精华，广告词的设计绝不能在这上面耍小聪明，打小算盘。

其实，成语或熟语并不是没有活用余地的。在不改动成语组成成分的前提下，通过原来含义的延伸活用，就可以产生意想不到的语言效果，例如用"不打不相识"作为打字机的广告词，用"口服心服"为一种食品（八宝粥）的广告词，"做女人，挺好"宣传丰乳的广告词，都巧妙地利用了同音同形词语义双关的手法，达到了较佳的广告效果。

再如利用同音异形词语音双关手法的例子：特步，非（飞）一般的感觉！（特步运动鞋）、给电脑一颗奔腾的芯（心）——（奔腾广告）。虽然形异而义歧，但放在语句中也成立。但像这类合理运用语言文字应用中的灵活性设计出来的广告词不多。广告词的设计者，还需在语言的运用上下足工夫。

二、普通话异音偏误分析

异音偏误，即读错别字，学习者把甲音节读成了乙音节。这种错读不表现为声母、韵母、声调有方音特征上的错误或缺陷，是学习者把甲音节错读成了乙音节。错读是确定不知道正确发音而读错，与语音训练关系不大，主要取决于发音者的文化水平。有一定的规律性，如：

（1）字形相近的错误。1999年6月8日中央电视台"新闻联播""塞浦路斯"的"浦"读成"捕"。2000年3月19日中央电视台第一套11：30播出的"中国人口"节目中，主持人将"武陟县"的"陟"读成"涉"。2000年1月14日中央电视台第一套18：09播出的"大风车"节目动画片《西游记》的片尾，把"唐玄奘"的"奘"读成"装"。

（2）"读半边"的错误。1996年10月7日北京电视台体育新闻"威慑"的"慑"读"聂"。1996年12月7日北京电视台体育评论员把"阴霾"读称"阴里"。《人民政协报》2000年2月15日某文章说，东方电视台"飞跃太平洋"节目主持人将"莘莘学子"中的莘读作"xīn"。

（3）异读字读错。如"癌症"的"癌"字。《中华大字典》（1915年）、《辞源》（1915年）、《辞海》（1936年）、《国语辞典》（1947年）、《新华字典》（1953年）、《现代汉语词典》（1960年试印本）对癌字都注yán音，与"炎"（yán）字的音相同，会发生歧义。

江南某医院的张医生是北京人，对中西医都有研究，医道高明。一次他在门诊部看病，经他仔细检查，某病人患的是胃癌。他正开处方，突然院部来了电话，说急诊室有个病危者，要他立即去抢救。他就忙告诉边上一位王医生，说他刚才检查的这病人患胃癌（yán），请王医生开处方。王医生是浙江人，他开了一个治疗"胃炎"的处方给病人。张医生回门诊部一问，才知道因为语音造成误开，立即派人追回病人的药，重开处方。原来北方话"癌"历来读yán，与"炎"读音相同。所以造成了歧义。1962年12月普通话审音委员会将"癌"字审订为ái，废除了yán音。《新华字典》（1962年重排本）、

《现代汉语词典》（1965年版）都把"癌"注音改为ái。从此"癌"读ái而不读yán，避免了歧义。

（4）多音字读错。"处"有两个读音，"处分、处理、处于、处女、处罚、处方、处之泰然"等都读三声；"艺海扁舟"的"扁"读音是"偏"；"人才济济"和"济南"的"济"都读三声；"悄然"的"悄"读音是三声，1997年中央电视台焦点访谈《走近小康》读成一声；1997年中央电视台"新闻联播"将"屡见不鲜"的"鲜"读成了一声；1999年6月12日北京教育电视台"中国教育新闻联网"将"应用型人才"的"应"读成一声。1999年12月16日中央电视台第一套13：15"爱我中华"节目中，主持人将"泰山封禅"的"禅"读成"缠"。

再如，好（hǎo）读书，不好（hào）读书；好（hào）读书，不好（hǎo）读书。意思有两层：一是说年轻的时候，眼神好，精力旺盛，可以好好读书，却不喜欢读书，荒废了青春；等到上了年纪了，懂得了读书的好处了，想用心读书了，但已经老眼昏花，体力不支，不可能好好读书了。另一层意思是，家庭条件好，可以好好读书，但富家子弟多不喜欢读书；而许多家境贫寒的青年，想读书，却没有条件读书。如果音节读错的话，就不知所云了。

又如某当铺广告：当之无愧。"当"读音为dāng，意思是承受，整个成语表示担当得起某种荣誉或者称号；"当"变化为dàng，意思是指用东西作抵押来向当铺借钱，是"典当"的"当"。词形一样，读音不同，语义也不相同。作为当铺广告，哪个读音都是合适。

（5）变调读错。"一、不"语流中没变调。"草甸子"中的"甸"是四声，"沉甸甸"则变成一声（1998年中央电视台"焦点访谈"《北大荒承载着什么？》）。1999年6月12日四川卫视新闻"北京时间今天"凌晨一点"五十五分，我国……"中的"一"没有变调。

（6）轻声读错。"莲子"和"帘子"、"地道"和"地道"、"大意"和"大意"（后者皆读轻声）等。

第四节　韵律偏误分析

语音是语言的物质外壳,不同的语音形式可以表达相同的意思,但效果大不相同,有的悦耳动听,如黄莺鸣唱;有的却呕哑嘲哳(ōu yā zhāo zhā),味同嚼蜡。

韵律偏误,着眼于音节之间的交际功能,指在音节使用过程中出现的韵律层面上的规律性的偏误现象。

一、音节调配偏误

汉语的词丰富多彩,就音节着眼,有单音词、复音词和多音词三类。句子语音协调,要求词语的音节组合以匀称整齐的形式出现。音节匀称整齐的配合形式,指在具体的语言表达中,词语音节的搭配应"单对单"、"双对双"、"多对多",即呈现出均衡的组合状态。

音节调配偏误指句子音节搭配不协调的现象。音节搭配不协调,语句结构则失掉平衡,读来拗口,听着别扭,使人难以接受,甚至引起误解或歧义。有两种情形:

(1) 同音或音近的字相邻,引起拗口或歧义。例如:

① 说起"贡",越南朋友都会眉飞色舞,一往深情,就象向你介绍他的爱人……(袁鹰《秋风起的时候》)

② 就在旅馆前面的码头上上了船……(郁达夫《钓台的春昼》)

③ 所以革命前夜的纸张上的革命家,而且是极彻底,极激烈的革命家,临革命时,便能够撕掉他先前的假面,——不自觉的假面。(鲁迅《非革命的急进革命论者》)

④ "好办。"他截断我的话,用手比划说,"您受点委屈,倒到这单人床上,我们爷俩合睡那双人床,不就解决了……"(浩然《机灵鬼》)

以上四例,阅读时不会觉得有问题。但朗读时,由于由于例"象"和"向"同音,例"在……上"的"上"和动词"上"相连,例副词"极"和形容词"激烈"的"激"同音,例"倒"和"到"连读,都有些不顺，有点拗口。

再如，鲁迅先生的《藤野先生》原稿里有这样一段话："但到傍晚，地板便常不免要冬冬地响地震天，兼以满房烟尘斗乱；问问熟识时事的人，答道：'那是在学跳舞。'"这段话里的"熟识时事"中三个音节都读 shi 音，另一个音节的声母也是 sh，读起来很拗口，鲁迅先生后来把它改为"精通时事"，就朗朗上口了。

再如，叶圣陶的《云璐》原稿写作："你们不是我，不能知道我所体会的，所以我无法取信于你们。可是我说的确是我所体会的。"这段话里的"确"字容易与表转折的"却"相混，还容易与"的"连结合起来误作"的确"。叶老把"确"改为"确然"，表意就明确了。

（2）音节不匀称整齐。例如：

① 元白擅长文学，及文字学，能诗文，工善书画，为当今极负盛名的学人。(《新华月报》(文摘) 1980 年第 1 期）

② 改霞脸发烧，心慌，手脚痴笨。(柳青《创业史》）

③ （张献忠）攻破了土地岭之后，他的目的已达，立即下令停止抢渡巴雾河，避免伤亡多的将士。(姚雪垠《李自成》）

例①中"能诗文，工善书画"，远没有"能诗文，善书画"顺畅；例②中"脸发烧，心慌，手脚痴笨"，宜改为"脸发烧，心发慌，手脚痴笨"。③例中"避免伤亡多的将士"，站不住，"多"字前头缺少了点什么，可改为"避免伤亡过多"、"伤亡太多"，否则就像缺了腿的凳子站不住。

此外，确实需要联合使用音节数量不等的词语时，要把音节少的放在前面，而把音节多的放在后面。如：

① 要是来了客人，就想方设法，弄出好多碗：鸡、鸭、烘鱼、腊肉、熏腰子和蛋卷子等等……"(《周立波短篇小说集》）

② 待到四处蛙鸣的时候，小鸭也已经长成……夏雨一降，院子里满积了水，他们便欣欣然，游水，钻水，拍翅子，"鸭鸭"的叫。(鲁迅《鸭的喜剧》）

语音协调,读音顺畅,读来上口,听着悦耳,产生一种协调的美感,使人易于接受。例如:

工作,工作,衰弱到不能走路,还是工作,手脚像芦柴棒一般的瘦,身体像弓一般的弯,面色像死人一般的惨,咳着,喘着,淌着冷汗,还是被压迫着做工。(夏衍《包身工》)

"瘦"、"弯"、"惨"——单音节形容词相对应,"咳"、"喘"、"淌"——单音节动词相对应。如果把其中的某一个或两个改为双音节(如"瘦"改成"瘦弱"/"弯"改成"弯曲"/"惨"改成"惨白"/"咳"改成"咳嗽"等)就变得不和谐了。再如:

那清清冽冽的光,秋江静水般的爽,女子手指般的柔,田园牧歌般的淌,仄耳细听似还熠熠有声呢,将群峦环抱的村庄洗濯得冰清玉洁似的。(伍振戈《桃花江小夜曲》)

"光"、"爽"、"柔"、"淌"——也是单音节词相对应。

她失去了平时那种娇憨的笑容,那种天真的笑容,那种嘲弄的笑容,那种聪慧的笑容,只是那双漂亮的眼睛看着我,目光里有亲切,有安慰,有满足,有感激,有探询,有深情。(张同吾《爱的超越》)

"娇憨"、"天真"、"嘲弄"、"聪慧"、"亲切"、"安慰"、"满足"、"感激"、"探询"、"深情"——10个双音节词语相对应。

每当月白风清、午夜梦迥之际,脑海里辄会浮现出旧时家山的影子。……那太湖的风帆落日、那梅园的腊梅飘香、那姑苏的拱桥旧院、那寒山古刹的夜半钟声、那嘉兴的南湖风雨、那西湖的潋滟湖光……在模糊的记忆里,不知它们,不知它们都无恙否?(中原《梦回江南》)

"风帆落日"、"腊梅飘香"、"拱桥旧院"、"夜半钟声"、"南湖风雨"、"潋滟湖光"——6个四音节词语相对应。由于相同音节的连续对应出现,使这些语段在吟读时,可以产生一种整齐匀称的美感。

语言大师们在这方面做了良好的榜样。在谈到音节(字)与写作的关系时,语言大师、文学巨匠的鲁迅就说:"我做完之后,总要看两遍,自己觉得拗口的,就增删几个字,一定要它读得顺口。"从一些名家名篇的局部改笔中,也可窥见为收到声音美的表达效果,而力求使音节整齐匀称、上下句两相对应的情况。例如:

① 桌子倒时一定发重大的声音。
改文:桌子倒时一定发出重大的声音。(叶圣陶《义儿》)
② 原文:那车夫摊开手心接受钱,就藏在车子座垫的底下。
改文:那车夫摊开手心接钱……(叶圣陶《在民间》)
③ 原文:有时这些声音寄托于劳动号子,寄托于车队奔驰之中,仿佛令人感到战鼓和进军号的撼人气魄……
改文:……仿佛令人感到咚咚战鼓和进军号角的撼人气魄……(秦牧《土地》)

稍作比较即可看出,例①把单音节的"发"改为双音节的"发出"。例②将双音节的"接受"调整为单音节的"接",例③把双音节的"战鼓"和三音节的"进军号"一律调整为四音节的"咚咚战鼓"和"进军号角"。从意义上说,并没有增加多少内容,主要是为着音节整齐、节奏明快的声音美需要。这样,不但读之顺口,而且听之悦耳,意义(内容)也得到了更加理想的表现。

二、音节节拍偏误

所谓节拍,是指由一定数量的音节构成的音律单位。一个节拍单位一般由两个音节构成。如果是三字句、五字句、七字句,则有一个音节单独成为一个节拍单位。

（一）节拍偏误

主要表现为把两个音节一节拍的认识绝对化，也就是说当句子的意义结构与诗的节奏结构不一致时，意义结构服从节奏结构，"读破"了句意。以律诗为例：

"相见/时难/别亦/难"、"二十/三年/弃置/身"、"黄四/娘家/花满/蹊"、"二十/四桥/明月/夜"，等等。

实际上从语义来看，这几个例子都是固定的短语，表达一定的语义。如"相见时难"、"二十三年"、"黄四娘家"、"二十四桥"都不难明白其内容所指。为了所谓的节奏结构生生分为两个节拍，纯属害意之举。

（二）恰当划分节拍的方法

格律诗的音节停顿是据"平平仄仄平"这类格式来构成的，故其规律为：五言，二、二、一或者二、一、二，每句三顿；七言在五言前头加二，每句四顿。格律诗的节拍可以按词义、句意或诗句内容来分。

1. 按词义、句意及语法关系推断

"举头望明月"后三个字是动宾关系，其音节处理便是二、一、二；"疑是地上霜"后三个字为偏正关系，则按二、二、一分顿。读时注意上下联对，一下可解决二句。如：

白头｜搔｜更短，浑欲｜不胜｜簪。
好雨｜知｜时节，当春｜乃｜发生。
窗含｜西岭｜千秋｜雪，门泊｜东吴｜万里｜船。
几处｜早莺｜争｜暖树，谁家｜新燕｜啄｜春泥？

2. 依凭诗歌具体内容划分节拍

格律诗的节奏有五言二顿，七言三顿的情况。"野径云俱黑"，"俱黑"的是"野径"和"云"，若想当然读成二、二、一是读不通的，又不能读成三、二，只有依句意划为二、一、二合适。如"打

起黄莺儿",若读二、二、一或二、一、二都不成,只有处理成二、三,才不致读破句。正如上文读破句的例子,就是没有依凭诗歌内容。如:

嫁得｜瞿塘贾,朝朝｜误妾期。早知｜潮有信,嫁与｜弄潮儿。
吾爱｜孟夫子,风流｜天下｜闻。
桃花潭水｜深｜千尺。
牧童｜遥指｜杏花村。

总之,节拍划分,要在诗歌音节停顿的基础上,注意词义、词性,还应兼顾诗歌的内容完整和诗意表达的需要来进行,切忌把诗歌内容割裂开来读,"读破句"。

三、平仄偏误

汉语是有声调的语言。平声的特点是"扬",仄声的特点是"抑"。如果在一句话里,把"平声"和"仄声"这两类性质不同的声调,有规则地相间搭配,在音律上就形成了高低起伏、长短疾徐的变化,读来就朗朗上口;听着就铿锵悦耳。例如,平平仄仄式:惩前毖后、理直气壮、杀鸡取卵、登堂入室;仄仄平平式:世外桃源、顺手牵羊、旧调重弹、噤若寒蝉,等等。

今天平仄偏误主要体现为认知偏误,即大多数人认为平仄在今天的生活学习上不重要了,没有认识、掌握、运用的必要。这种认识很片面,张裕钊就曾说:"声调之事,世俗人以为至浅,不知文之精微要妙,悉寓于其中。"

(一)声调与平仄

旧体诗词十分注重平仄的安排,律诗的对仗句不仅要求一句之内的平仄交错,而且要求上下句的平仄相反。譬如,杜甫的七言律诗《登高》的颔联:

无边落木萧萧下，　不尽长江滚滚来。
－　－　｜｜　｜　　｜　｜　｜　｜　－

现代新诗虽然没有如旧体诗那样严格的平仄要求，但讲求韵律的诗人也很注意平仄相配，他们特别讲究句末音节的平仄安排。即使是散文，也有适当地讲究平仄的必要。

老舍在《出口成章》中说："即使是散文，平仄的排列也还应该考究。'张三李四'好听，'张三王八'就不好听。前者是二平二仄，有起有落；后者是四字皆平，缺乏抑扬。四字尚且如此，那么连说几句就该好好安排一下。"例如郁达夫散文《故都的秋》：

在南方每年到了秋天（平平），总要想起陶然亭的芦花（平平），钓鱼台的柳影（仄仄），西山的虫唱（平仄），玉泉山的夜月（仄仄），潭拓寺的钟声（平平）。这个句子由五个逗号隔成六个短句，每个短句句末的双音节词语分别是"平平"或"仄仄"，声调高低相间，读来有一种抑扬起伏的美感。

（二）平仄知识的应用

其实，在我们的现实生活中处处有平仄的影子，上文的"张三李四"等成语就是例证。另外，像"琴棋书画"、"吹拉弹唱"、"染卷理烫"这些我们常讲的四字格熟语，并不是无规律的任意组合，实际上是声调的优化组合，因而说起来顺口，听起来悦耳。它们都是三平一仄，都以仄声收尾。这是因为仄声下抑短促、脆快利落，适合于收尾。如果更换一下次序，把仄音字放在前面任何一个位置上，读起来都不会顺口。如果一句话全部都是平声字，声音都在一个水平面上，就会讲起来拗口，听起来音调乏味，自然也毫无美感可言。

又如，人们之所以起名时觉得"杨振宁"响亮悦耳，感觉它会比"杨真宁"叫起来更上口，深层原因就是"杨振宁"发音为平仄平，上声去声和谐搭配，"杨真宁"发音为全上声搭配，前者气流由高扬起头然后蓄势缓冲而爆发，自然轻松；后者气流则呈持续高飘状，急促紧张，令人感到肺腔中气息无着落不懂平仄常识，上联和下联贴或粘反了的比比皆是。就连著名的西安华清宫有一副对联贴反了：泽及万代风雨顺，被贴在左边；德被十方国民安，被贴右边。其实，对联要平仄相合，音调和谐。传统习惯是"仄起平落"，即上联末句尾字用仄声，贴右边；下联末句尾字用平声，贴左边。

江西科技师范学院举办了 2011 年全校征联竞赛活动，在 100 余篇来稿中，就语音来讲，大部分所征下联平仄出错。其中偏误比例最大的为平仄不相间，其次为平仄不相对，最后为联尾收仄声。例如上联：南湖霹雳，风卷残云，神州万里艳阳照；所对下联：① 南昌一枪，惊天动地，开创中国新事业。② 井冈轰鸣，雨打浊尘，华夏千载高歌起。例①下联"南"字有重复，"湖"、"昌"平声相对，而且联尾皆为仄相对。例②"湖"与"冈"、"卷"与"打"、"云"与"尘"、"里"与"载"、"阳"与"歌"竟然平仄相同，且联尾仄收。完全不符合对联平仄规律。

最近某位著名作家的一段文字引起争论一片，甚至说是嘲讽一片，主要针对其文字平仄上的无知。他的文章第一段："此地山雄水碧，古迹连绵，徜徉其间，步步皆是六朝熏风，南唐遗韵；隐隐可见大明王气，伟人身影。"有人指出这暴露了该作家对诗词格律和诗词炼词炼字艺术的无知。对仗是诗词的同类，讲究平仄和词性的对仗。"步步皆是六朝熏风，南唐遗韵"是仄仄平仄仄平平平平平平仄。"隐隐可见大明王气，伟人身影"是仄仄仄仄仄平平仄平平平仄。"步步"是名词，"隐隐"是形容词，所以从平仄到词性都完全不对仗。

韩国学生在对外汉语教材中找到一个对话，对汉语的口语表现力提出质疑：

甲：火车是几点的？

乙：十一点。

甲：现在已经十点半了。

乙：真糟糕，我要晚点了。

韩国学生提出,"真糟糕"三个字的声调都是一声,即阴平,在表现火车晚点过于温婉,表现不出来说话人在火车晚点时的焦急心情。

如果教师不懂一些平仄的常识,遇到诗歌平仄问题时就可能会给学生错误的解释。

一位女教师给学生讲杜甫的《绝句》:"两个黄鹂鸣翠柳,一行白鹭上青天,窗含西岭千秋雪,门泊东吴万里船"。就在教师引导学生读懂诗意时,一位同学突然质疑:"老师,我认为'两个黄鹂'中的量词用得不恰当,应该改为'两只黄鹂'更准确些。"此语一出,全场愕然。女老师更是一愣,她觉得像诗圣杜甫不可能出现如此低级的语法毛病,但这个孩子的意见也确实不无道理。幸亏老师经验丰富,巧妙而圆滑地说:"这位同学的建议很好,他敢于向权威挑战的精神值得大家学习;不过,可能是古代数量词的搭配还不太严格,所以会出现这种情况。""两个黄鹂"的搭配的确有些欠妥,但毕竟这首诗流传了一千多年,被当作课文也讲了无数遍,没有专家学者提出异议。咬文嚼字地来分析,"两个黄鹂"实在有些别扭。造成这种现象,原因是杜甫作诗时要讲究平仄所致,实属不得已而为之。因为这是一首七言绝句,同时也是一首律诗,因此在用字上必须严格依照格律,而平仄是律诗中最重要的因素。这首诗的前两句平仄为:

仄仄平平平仄仄,平平仄仄仄平平。

首句的第二个字必须是仄声字,在《平水韵》中,"只"字属于平声字,"个"字属于仄声字,所以只能取"个"而舍"只",可见杜甫如此做并非用字不够严谨,而是顺应格律的需要。

再如有学生提出于谦的《石灰吟》中的"粉骨碎身全不怕,要留清白在人间"(仄仄仄平平仄仄,仄平平仄平平)。为何不是顺口的"粉身碎骨?"有老师解释为用"粉骨碎身"比"粉身碎骨"要更准确、恰当地描绘出诗人的奉献精神。其实"粉骨碎身"只不过是"粉身碎骨"的临时变化,其实意思一样的。诗人变化的原因是为了平仄合律的需要。第三句的第二个字必须是仄声字,第四个字必须是平声字,如果诗人按照习惯用法"粉身碎骨",那么第二字"身"就变成了平声字,而第四个字"骨"就会变成仄声字,这一句便成了拗句,是不符合平仄规范的。

诸如此类为了遵循平仄要求而改变词序的现象在古今作品中也屡见不鲜,如"春色满园关不住,一枝红杏出墙来",一些学生在背诵时往往会背成"满园春色",觉得更顺嘴一点;毛泽东的七律《人民解放军占领南京》中的"虎踞龙盘今胜昔,天翻地覆慨而慷"中,就为了合乎律诗规定而将"慷慨"一词拆开并颠倒顺序,而我们经常说一年四季为"春夏秋冬",到了鲁迅先生的《自嘲》一诗中,却变作"躲进小楼成一统,管他冬夏与春秋",也是这个道理。

四、押韵偏误

所谓押韵,就是把韵安放在句末的音节上;处在句末而又押韵的字就是"韵脚"。臧克家在《精练·大体整齐·押韵》中说:"押韵却是加强节奏的一种手段,有如鼓点,它可以使诗的音调更加响亮,增加读者听觉上的美感。在比较长的诗里没有韵的话,容易引起一种疲劳感,读者心理上得不到预期的一个落脚处。同一韵脚的诗句,可以比较紧密地结合在一起,从形式到内容可以得统一与和谐。"

押韵偏误可分为以下几类:

1. 以韵害意

是指不顾内容,片面地追求押韵,以致影响感情的抒发和思想的表达。例如,有一首题为《思念》的短诗,结尾一节写道:

亲爱的,
每当想起了你,
我便感到寞寂。

为了押韵,把"寂寞"硬改成"寞寂",破坏了词语的结构,读来也拗口。再如,一首写海外华侨爱国情怀的短诗《长城,在他心上耸立》,开头写道:

车轮轻唱:中华、中华、中华……

>这声音在心头响了四十年,
>响皱了脸,想白了发,
>终于在今天呵,
>他驱车来到八达……

为了押韵,作者将"八达岭"这个专用地名的"岭"字随意省略,使读者不知所云。同样的道理,我们不能因为协韵就把"黑龙江"、"长白山"、"吐鲁番"、"张家界"、"子牙河"这些地名,随意简缩为"黑龙"、"长白"、"吐鲁"、"张家"、"子牙"等。

在押韵的问题上,我们应当坚持韵脚为思想内容服务,正如法国文艺批评家布瓦罗说的:"韵脚不过是奴隶,其职责只是服从。""韵不能束缚理性,理性使韵而丰盈"(《诗的艺术》)。再如:

>我失骄杨君失柳,
>杨柳轻飏,直上重霄九。(毛泽东《蝶恋花·答李淑一》)
>万只喇叭齐奏,雷霆喑哑,
>吹起六亿人民有如奔腾万马。(郭沫若《百花齐放·牵牛花》)
>他帮着我,我帮着他,
>做一对模范夫妻,立业成家。(评剧《刘巧儿》)

上面三例把"九重霄"改为"重霄九";把"万马奔腾"倒装成"奔腾万马";把"成家立业"改为"立业成家",都是为了使韵律和谐,却更加有助于诗情的抒发,进而增强艺术感染力。

2. 不重选韵

从韵母数量上看,韵有窄韵、宽韵之分。相同韵母的字多的,选择范围宽,叫"宽韵",如 ang 韵、eng 韵、an 韵、en 韵、a 韵、ao 韵等;相同韵母的字少的,选择范围窄,叫"窄韵"。如 ou 韵、ei 韵、u 韵等。

从韵母组成上看,韵有阳声韵、阴声韵之分。其中有鼻音的韵为阳声,余为阴声。在声情之美方面,阳声韵多用来表达开朗、高旷的风情,阴声韵则常用来抒发幽怨、哀思的抑郁之情。另有入声韵,常用来表现激动、强烈的情感。

押韵还考虑到韵的响亮度。汉语中"ang, ao, a"等韵母中的元音开口度较大,因而押这些韵的诗句,一般表达的都是高昂、豪放、高亢、强劲的感情;押"ie、üe、ai、ei"韵的,韵母中的主要元音开口度较小,一般适合表达婉转、低沉、犹豫或比较柔和的感情。

在诗歌中,押韵首先要选韵,不同的韵脚有着抒发某种特定感情的功能。一般地,抒发雄壮激昂、热烈奔放的感情时,宜选用a、an、ang、eng、ong等较为响亮的韵;抒发悲痛、哀伤、沉郁的感情时,宜选用 i、ü、u、ie 等发音比较细微的韵。例如:

既然历史在这儿沉思,(-i)
我怎能不沉思这段历史?(-i)
凝望着敬爱的人啊,
想起你弥留的日子。(-i)(公刘《沉思》)

再如:

啊,我年轻的女郎!
我不辜负你的殷勤,
你也不要辜负了我的思量。
我为我心爱的人儿,
燃烧到了这般模样!(郭沫若《炉中煤》)

词中的"郎""量""样"都含有相同的韵脚[ang],它们之间关上联下,"第一个韵唤起对再次出现的韵的期待和悬念,再次出现的韵又唤起对前一个韵的回忆。"由此,便形成一种复沓回环、和谐悦耳的韵律。同时,元音 a 发音时舌位较低,开口度较大,音响洪亮宽阔,读来更是朗朗上口,给人以雄壮、豪迈之美感。

3. 不辨古音和今音

(1)对于古诗作品,诵读及分析要以古韵为准。如杜牧《山行》诗句"远上寒山石径斜,白云生处有人家"。斜,今读 xie,此处当读 xiá，为伸向的意思，和谐押韵。

李益《江南曲》"嫁得瞿塘贾，朝朝误妾期。早知潮有信，嫁与弄潮儿。""儿"与"期（qi）"不押韵。其实，马茂元先生在《唐诗选》中多次指出，"儿"字在古代是读"倪"（ní），正好押韵。上海话里还保留这种"儿"读 i 韵的现象，可以佐证。

鲁迅先生有一首绝句，是悼念杨铨先生的，其诗云：

岂有豪情似旧时，花开花落两由之。
不期泪洒江南雨，又为斯民哭健儿。

"又为斯民哭健儿"一句，是诗眼所在。但以韵论，有可思索之处。虽然按十三辙的划分，第一句的"时"字，第二句的"之"字，第四句的"儿"字，都可以归入一七辙，但以普通话的十八韵辙作标准，"时"字与"之"字属于"i 韵母"，归入"五日韵"，"儿"字却属于"er"韵，应归入"六儿"韵，不是一个辙。然而，韵辙有些错置，效果也是好的。

再看周恩来的"千古奇冤，江南一叶。同室操戈，相煎何急！"其中，"叶"、"急"也是押韵的，押的是入声韵，平水韵入声叶与急同韵。

（2）今天押韵应以普通话语音为标准。由于语言的发展变化，旧韵不完全符合现代的语音实际，越来越多的人主张用新韵，即以普通话、《新华字典》的字音定平仄声调和押韵，不拘泥于旧韵。如，1952 年田汉《赠盖叫天》绝句："争看江南话武松，须眉如雪气如龙。鸳鸯楼上横刀立，不许人间有大虫，"该诗东、冬通韵。1960 年陈毅所写《青松》："大雪压青松，青松挺且直。要知松高洁，待到雪化时。"旧入声"直"竟与平声"时"押韵。

（3）旧韵和新韵不可混用。1973 年启功所写《渔家傲》。其一："眩晕多年真可怕，千般苦状难描画。动脉老年多硬化。瓶高挂，扩张血管功能大。　七日疗程滴液罢，毫升加倍齐输纳。瞎子点灯白费蜡。刚说话，眼球震颤头朝下。"其二："瘸疾多年除不掉，灵丹妙药全无效。自恨老来成病号。不是泡，谁拿性命开玩笑。　牵引颈椎新上吊,又加硬领脖间套。是否病魔还会闹?不知道,今天且唱《渔家傲》。"其一全用新韵,"滴"、"白"作平声。但其二"疾"仍照旧韵作仄声。新韵旧韵混用,不妥。

安排和谐的韵脚,既增强了诗歌回环的韵味,也突出了抑扬的节奏。例如,王鸣九的《初恋的记忆》:

是双桅船上朦胧的星光,
是海螺壳里细雨的喧响,
是青皮橄榄留在嘴角儿的汁浆,
是龙舌兰洁白如雾的清香……

这首诗的开头四句有四个韵脚——"光""响""浆""香"。韵脚处的四个双音节词语:"星光"(视觉)、"喧响"(听觉)、"汁浆"(味觉)、"清香"(嗅觉)不仅增强了语音上的鲜明的节奏和回环的韵味,而且从语义上给人以深切的感受。

押韵产生的韵脚,听觉上悦耳舒坦,便于吟诵,利于记忆。记得冰心老人曾说过:"和外孙女游戏时,故意把一首童谣读错:'金轱辘棒,银轱辘棒,爷爷敲鼓奶奶说……'四岁的外孙女立即纠正说:'外婆,错了!应该是"金轱辘棒,银轱辘棒,爷爷敲鼓奶奶唱……"'"尽管小孩子第一次接触这首童谣,也根本不懂得押韵原理,但她可以敏锐地发现并纠偏,可见,押韵在汉语语用中的作用和重要性。

第三章　语句偏误分析

语言是人类最重要的交际工具。人们利用语言来交流思想、表情达意。言语交际中最基本的形式是句子。句子是最小的具有表述性的独立语言单位，它能够表达一个完整的意思，体现说话人的特定意图。句子是由词和词组这样的语言单位组成的，同时句子与句子又可以组成句群和段落等更大的语言单位。

词与词组组合成句子，需要遵循一定的语法规则。只有遵循了语法规则，说出的句子才能够被对方听懂，述说者才能流畅地表达自己的想法。但是在语言运用的实际过程中，常有言说者并没有完全按照语法规则进行，这样他所造出来的句子就出现了"偏误"，形成了我们传统意义上的病句。出现语句偏误会对于言语交际造成很大的障碍。要想避免语句偏误，我们就应该知道病句出现的原因，能够辨析并且改正病句。

第一节　语句偏误概说

语言是一种符号，它是音与义的结合体，总是通过一定的语音形式来表示一定的语法意义。语言符号的最大的特点是其音与义的结合是任意的，由社会约定俗成。其次就是它具有线条性，指语言符号只能一个一个依次出现，在时间的线条上绵延，不能在空间的面上铺开。语言符号在形式上是线条性的，然而它的意义并非线条性的。

语言是人类最重要的交际工具，人类交际所要表达的内容是无限的，语言则通过层级组合来满足表达无限的内容的需要。语言中最小的音义结合体是语素，一般语言中的语素大约有几千个，而这几千个语素通过组合就能形成数万个词来。句子是根据交际意图按照语法规则由词语临时组合起来的,语言中的数量众多的词语和灵活的语法规则为人们创造句子提供了可能。语法规则是人们在组词造句中所要遵循的规则。它一般表现为曲折变化、语序、虚词等形式,汉语中的语法规则主要体现在语序和虚词上。人们在讲话的时候一定要遵循语法规则。只有这样,他说的话才能被他人理解。

语言中的语音形式并不占据空间位置,却要通过时间位置来体现,人们每一时刻只能发出一个音,这也决定了语言只能是一种线性结构。由词与词通过线性排列而得到的句子所代表的意义并非线性的,而是立体的。句子的意义并不是它所组成的词语的意义的简单叠加,句子的意义是它所组成的词语的意义和句子的结构义相互作用的结果。正因为有语法规则、语法结构的作用,句中的词与词之间才形成了一定的语义关系。可以说,语法规则不仅决定了我们怎样去造句,而且决定了我们怎样去理解一个句子的意思。

如果错误地运用语法规则,就会造成语句偏误,这样我们所说出来的句子就无法顺利地被他人理解,我们与他人之间的言语交际也就无法顺利地实现。认识语句偏误需要注意以下两方面的问题。

一、在一定限度内灵活运用语法规则不影响言语交际,不会造成语句偏误

结构主义认为语法规则存在于语言社团全部成员大脑中。乔姆斯基的生成语法认为语言是人类的一种天生的能力。不管怎样,没有聋哑等生理缺陷的人,只要是在正常的语言环境中成长的,到了一定的年龄,自然地就会掌握语言,能够自如地运用语言与他人进行言语交际。而且,尽管我们在特定的场景中总是能够造出一定的句子来传达自己心中的想法,也能够听懂别人所说的句子的意思,但是如果我们被问及自己所说的或是所理解的句子为什么能表达这样的意思,这其中语法规则是如何在起作用的,我们往往又一时难以说清楚。当我们在不假思索的情况下,我们"会"使用语法规则,

但当我们要来理性地分析语法规则时,我们往往又陷入了迷惘。

语法学家们采用描写法、内省法等多种办法来研究语法规则,虽已取得了很大的成就,但是依然还有一些基本的语法现象不能得到合理的说明和解释。对于汉语这样的以语序和虚词为主要的语法规则的语言,也有很多的语法现象是专家无法准确地进行解释的。如:

1. 我想死你了。
2. 你想死我了。
3. 你气死我了。
*4. 我气死你了。
5. 我气死你。
*6. 你气死我。

上述句子中,例1、例2、例3、例5都是一些正常表达的、没有语病的句子。例1中的"我想死你了"是"我"想"你"想得要死了;例2中的主、宾语与例1中的主、宾语恰恰相反,但是我们对例2的理解依然是"我"想"你"想得要死了;例3的结构从表面上看与例1、例2是一模一样的,但我们对例3的理解却是"你"气"我","我"快气死了。例4与例3只是主宾语的位置对调了,但我们认为这样的表达很别扭,好像不是一个正常的句子。例5只比例4少了一个助词"了",例5就被我们认为是合理的句子了。例6只比例3少了一个助词"了",它的主宾语与例5恰恰相反,但我们却认为例6不是一个正常的句子。

再如,在现代汉语里,如果谓语动词后面既要带动量补语,又要带宾语时,动量补语一般要放在宾语之前,而不放在宾语之后。如:

7. 你看一下书吧。
*8. 你看书一下吧。
9. 我要踢一下球。

*10. 我要踢球一下。
11. 你走的时候叫我一下。
12. 你走的时候叫一下我。

但是对于例 11 与例 12，我们认为这都是很正常的句子。人们之所以对以上的例子的语法现象难以解释，是因为这些例子的语法规则已经超出了我们所能掌握的语法规则的范围，就我们目前的认识水平来看，语法规则确实是有一定的模糊性和灵活性。所以，当我们认为某个句子的语法规则与一般的语法规则不相适应时，只要这个句子符合大多数人的语感，能够被人们顺利地理解，那么这个句子就是一个合格的句子，它就不存在着语句偏误的问题。

语法规则具有灵活性是客观存在的事实。尽管语法规则应该是公共地存在于语言社团全体成员的大脑中，但是社团中的个人在运用语法规则的时候，也不免会带上一定的个体特征。现代汉语普通话以典范的白话文著作为语法规范，这只是一个说明性的标准，而非限定性的标准，这也允许了灵活性的存在。灵活运用语法规则，有时还能够带来特别表达效果。对于大家在语感上都能接受的，对语法规则灵活运用的句子，应该把它们当作正常的句子，这样的句子不存在语句偏误。

二、出现语句偏误的句子大量存在，需要我们认真分析

语法规则以抽象的形式存在于语言社团全体成员的大脑中，但是语言社团中的个体成员在语言运用的过程，也常常会出现错用语法规则的情况，他们造出来的句子就是病句。就一般情况而言，出现了偏误的语句，如果有特定的语境，费一番周折往往也能让人弄懂它的意思，但是这样的句子让人觉得理解起来别扭、费解，会影响言语交际的效果。语句偏误的发生率与言语者的语言素养有关，语言素养较高的人，出现语句偏语的情况较少，语言素养较低的人，出现语句偏误的情况就较多了。这里，我们列举一些有偏误的句子：

13. 我不知道你是去不去。
14. 这首歌刚一推出以后,就蝉联了24周的冠军。
15. 我就是想把这事说说清楚。
16. 他们正在准备筹备结婚的事。
17. 真的给他一个电话都不打?
18. 我要把他往正确的道路上引导。
19. 他还有什么难以言喻的原因呢?

例13如果去掉"是"句子可以成立,如果在"不去"之前加个"还是"句子也可以成立,在这两种情况下,"去"与"不去"都是一种选择关系。但是像目前这个样子,句子就显得不伦不类了,"是"作为一个焦点标记,表示的是比较确定的信息,但其后"去不去"却是可供选择的两种情况,并非确定的信息。这二者搭配在一起,很让人费解。例14中的"刚一推出"和"推出以后"形成了杂糅,因而也出现了偏误。例15中的"说说清楚"有问题,"说说"用的是动词的重叠形式,表示的是"说一说"的意思,这样它的后面就不适合再接补语"清楚",如果要保留补语"清楚",就应该把"说说"改为"说"。例16中的"准备"与"筹备"意思相近,放在一起就是意思重复。例17的语序有问题,正确的语序应该是"真的一个电话都不给他打?"语序不当也会造成理解上的障碍。例18中的"引导"一词让人感觉别扭,怪异,它与句中其他词语不能搭配,如果将它改为"引",这个句就合理了。例19中的"难以言喻"一词使用不当,给人莫名其妙之感,应将其改为"难以启齿"。

此外,由于受到方言的影响,一些句子也出现了偏误。如:

20. 我有去过。

这样的句子在如今的电视节目中经常都能够看到,它之所以让我们感到别扭,是因为在普通话中我们一般会将之说成"我去过了"。这一类的偏误也应该引起大家的注意。

随着当今社会的进一步发展,传播媒介越来越多,但现在的报纸、杂志、电视、广播中语句偏误的情况也越来越多了。这些偏误不仅会让人在理解上产生一定的障碍,而且会成为青少年模仿的对象,对青少年的语言运用能力产生极其不良的影响。《中国青年报》的一项民意调查显示,确认当前社会存在汉语应用能力危机的占80.8%,汉语使用的不规范、不严肃,已经引起社会广泛忧虑。因此,我们应该做好语句偏误的分析工作,促进人们语言运用能力的提高。

第二节 句子成分搭配不当引起的语句偏误

句子的组成成分叫句子成分。句子由词组合而成,按照词与词之间的不同关系,可以把组成句子的词语划分成不同的句子成分。现代汉语里一般的句子成分有六种,即主语、谓语、宾语、定语、状语和补语。这是笼统的说法,实际上,汉语的一般句子成分是配对的,它们形成五个对子,处于相互规约的关系之中:主语—谓语,宾语—谓语动词,定语—定语中心语、状语—状语中心语、补语—补语中心语。每组对子的两个方面都是相对存在的。同时句子成分的配置具有层次性。构成句子第一个层次的句子成分往往是主语和谓语。

句子成分搭配不当而引起的语句偏误主要有以下几种情况:其一是句子成分残缺,其二是句子成分与词语不相匹配。

一、句子成分残缺

在一个句子当中,各个成分的地位是不尽相同的。其中,主语和谓语最为重要,它们构成了句子的主干。宾语也很重要,它们对谓语动词起着非常重要的补足作用。当谓语动词是及物动词时,如果缺少了宾语,就会使整个句子的意思不完整。定语、状语、补语一般被称作修饰语,它们常常可以省略而不影响整个句子的成立,但有的时候定语、状语、补语这样的修饰语的缺失也会使得句子意思不完整。

(一)主语残缺造成的偏误

主语表示陈述的对象,能回答"谁/什么"之类的问题。现代汉语中有一些没有主语的非主谓句,它们也是合格的句子。如"下雨了。""请勿吸烟!"等等。这样的非主谓句往往都需要一定的语境。现代汉语中绝大部分的句子都是主谓句,它们既有主语,也有谓语,缺一不可。对于一般的主谓句,如果缺少了主语,就会导致偏误,从而产生病句。

主语残缺往往由介词的误用,以及小句在已更换了主语的情况下依然"承前省"而引起,如:

1. 由于曹雪芹所处的时代和阶级的局限,不能不在他的作品中有所反映。

这个句子中的"由于曹雪芹所处的时代和阶级的局限"是一个介宾结构,从结构上来看,它应该做整个句子的状语。这个句子的谓语是"有所",宾语是"反映"。这样我们就找不到句子的主语。从字面上来猜,作者可能是想说曹雪芹所处的时代和阶级的局限性在他的作品中有所反映,但是由于他在"曹雪芹所处的时代和阶级的局限"前加上了介词"由于",使之变成了介词宾语,结果造成了整个句子的主语的缺失,出现偏误。如果去掉句首的"由于",这个句子就是个合格的句子。

2. 这些农民工都有不同程度的损失,对于一般人而言可能不算什么,但对于他们是十分心痛的。

这个例子出自2007年7月27日的《江南时报》。这个句子的问题出现最后一个分句"但对于他们是十分心痛。"这个分句的谓语是

"心痛",我们却找不到它的主语。按理说感到心痛的是"他们",但是"他们"的前面有介词"对于"。"对于"作为介词,用于引进动作行为的对象或有关联的人或事物。(《现代汉语规范词典》)这里由于误用了"对于",不仅弄错了"他们"与"心痛"之间的语义关系,而且使得分句的主语残缺。去掉这个"对于",句子就成了合格的句子。

3. 有的国家规定,对居住在外国的本国公民回国也须办理入境手续。

这个例子出自群众出版社 1990 版的《简明公安词典》。这个句子的宾语是个从句。这个从句的主语本来应该是"居住在外国的本国公民",但是由于其前加有介词"对",它的身份就成了介词宾语,这样就造成了宾语从句的主语残缺,出现偏误。只有去掉宾语从句中的"对"字,整个句子才合格。

4. 几组蝴蝶展框吸引了参观者,大家都以为这是标本,看到展框上方"仿真蝴蝶微型风筝"的标志,使大家恍然大悟。

这个句子的问题出在最后一个分句上,这个分句的主语缺失。"使大家恍然大悟"在结构上应该是一个兼语句。但是这个兼语句却没有主语。从语义上来讲,这个分句的前一分句是"(大家)看到……标本",它的后面一定要跟上一个表示结果的分句,整个句子的意思才是连贯、畅通、完整的。根据语言表达的思路,下面就应该谈人的反应,但紧接其后的分句"使大家恍然大悟"不仅形式上没出现主语,语义上也不可能有人来充当主语,从而导致主语缺失。去掉最后一个分句中的"使",句子就是合格的。

5. 从观测的大量事实中说明,要掌握天气的连续变化,最好每小时都进行观测。

这个句子的谓语是"说明",但它没有主语,如果去掉介词结构"从……中","观测的大量事实"就可以充当这个句子的主语了,这样这个句子就合格了。

6. 济南惨案纪念钟于 4 月 28 日凌晨从广州运抵济南,至此,济南惨案纪念园的布展工作全部完成,5 月 3 日将开门迎客。

这个句子共有三个分句,第一分句的主语是"济南惨案纪念钟",第二个分句的主语是"布展工作",第三个分句的主语没有出现,从语义上来看,它应该是"济南惨案纪念园"。它与前一分句的主语不同,故不能承前省。最后一个分句应补上主语"济南惨案纪念园"。

7. 苏通大桥建造的初衷是,拉近苏北、苏南的距离,进一步推动江苏省沿江开发战略的实施,具有十分重要的意义。

这一个句子也有两个分句。前一分句的主语是"初衷",其宾语是一个由两个分句组成的从句。后一分句"具有十分重要的意义"的主语从语义上来看应该是"苏通大桥",它不可以承前省,否则就出现了主语的缺失。补上主语即可。

8. 这家工厂虽然规模不大,但曾两次荣获省科学大会奖,三次被授予省优质产品称号,产品远销全国各地和东南亚地区。

这个句子有若干个分句,第一个分句的主语是"工厂","规模不大"是指"这家工厂",第二个分句中的"曾两次荣获省科学大会奖"可以指"这家工厂",也可以指这家工厂所生产的某种"产品"。这个分句的主语没有出现,把它理解为承前省也还说得过去。但是,第三个分句中的"三次被授予省优质产品称号"的主语,只能是这家工厂生产的某一种或几种"产品",而不可能再是"这家工厂"了,所以第三个分句主语缺失。如果将第四个分句的主语"产品"调至第三个分句的句首,第三个分句就有主语了,第四个分句的主语也可承前省了,句子就合格了。

(二)谓语缺失造成的偏误

谓语和主语相对,表达陈述的内容,能回答"怎么样/是什么"之类的问题。谓语在句子中的地位非常重要,某些非主谓句允许没有谓语,如"票!""多好的孩子!"等(这些没有谓语的非主谓句往往需要有较强的语境),一般的句子如果没有谓语就会出现偏误,导致句子不能成立,如:

1. 一项新的研究结果,广告模特的体形越来越瘦,已经伤害到年轻女性的自我评价。

这是一个单句,由于它缺少了谓语,让人很难一下就看明白是什么意思。在这个句子中"广告模特的体形越来越瘦,已经伤害到年轻女性的自我评价"是宾语,"研究结果"是主语,如果补上谓语"表明",句子的意思就很明晰了。

2. 每天从凌晨5点到下午2点,他在车上摇来晃去的时间。

这个句子也缺少谓语,出现了偏误,乍一看,会让人觉得不知所云。实际上,句中的"从凌晨5点到下午2点"表示的是一个时间段,它是句子的主语,"他在车上摇来晃云的时间"是句子的宾语,须补上谓语"是"。

3. 十一届三中全会以来,我国各行各业的形势,广大人民的精神文化水平迅速提高。

"我国各行各业的形势"怎么样?没说,另起炉灶了,这本应是一个分句,但是只出现了一个主语就戛然而止,转而言其他,这让听话的人感到很费解。我们应该把这个句子改为"十一届三中全会以来，我国各行各业的形势大好，广大人民的精神文化水平迅速提高。"

4. 我们最近又发动了全面的质量大检查行动，要在这个行动中建立与加强技术管理制度等一系列的工作。

这个句子由两个分句组成，前一个分句没有问题，后一个分句让人摸不着头脑。原因在于后一个分句谓语缺失。后一个分句中虽也有"建立与加强"这样的动词性短语，但是它们搭配的是"制度"，共同做宾语"工作"的定语，如果加上谓语"完成"，变成"要在这个行动中完成建立与加强技术管理制度等一系列的工作"，整个句子的意思就明白了。

5. 冲突双方在民族仇恨的驱使下，虽然经过国际社会的多次调解，紧张局势不但没有得到缓解，反而愈演愈烈了。

这个句子包含了几个分句，第一分句"冲突双方在民族仇恨的驱使下"没有谓语就不明不白地结束了，这也使得整个句子的意思都显得含糊不清。如果将有问题的分句改为"冲突双方在民族仇恨的驱使下进行对抗"，整个句子就前后连贯，意思明白了。

（三）宾语的缺失造成的句法偏误

宾语是动词性成分后边表示人物、事件的成分，能够回答"谁/什么"之类的问题。宾语和动词性成分相对待。及物动词做谓语如果没有带宾语，常常会使得句子的意思不完整，甚至不能成立，从而出现偏误，形成病句。

宾语缺失造成的句法偏误的例子如下：

1. 这些古老民族仍然保留着用钻木取火的方法获取火种来照明和取暖。

这个句子的主语是"民族",谓语是"保留"。作为一个及物动词,"保留"需要有"东西"、"传统"、"习惯"等之类的名词与之搭配,成为它的宾语。上个句子中"保留"的后面虽然还有"用钻木取火的方法获取火种来照明和取暖",但它们在语义上并不能与"保留"搭配,形成动宾关系。这个句子的宾语缺失,句子的意思也是不完整的。如果在句尾加上"传统"一词,使之与"保留"相搭配,并让"用钻木取火的方法获取火种来照明和取暖"成为"传统"的定语,那么句子的结构就是完整的,句子才能够成立。

2. 最近又读到一篇介绍四位"贪内助"钱迷心窍,利令智昏,积极帮助丈夫敛财受贿,结果把丈夫推向犯罪深渊的过程,提醒官员家族引以为鉴。

这个句子的前一分句的谓语是"读到",这是一个及物动词,它需要与"文章"、"报道"之类的宾语搭配意义才能完整。句中"读到"后面的"介绍四位'贪内助'钱迷心窍,利令智昏,积极帮助丈夫敛财受贿,结果把丈夫推向犯罪深渊的过程"是所读报道的内容,它自身并不能充当"读到"的宾语。如果在其后加上"报道"一词,使之成为"报道"的定语,这个句子的宾语就齐全了,句子的意思也明确了。

3. 高分子材料用在医药上,大致可分为机体外使用和机体内使用。

这个句子的谓语是"分为",这个及物动词需要与一定的数量搭配意义才能完整。句子中缺少一个这样的宾语,所以出现了偏误,成为病句。如果在句尾加上"两种"一词作为"机体外使用和机体内使用"的中心语和"分为"的宾语,这个句子就是合格的。

4. 北京奥运会火炬接力的主题是"和谐之旅",它向世界表达了中国人民对内致力于构建和谐社会,对外努力建设和平繁荣的美好世界。

这个句子由两个分句组成,前一个分句没有问题,后一个分句的谓语是"表达",这是一个及物动词,必须要搭配一个表示"意愿"的词语作宾语意义才能完整。这一分句的谓语"表达"后面的"中国人民对内致力于构建和谐社会,对外努力建设和平繁荣的美好世界"是"意愿"的内容,它可以成为"意愿"的定语。所以在句末加上一个"意愿",整个句子就合格了。

5. 依据纪律处罚办法,决定给予该队员取消参加今年余下所有甲级队比赛资格,并罚款人民币 4 万元。

这个句子的谓语是"决定",它后面的宾语应该是一个动宾短语,但是这个动宾短语出了问题。动宾短语中的动词是"给予",这是一个及物动词,其后必须要有一个词语与之搭配成动宾结构才能获得完整的意义。现在这个句子中"给予"后面的"该队员取消参加今年余下所有甲级队比赛资格,并罚款人民币 4 万元"并不能与"给予"组成动宾关系。如果在其后加上"处罚"一词,"该队员取消参加今年余下所有甲级队比赛资格,并罚款人民币 4 万元"就成了"处罚"的定语,而处罚与"给予"也可以搭配成完整的动宾关系。这样,这个句子就完整了。

(四)定语、状语、补语等成分的缺失造成的偏误

定语、状语、补语等成分是修饰语,它们不属于句子的主干,一般情况下,去掉了也不影响句子的成立。但是有的时候,如果去掉它们的话,就会使得整个句子的意思不严密,甚至出现漏洞,从而形成偏误,如:

1. 先秦两汉时期是社会演变的时期。

这个句子乍一看,让人摸不着头脑,每个朝代都有或多或少的

"社会演变"。所以应当在"演变"前加上状语"剧烈"。

2. 下岗职工可经营任何行业。

这句话出自1998年5月4日的《人民日报》一则新闻的标题,但很容易引起误解。"任何行业",难道也可以贩毒、卖淫、走私、偷盗?事实并非如此。这则消息的导语说:福建省工商局最近出台《关于实施再就业工程若干意见》,明确规定:该省下岗职工可经营除国家明令禁止从事行业以外的任何行业。可见,下岗职工可经营的行业不包括国家明令禁止的行业。这则标题缺少限制,容易导致不正确的理解。可改成:下岗职工可经营法律允许的任何行业。

3. 国务院办公厅今天在人民大会堂举行宴会,招待来自五大洲的华侨、港澳同胞、台湾同胞和中国血统的外籍人士,共度新春佳节。

这个句子有三个分句,前两个分句没有问题,第三个分句"共度新春佳节"就有点让人摸不着头脑了。这个句子的谓语是"共度",主语可以看做是承前省的"国务院办公厅",但是既是"共度",就得有两方面人士参与,单单一个"国务院办公厅"是无法共度的。这个分句的问题出在状语缺失,如果在"共度"之前加上一个"和他们"这样的介宾短语做状语,意思就清楚了。

4. 这次厕所上得贵。

这是摘自2011年8月16日《江南都市报》的一则消息标题。标题本身并没有问题,但这则消息的导语说:"100多万现金装在腰包里,上个厕所就丢了,幸运的是最终失款完璧归赵,这是大运会期间的一个奇迹。"上面所举的这个句子如果去掉了补语"贵"的话,句子就变成了"这次厕所上",让人不知所云了。

主、谓、宾语和定语、状语、补语成分的残缺各有特点。一般来说，主、谓、宾语的残缺往往与句子的复杂化有关。造成主语残缺有两个主要因素：一是因介词的滥用而抹掉了主语，导致主语的缺失。这往往是由于言说者想强调更多的信息却反而弄巧成拙。如"通过刚才的精彩表演，使我们大饱眼福"。这个句子就是因为多了一个介词"通过"就造成了主语的缺失。而这样的病句很常见。这样的复杂化的语义处理不当就会导致偏误。二是当分句较多时，后面的分句在语义上已经悄悄地更换了主语，但在形式上仍然是承前省了，这也会导致主语的缺失。这样的偏误也与句子的复杂化有关。谓语在句中的作用是非常重要的，一般情况下，谓语缺失的话，整个"句子"就成了没有丝线穿起来的胡乱堆放的词语堆。正因为谓语有这么重要，所以当句子较简单时，一般不会缺失谓语；当句子较复杂的时候，容易捉襟见肘，出现漏洞，遗失谓语，造成病句。宾语缺失的句子不容易辨认，因为这样的句子里缺失了的宾语的定语一般还在，能帮助听说者猜出言说者的意思。定语、状语、补语的缺失造成句法、语义上的不成立的情况并不多见。

主语、谓语、宾语的缺失造成偏误一般发生在句子比较复杂的情况下，因此当我们想表达比较复杂的意思的时候，应该多考虑一下所要表达的意思与所选用的句子结构是否匹配，在句子的安排上是否出现了缺漏，这样就能避免偏误的发生。定语、状语、补语的缺失造成偏误一般发生在句子简单化了的情况下，因此，应该注意自己的思维是否严密，表达是否准确。

二、句子成分与词语的不匹配

在西方语言里，句子成分与词类有比较严格的对应关系。而在汉语里，词类与句子成分并没有很严格的对应关系。就动词而言，英语里的动词有定式与不定式之分,做谓语动词的只能是定式动词；而汉语里，动词没有定式与不定式之分，它在句子成分里，既可以充当谓语，也可以充当主语、宾语、定语、状语、补语。在汉语里，什么词类充当什么句子成分往往有很强的倾向性。如莫彭龄、单青曾对三大实词的句法功能进行过统计，得出以下结果[①]：

	主语	谓语	宾语	定语	状语	补语
名词	21.2	0.18	49.04	20.9	6.5	0
动词	0.91	76.7	2.86	6.52	7.15	5.88
形容词	1.72	26.2	6.03	42.0	19.1	4.8

此外，词语在与其他词语的组合时也会有许多的限制，如一般及物动词才能带宾语，等等。所以在现代汉语里，也会出现句子成分与词语不相匹配的情况，产生偏误。下面进行案例分析：

1. 袁隆平，科学着，农民着。

这是《读者》杂志2005年第1期的文章标题。尽管为了达到简洁、吸人眼球的效果，篇名往往会很特别地将词语组合出来，但这个句子依然让我们感到别扭。究其原因，"科学"与"农民"都是名词，它们却在句中充当了谓语，并且和表示进行体的助词"着"连用。

在汉语里面，名词并非完全不能当谓语，前面我们所列举的统计表中，名词充当谓语尚有0.18%的比例。但是，名词充当谓语有很大的限制，往往是一些习惯的用法，口语性较强。如"今天星期四。"这样的句子中，谓语由名词"星其四"充当，这属于习惯用法，再如"他好本事哟！"由名词短语"好本事"充当，口语性比较强，去掉句中的语气词"哟"句子难以成立。

此外，汉语中也还有"名词+了"构成小句的例子。如"你都大姑娘了，还哭鼻子。""他们都老夫老妻了，还有什么好说的？"等。这两例都有两个分句，前分句分别由"大姑娘"、"老夫老妻"充当谓语。而且"大姑娘"和"老夫老妻"后面都有时态助词"了"。但我们不会觉得这两个句子有任何问题。但这并不说明名词可以任意地充当谓语，这两个句子中的名词充当谓语都有条件限制。"大姑娘"和"老夫老妻"所表示的事物都属于带有顺序性并带有时间推

[①] 莫彭龄、单青：《三大类实词句法功能的统计分析》，《南京师范大学学报》（社会科学版），1985（2）。

移性的事物,而且是单向推移。如:

小姑娘　→　大姑娘　　(随着时间的单向推移)
新夫妻　→　老夫老妻　(随着时间的单向推移)

"名词+了"构成小句自身有很强的限制条件,但是作为一种结构模式,它又具有能产性,从面变成了一种习惯用法。

"袁隆平,科学着,农民着"这样的标题之所以看着别扭,是因为名词充当谓语本身就不是什么常态,而且"科学"和"农民"充当谓语也看不出他们能够满足什么样的限制条件,这并非按照某种已经成立的结构条件套用出来的习惯用法,而是作者临时创造的,不符合汉语的规范。这个句子可以改成"袁隆平,干着科学,当着农民"。

2. 国税局辟谣"年终奖新规"。

这是 2011 年 8 月 16 日《江南都市报》上的一个标题。这是一个主谓宾的结构,句子的问题出在"辟谣"这个词上。"辟谣"是个不及物动词,它本身能够充当谓语,但是它不能带宾语,这样就出现了"辟谣"这个词与主谓宾结构的谓语不匹配的情况。这个句子可以改为"国税局为'年终奖新规'辟谣"。

3. "欧洲股神"坚定看好中国。

这是 2011 年 8 月 17 日《江南都市报》上的一个标题。该标题中的"坚定"一词看似句子的谓语,但"坚定"是一个形容词,它的意思是"(立场、主张、意志等)稳定坚强,不动摇"。这个词一般不能带宾语,而一旦它带上了宾语,就是一种使动用法。如"坚定立场"是使立场坚定的意思,"坚定意志"是使意志坚定的意思。上面所举的这个句子中,"坚定"做谓语,又显然不是使动用法,"坚定看好中国"不能理解为使看好中国坚定。这样"坚定"与谓语成分就不相匹配,句子成了病句。要修改这个病句可以将"坚定"一词换成"坚持",也可以在"坚定"之后加上一个结构助词"地",这样就把"坚定"限定为状语,句子也可以成立。

4. 近期我省青少年儿童溺水事故频发,省公安厅昨联合本报发布温馨提醒。

这是 2011 年 8 月 18 日《江南都市报》上的一个标题。该标题由两个分句构成,前一分句没问题,后一分句的问题出在"提醒"上。"提醒"是一个动词,它的意思是从旁指点,促使注意,这个词最常见的用法是做句中的谓语,并带上宾语。"提醒"在句中也可以作主语或是宾语,如"你的提醒我会记在心上","我一直记着他的提醒"等,无论"提醒"是作主语还是宾语,它都发生了"名物化",转指所提醒的内容。上面所列举的这个例子中的"提醒"处于小句的宾语的位置,却并未发生"名物化",它此时并不指提醒这一事件或提醒的内容,而是直指提醒这一行为。可以说,此处的"提醒"不能满足做宾语的限制条件,与宾语这一成分不相匹配,整个句子出现了偏误。要想修改这个句子,将"提醒"换成"提示"即可。

5. 当时,蒋道德家西瓜地里 300 多个大西瓜都长到十四五斤重,眼看就要收成了,花生、黄瓜也都长势良好,老伴急得直掉泪,要抢收。

这个例子摘自 2007 年 7 月 23 日的《人民日报》,问题出在第二个分句"眼看就要收成了"上。"收成"是名词,指农作物的收获情况。"句中误将它用作动词,使之作了谓语,属词性误用,"收成"与谓语这一句法成分不相匹配。应把"收成"改成"收获"。

第三节 语义搭配不当引起的语句偏误

句子是由词语组合而成的。在一定的结构框架下,什么样的词能够相互结合组成什么样的关系，是由词义之间的选择和限制决定的。当词义之间是相容关系，那么它们也是相互选择的；当词义之间是相斥关系，那么它们就是相互限制的。如果在选词造句的过程中违反了词义的选择和限制，把意义上不能搭配的词语强行地搭配在一起，就会出现语义搭配不当的毛病，形成偏误。语义搭配不当的语句偏误主要有两种形式：其一，两个词语的意义不能相互选择造成的偏误；其二，词语的意义与句子要表达的意义不能搭配而造成的偏误。

一、两个词语的意义不能相互选择造成的偏误

词义包含若干个要素，两个词之间，如果它们的意义要素相互排斥，那么这两个词在语义上就不能组合。从另一个角度讲，一个词代表一个概念，有自己的语义框架。如果两个词的语义框架相互排斥，那么这两个词在语义上也不能组合。如果此时硬要将这两个词拼在一起，就会造成用词不当，导致偏误。这一般是人们对于词语的理性意义认识不清而引起的。此外，如果一个句子较长，言说者讲到后面已经忘记了前面所用的词语，这样也会引起用词不当。下面看具体的案例分析：

1. 到了下游，江面更广，江水更深，水势更加雄厚。

这个句子选自《光明日报》。句中的"雄厚"的语义与"水势"的语义不能互相选择，引起了用词不当。所谓水势，是"指水位高低、水流快慢等情况"；而雄厚，是指"（人力、物力、财力）等十分充足。水位的高低、水流的快慢均不能用充足来说明。如果将"更加雄厚"改为"更猛"就能解决这个问题。"猛"是猛烈的意思，它表示气势大、力量大的意思，正好可以和"水势"互相选择。

2. 小明的姐姐陆续三年被评为"三好学生"。

这个句子里面"陆续"一词用得不准确。"陆续"是个副词，表示先先后后、时断时续的意思。它与"三年"的意义互相限制，因为"三年"表示的是一个连贯的时间段，与"先先后后、时断时续"相矛盾。另外，"陆续"也暗中和"小明的姐姐"存在着矛盾。"陆续"的语义直接指向"被评为"，说明"被评为"是先先后后、时断时续地进行的，这就要求谓语前面与之搭配的主语在语义上是一个群体概念，而这个句子的主语"小明的姐姐"却是一个个体概念。这个句子的修改办法是将"陆续"更换为"连续"。

3. 以"和谐之旅"命名的北京奥运火炬全球传递活动，激发了我国各族人民的爱国热情，也吸引了世界各国人民的高度关注。

这个句子的问题在于"吸引"与"关注"的意义不能互相选择。"吸引"的意思是把别的物体、力量或别人的注意力引到自己这方面来。"关注"的意思是关心和重视，把人或事常放在心上，认真对待。"吸引"的语义框架中暗含着的空间转移，即别的物体、力量或别人的注意力由别处转移到自己这方面来，而"关注"的语义框架里不含有这样的空间转移。"引起"的语义框架里不含有空间的转移。如果将"吸引"改为"引起"就能解决这个问题。

4. 由于加强了生产过程中的生态环境监控，该基地每年的无公害蔬菜的生产量，除供应本省主要市场外，还销往河南、河北等省。

这个句子里"生产量"这个词与"供应"二词不能相互选择。"生产量"指的是生产的数量。"供应"的意思则是以物资满足需要。"供应"一词的词义提出的与之搭配的条件是能使客方得到满足的主体方、物资或是可以得到满足的客体方。受到这些限制，"生产量"不能与"供应"互相选择。"销往"的意思是卖到，它也不能与"生产量"相搭配。这个句子可以直接去掉"生产量"，让"蔬菜"直接与"供应"、"销往"组合就能成为合格的句子。

5. 早晨五六点钟,在通往机场的大街两旁就站满数万名欢送的人群。

这个句子里面"数万名"与"人群"的意义不能互相选择。"数万名"是一个数量短语,从语义选择的角度来讲,它所修饰的内容应该表示个体的概念。但"人群"是一个群体概念,在语义上它不能接受数量短语的修饰。只要将"人群"改为"人",这个句子就合格了。

6. 六年间,我国航天技术完成了从单舱到三舱,从无人到有人,从"一人一天"到"两人五天"的进步。

这个句子里面"完成"和"进步"的语义不能互相选择。"完成"的意思是按照预期的目的结束,"进步"是(人或事物)向前发展。"完成"发生在时间的终点,"进步"却发生在时间段中,这二者在时间上不能统一,因而它们的语义是互相限制的。应把"完成"改成"取得"。

7. 我们身为华人信徒理当为此项盛举感到荣誉和高兴。

这个句子里"感到"和"荣誉"的语义不能互相选择。"感到"的意思是觉得,它反映的是一种心理活动。"荣誉"的意思是令人感到光荣的名誉,它是一种在社会上流传的评价。"荣誉"由他人所给予,不能由主体自己感觉而来。如果将"荣誉"改为"光荣",这个句子就是合格的。

8. 地铁紧张施工时,隧道突然发生塌方,工段长俞秀华奋不顾身,用身体掩护工友的安全,自己却负了重伤。

这个句子里面"掩护"与"安全"的语义不能互相选择。"掩护"的意思是自身来抵挡外界的危险以保护他人。"安全"的意思是没有危险,不受威胁。"安全"只能保卫,却不能保护,也不能掩护,"掩护"的只能是人或财产,却不能是"安全"。这个句子要么把"掩护"改为"保卫",要么去掉"安全",句子都可成立。

9.《女神》是五四时代的产物,其杰出的历史意义,在于它突出地表现了五四的时代精神。

这个句子里面"杰出"与"意义"不能互相选择。"杰出"的意思是(才能、成就)出众,"意义"的意思是价值、作用。价值、作用有大有小,却无所谓出众不出众,这二者之间在意义上完全没有接合点。将"杰出"改成"突出",这个句子就可以成立。"突出"的意思是不一般的,它的语义可以与"意义"搭配。

10. 他做事认真,待人诚挚,在生活和工作中,确实用自己的行动塑造了巨大的人格力量,感动和引导着周围的人们。

这个句子里面,"塑造"与"力量"的语义不能互相选择。"塑造"的意思是用泥土等可塑材料塑成人物形象。将"塑造"改为"显示",句子就可成立。

11. 老人那清晰的思路、开朗的性格、乐观的情绪以及坚定的信心,深深地感染了我们。

这个句子里的主语是由"清晰的思路、开朗的性格、乐观的情绪以及坚定的信心"组合成的一个联合短语,它与谓语"感染"在语义上是互相限制的。"感染"的意思是通过语言和行为引起别人相同的思想感情。而除"情绪"以外,"思路"、"性格"和"信心"均非一时的思想感情,都是比较持久的心理特征,不会轻易改变,因而也难以"感染"。应把"感染"换成"打动"。

12. 今天他店子里的矿泉水销量达到了60箱,创造了他开店以来的最好水平。

这个句子里面"创造"与"水平"的语义不能互相选择。"创造"的意思是想出新办法、建立新理论、做出新的成绩或东西。其核心意义是通过劳动产生新的事物。"水平"的意思是在生产、生活、政治、思想、文化、艺术、技术、业务等方面所达到的高度。"水平"是一个标度，而非新的事物，因而"水平"也是不能创造的。应将"最好水平"改为"最高纪录"。

13. 他在运动会结束后正式退出了运动员生涯。

这个句子里面"退出"与"生涯"的语义不能互相选择。"退出"的意思是离开某个环境，不再参与其中。"生涯"的意思是指从事某种活动或职业的生活。"退出"的语义背景可以隐喻成一个容器，"退出"表示脱离这一容器，而"生涯"的语义背景则可以隐喻成随着时间的流逝而形成的一条直线。由于语义背景的限制，这二者不能搭配。如果将"退出"改为"结束"问题就可以解决。

14. "东北小品火起来了！"当全面了解赵本山、潘长江等辽宁喜剧演员的小品演技及其效果时，你才能把握这句话深刻而宽广的内涵。

这个句子里面"宽广"和"内涵"的语义不能互相选择。"宽广"的意思是面积或者范围大；"内涵"的意思是一个概念所反映的事物的本质属性的总和，也就是概念的内容。这二者在意义找不到对接点，它们之间相互限制。应把"宽广"改为"丰富"。

15. 我国有那么多的农民，人口居住得比较松散，怎么可能全部供应工业化的豆腐？

这句话出自 2007 年月 2 月号的《大食品》杂志。句中"松散"

是"居住"的补语，但是它们在语义上不能互相选择。"松散"的意思是（事物的结构）不紧密，"居住"的意思是较长时期地住在一个地方。"居住"的语义框架是人们长时间生活的空间，在这个框架里，人不与空间产生结构关系，也不与空间中的其他人产生结构关系。这两个词的语义没有对接点。应把"松散"改为"分散"。

16. 妞从小就不会理财，结婚后丈夫收入居高不下，妞过着花钱如流水的日子，现在却常常要数着钱计划着过日子，而往往是在家族支出表上计算得好好的，可以撑过一个月的钱不到半个月就没了。

这句话出自 2005 年第 4 期的《读者》杂志。这个里面"居高不下"这个词用得不准确。"居高不下"意思是某种事物的数据一直比较高，降低不下来。这个成语的预期结果是希望某个数值降落下来，所以它所陈述的对象一般是与期望值相反的事物。而丈夫的收入高是好事情，不会有人盼着收入降下来。所以"居高不下"与"收入"这两个词的语义框架相互排斥。应把"居高不下"改为"很高"。

17. 如果把天津建卫 600 年比作一部恢弘的史诗，那么三岔河口就是这部史诗的主旋律和最激昂的篇章。

这个句子的问题在于"史诗"与"主旋律"、"激昂"与"篇章"之间不能相互选择。"史诗"的意思是叙述英雄传说或重大历史事件的叙事长诗。"史诗"的语义框架里有可歌可泣的英雄、跌宕起伏的情节、强烈真挚的情感、经久不衰的传唱。"主旋律"的意思是多声部演唱或演奏中，一个声部所唱的或所奏的主要曲调，其他声部只起润色、丰富、烘托、补充的作用。"主旋律"的语义框架包括庞大的歌唱或演奏团队、严密的分工与配合等内容。"激昂"的意思是（情绪、语调等）激动、昂扬。它的语义框架里有气氛热烈的场景、丰富的面部表情和肢体动作、出色的演出效果等。"篇章"泛指文章。

它的语义框架是，完整的叙述结构、优美的语言、丰富的内容等。在这四个词语中，"史诗"与"篇章"的语义框架可以互相兼容，"主旋律"与"激昂"的语义框架可以互相兼容。"史诗"与"主旋律"、"激昂"与"篇章"的语义框架是不相容的。这个句子可以修改这"如果把天津建卫600年比作一部恢弘的史诗，那么三岔河口就是这部史诗的最动人的篇章"。

18. 他们的足迹踏遍了太行山周围181个县。

这个句子的问题在于"足迹"与"踏遍"的语义不能相互选择。"足迹"的语义框架是弯弯曲曲的小路通向远方，深深浅浅的脚印留在地上，踽踽独行的背景渐渐消失。"踏遍"的语义框架是踌躇满志的行人，高高提起的脚步。前者定格于远景，后者却是一个特写。如果把"踏遍"改为"遍及"，整个句子就和谐了。

19. 于是在我眼前浮现出这样一幅画面：在蔚蓝的夜空里，乡亲们踏着阡陌，披着星光，走向村头的开阔地，一睹城里人刚刚看过的、最叫得响的、票房率最高的电影；姑娘穿着最时髦的裙衫，似乎要竞赛谁的式样新，谁的质地好；小伙子则穿着名牌T恤，眼睛溜溜地盯着那位穿着吊带裙的姑娘；老爷们吸着红塔山烟，在场地上跟其他几位爷儿们边看电影，边交流着美国青蛙的饲养诀窍……

这是一个复杂的单句。宾语"画面"的后面还有一个很长的同位语从句。这个句子的问题出在"小伙子则穿着名牌T恤，眼睛溜溜地盯着那位穿着吊带裙的姑娘"上。在这里，"小伙子"不是定指某个个体，而是泛指一个群体，而"姑娘"却是一个定指的个体，它的前面有指示代词"那位"。不定指的"小伙子"与定指的"姑娘"在语义建构上发生矛盾，人们无法形成不定指的小伙子眼睛溜溜地看着定指的姑娘的图像。这个句子的问题部分应该改成"小伙子则穿着名牌T恤，眼睛溜溜地盯着穿裙衫的姑娘"。

20. 这次去庐山休养,心田不在秀峰、五老峰、三叠泉……而在阔别了 10 年的铜鼓黄田山沟。我人生最绚丽、最宝贵的时光留在这里。

这个例子选自赵春华的《苦楝树》。这个例子里有两个句子,词语"去"与"这里"意义不能相互选择。这种语义的不相容,超越了句子的界限。在前一个句子中,"去"表明后面所提及的秀峰、五老峰、三叠泉、铜鼓黄田山沟等都是与言说者现在所处的处所有一定的距离的所在。而下句中的"这里"分明指的是铜鼓黄田山沟,"这里"一用,又似乎铜鼓黄田山沟与言说者现在所处的位置是一致的。这在语义上就与前面发生了矛盾。这个句子的解决办法就是要么把"去"改为"来",要么把"这里"改成"那里",二者可居其一。

21. 天安门广场等七个红色旅游景点是否收门票的问题,国家旅游局新闻发言人已在记者招待会上予以否认。

这个例子的问题在于"是否"与"否认"在语义上相互矛盾。"是否"包含是或者否两个方面的内容;"否认"的意思是不承认,其只能针对一个方面,不可能正反两个方面同时否认。如果将"是否收门票"改为"要收门票",或者将"否认"改为"说明",这个句子就没有问题了。

22. 去年六月以来,成都市锦江区的廖先生和两位朋友多次去灾区送温暖,迄今为止,他们共走访了二十多个社区、近四百户家庭和三千多公里路程。

这个句子有两个分句。第二个分句"迄今为止,他们共走访了二十多个社区、近四百户家庭和三千多公里路程"中的宾语是一个名词性的联合短语。对于这样一个复杂的宾语,只有当谓语动词"走访"在语义上和做宾语的联合短语的每一项都能互相选择,这个分句就没有问题。但是"走访"的语义与"三千多公里路程"互相限制。这个分句应该改成两个分句:"迄今为止,他们共走访了二十多个社区、近四百户家庭,行程有三千多公里。"

23. "TPR 教学法"的精髓就是要向幼儿提供充分的视听信息,使幼儿自己透过观察与模仿深入了解并加工信息,不知不觉地说出一口纯正的英语。

这个句子的问题出在"透过观察与模仿"上。"观察"可以"透过","模仿"却无法"透过"。如果把"透过"改为"通过",这个句子就通了。

24. 会说多段传统相声、十年如一日坚持在小剧场演出的相声演员郭德纲,在一夜成名的同时,也经历着各种目光的考量。

这个句子有几处词语的意义不能相互选择。首先"考量"的意思是考虑、思量,这是一个心理活动,它在语义上可以接纳各种各样的人来作为它的活动的实施者,但是限制了"目光"来作为它的活动的实施者。其次,"经历"与"考量"的语义也是相互限制的。"经历"的意思是亲身见过、做过或遭受过。这个词在语义上可以容纳多种事情来作为它所支配的对象,但是不能容纳"考量"这样的他方的心理活动来作为它所支配的对象。这个句子应该改成"会说多段传统相声、十年如一日坚持在小剧场演出的相声演员郭德纲,在一夜成名的同时,也经受着各种目光的打量"。

25. 江西贵溪县一头原本默默耕田的母牛,最近因勇斗野猪救主人而被广为流传。

这个例子出自 1993 年 6 月 11 日的《人民日报》)。这个句子结构比较复杂,也因此引起了词语在语义上的互不兼容。我们将这个句子压缩一下,它就成了"母牛被广为流传"。"流传"的意思是传播开。它在语义上可以接受故事、传说、传闻等内容与之组合,却不能接受"母牛"。这个句子应改为"江西贵溪县一头原本默默耕田的母牛最近勇斗野猪救主人的故事被广为流传"。

26. 挑选合适的培训基地是该市"阳光工程"的重要环节,这一环节也正是最容易出现弄虚作假的现象,市政府特别重视。

这个句子有三个分句,第二个分句"这一环节也正是最容易出现弄虚作假的现象"出现了语义搭配不当的问题。这个分句如果压缩一下就是"环节正是现象"。这样的语义组合是违背常理的。此外,"出现"与"现象"在语义上也是互相限制的。能与"出现"搭配的一般是"情况"、"问题"、"状况"等,能与"现象"搭配的一般是"产生"、"发现"、"有"等。出现语义搭配不当的这个分句我们可以把它改成"这一环节最容易出现弄虚作假的问题"。

27. 美国2003年调整了签证政策,规定申请留学签证的申请时间要在所申请学校开学前的3个月到2个星期内进行。

这个句子有两个分句,第二个分句的宾语是一个从句。我们将这个复杂的从句压缩一下,它就成了"时间要进行"。"时间"与"进行"在语义上是互相限制的。我们可以把第二个分句中的宾语从句改成"申请留学签证要在所申请学校开学前的3个月到2个星期内进行"。

28. 王维在继承传统的基础上,努力创造的具有鲜明个性的意境,丰富和提高了山水诗的表现技巧,对诗歌发展作出了贡献。

这个句子中的"王维在继承传统的基础上,努力创造的具有鲜明个性的意境"是一个偏正短语,它的中心语是"意境"。如果我们将这个句子简化一下,就可以说成"意境丰富和提高了山水诗的表现技巧,对诗歌发展作出了贡献"。显然,简化后的这两个分句的主谓宾在语义上是不能互相选择的。如果硬要将它们搭配在一起,就成了不符合事情常理、汉有意义的表述。我们可以将"努力创造的"改成"努力创造了",这样两个分句就变成了三个分句,每个分句的主语都是"王维",每个分句所表达的思想都是符合常理的。

二、词语的意义与句子所要表达的意义不能搭配而造成偏误

词语既有理性意义,也有色彩意义。如果对词语的意义掌握得不透彻,在实际的运用中就会出现词语的理性意义或是色彩意义与整个句子要表达的意义不相符的情况,这样也会形成偏误。词语的意义与句子要表达的意义不搭配而形成偏误的案例分析如下:

1. 这篇小说通过平凡而又充满生活气息的细节描写,充分揭露了主人公的心灵美。

这个句子中"揭露"一词用词不当。"揭露"的意思是使隐蔽的事物显露。如揭露事实的真相,揭露了他的阴谋等。"揭露"所搭配的宾语在语义上往往是不好的事情,或是被人刻意隐瞒的真相。"揭露"的感情色彩与句中"心灵美"等所带的褒义色彩不协调。可以把"揭露"改成"表现"。"表现"的色彩是中性,它与"心灵美"的色彩不至于产生对立。

2. 自十六大以来,中央累计查处严重腐败的省部级以上官员16位,其中九成有包养情妇的情节。

这个句子出自 2007 年 9 月 3 日的《北京青年报》。汉语的名量词,除了有相对固定的名词组合外,有的还有特定的语用功能和感情色彩,不能乱用。"位"这个量词有较浓重的感情色彩,含有敬意。不能用于坏人身上,一般也不用于自称和未成年人。而句中所提到的"官员"严重腐败,已触犯了法律。对于他们是不适合用到量词

"位"的。我们可以把这个句子中的"位"改为"个",这样整个句子的风格就统一了。

3. 张先生已经学开车二个多月,最近为了突击考试,几乎每天下午都在练车。

这个句子来自 2007 年 7 月 3 日的《江南时报》上的《学开车竟练出"黑踵病"》一文。这个句子里数词"二"用得不够恰当。"二"和"两"在用法上有很大的区别。一般量词前,一位数用"两"不用"二",多位数中个十百位数用"二"不用"两",在传统度量衡单位前,"二"和"两"都可以用,只是在质量单位几斤几两的两前用"二"不用"两"。本句中的"二"是个一位数的数词,在这种情况下应该用"两"而不是"二"。

4. 韩美海军主力联合亮剑日本海

这是 2010 年 7 月 26 日《新京报》上的一个标题。其中"亮剑"一词用得不准确。"亮剑"是近几年比较流行的一个词,它源于电视剧《亮剑》。剧中所谓"亮剑",就是面对强敌,敢于抗争,宣扬的是一种大无畏的精神,后来泛指一切勇于迎接严峻挑战的壮举。它显然是一个褒义词。而韩美军演事件是美国与韩国在黄海举行联合军事演习,名为针对朝鲜,实则威慑中国的意思很明显。尤其是"华盛顿"号航母的雷达和战斗机,搜索和作战半径覆盖我国京津地区,是对一个主权国家的公然挑衅。"亮剑"的褒义色彩显然与句子所要表达的事件是不合的,应将"亮剑"改为"挑衅"。

5. 晚会中有一段舞蹈叫《打破坚冰》,台上电闪雷鸣,音乐强劲,一群男舞蹈演员表现出一种奋争、耀武扬威的感觉。

这个句子中"耀武扬威"一词用得不妥。"耀武扬威"是炫耀武力,显示威风,形容傲气十足的样子。用它来形容我国改革开放以后人们的精神面貌显然不妥。我们可以将"耀武扬威"改为"扬眉吐气"。"扬眉吐气"指扬起头来，吐出胸中郁闷之气，形容摆脱长期受压抑和欺凌的困苦处境后无比高兴的神态和心情。

6. 事实上，今年4月就有媒体曝光内地球队在香港足球联赛中打假球，并含沙射影地点到了张伟哲（香港谢菲联队教练）。

这句话选自2009年12月29日的《北京晚报》上的《香港谢菲联教头被调查》一文。这一句中"含沙射影"一词用得不准确。"含沙射影"的典故出自晋代的《搜神记》，后称因暗中诽谤中伤他人为"含沙射影"。媒体报道内地球队在香港比赛中"放水"，并把矛头指向谢菲联队教练张伟哲，这种做法不属于诽谤中伤他人。《香港谢菲联教头被调查》一文开头称张伟哲目前被警方带走，原因是张伟哲涉嫌足坛假赌事件，又说张伟哲和一个叫尤可为的人有关系，而尤可为已被警方收押。张伟哲牵涉进了打假球事件是事实，并非"含沙射影"。应将"含沙射影"改为"直接"。

7. 强到令人发指 横到人间罕见

这是2010年12月14日《东莞时报》的一则新闻的标题。新闻报道的是西班牙足球甲级联赛中，巴塞罗那队以5∶0战胜皇家社会队的赛况。这一报道写道："最近6场比赛加在一起，巴塞罗那的总比分是26∶0！"记者为此大发感叹："在这个星球上，只有巴塞罗那能够做到这般强横，只有巴塞罗那强横到令人发指！"这些地方的"令人发指"一词用词不当。"令人发指"出自《庄子》，是指因那些无法容忍的人或事而无比愤怒。实际上，根据报道的内容来看，记者对于巴塞罗那只有赞叹之心，绝无痛恨之意。我们应将"令人发指"改成"不可思议"。

8. 将来中国出口的就不只是鞋子、袜子、打火机这样的低端商品了，我们就可以通过出口制造能源的设备变相成为出口能源了。

这句话出自《能源十二五变革期待》一文。句中"变相"一词用得不妥。"变相"在现代汉语中有两个意思，一个是改变了模样，这个意思用得比较少；另一个意思用得比较多，指不改变内容，只在形式上有某种变化。这个词有贬义色彩，多指不好的事情。我国出口制造能源的设备显然是一件于中国、于世界都有利的好事。我们应该将"变相"改为"间接"。

9. 对这首诗，我很厚爱。

这句话出自《市长手记》（河南文艺出版社）。句中"厚爱"一词用词不当。《现代汉语词典》对"厚爱"一词的解释是："称对方对自己深切的喜爱或爱护。"可见，"厚爱"是敬辞，不宜用来指自己喜欢什么。上句中的"厚爱"应该改为"喜爱"。

10. 赵高便对胡亥（秦二世）说："陛下，李斯之子勾结农民起义军，想造反夺取皇位。"

这句话出自《中华上下五千年》。句中"起义军"一词用词不当。"起义"指的是据义起兵，其义古今一以贯之。后来"起义"也指军队反正，以从义师。总之，"起义军"指的是起义的军队，这一词带有褒义。赵高作为秦朝的权臣，他面对当时的皇帝时，不可能将攻打自己一方的敌人称为"起义军"。如果将"起义军"改为"逆贼"，用词就符合说话人的身份和立场了。

11. 一天3起跳楼事件，两人受伤一人遇难

这是2009年9月4日《青年时报》一则消息的副标题。这句话中"遇难"一词用词不当。"遇难"的意思是遭受迫害或遇到意外而死亡。而"跳楼"完全是自动行为，谈不上什么"遭受迫害"，而且跳楼可能导致死亡这是意料之中的事，因此也说不上"意外"。我们应该把这个句子中的"遇难"改为"死亡"。

12. 钱的魅力太大大太大了,他是穷惯了的人,一想起无钱的艰辛日子他就齿冷。他想起老婆去赶场,被小偷偷去 20 元被他毒打一顿的事,那是他做苦工挣来的血汗钱,让她去买包谷的。

这个话出自夏天敏的中篇小说《利民闸》。句中"齿冷"一词用得不当。"齿冷"是耻笑的意思。句中的"他"自想心事,并未耻笑谁。应将"齿冷"改为"心寒"。

13. 妈妈想起临别时安安呕心沥血的哭喊、凄惨的哀求:"妈妈——安安也要——进城去——买书——"

这个例子出自 2010 年第 2 期的《意林》杂志上的《久别》一文。句中"呕心沥血"一词用得不当。"呕心"出自《新唐书·李贺传》,"沥血"出自韩愈《归彭城》,后世用"呕心沥血"表示穷思苦索,费尽心血,多用于干工作、写文章等。例句中安安与妈妈分别,其状凄惨,但用"呕心沥血"显示不合适,应该改为"撕心裂肺"。

14. 下午两点。家属赴机场吊唁。

这句话中,"吊唁"一词用得不准确。"吊唁"是指哀悼死者并慰问生者,其中"吊"这个语素的意思是祭奠死者或者对遭遇丧事的人家、团体给予慰问,"唁"这个语素的意思是对遭遇丧事的人表示同情或慰问。家属自己无法"吊唁",应将句中的"吊唁"改为"哀悼"。

15. 也许是不想看到一个清纯的女孩坠入红尘,也许是把雪儿当成了失散多年的表妹。

这句话出自《驻地记者》(新华出版社),句中"红尘"一词用得不准确,应改为"风尘"。"红尘"本指闹市的飞尘,借指繁华的社会;佛教用以指称人世间。"风尘"的用法比较多,其中一个指风月场，即以色相谋生的场所，特指沦为娼妓的境地。这个句子要用上"风尘"才符合作者的本意。

第四节 语序不当引起的偏误

由于缺少形态变化，语序和虚词是汉语中最重要的语法手段。汉语是 SVO 型的语言，其基本语序就是主、谓、宾，定语、状语、补语都是修饰性的成分，定语、状语分布于所修饰的中心语之前，补语分布于所修饰的中心语之后。有时候，我们用相同的词语来组合造句的时候可以有不同的顺序。如："客人来了。"——"来客人了"，"他出奇地活跃。"——"他活跃得出奇。""好大的风啊！"——"风好大啊！""你用了好几个不恰当的比喻。"——"你不恰当地用了好几个比喻。"即使词语的顺序变了，谓语居中，主语在前，宾语在后，修饰性成分按规律分布于中心语的前后这样的句子结构顺序并没有改变。汉语中，词语的顺序对句子成分有规定性的作用，人们在造句中，主、谓、宾、定、状、补的顺序是不会错的（就算是主、谓、宾、定、状、补的顺序错了，人们也会往搭配不当等方面去归因）。

现代汉语因语序问题造成病句的情况有两种：其一，多重定语或是多重状语的语序出现错误导致偏误；其二，词语的顺序不符合事理而导致偏误。

一、多重定语或多重状语的语序出现错误导致偏误

所谓多重定语，指的是一个中心词前面有好几个定语，多重状语则指中心语的前面有好几个状语。有人归纳出多重定语的语序规则（按照同所修饰中心语的距离由远及近排列）如下[①]：

[①] 崔应贤：《现代汉语语法学习与研究入门》，清华大学出版社，2004：219。

(1) 领属名词、代词。
(2) 处所词与时间词互为先后,处所词与(1)同现时,位于(1)前。
(3) 数量短语,后面为描写性的定语。
(4) 主谓短语。
(5) 动词(短语)、介词短语。
(6) 数量短语(前面为限定性定语)。
(7) 形容词短语以及其他描写性词语。
(8) 不用"的"的形容词和描写性名词。

状语可以分出因由、时地、语气、幅度、否定、关涉、性态、数量八大类,多种类型的状语同现时,其排列位序大体上是因由、时地、语气、幅度、否定、关涉、性态、数量。有的不同类型的状语,它们的排列位序是强制性的,大多数不同类型的状语,它们的排列序位具有灵活性。①

对于多重定语或状语的排序规律,概括地讲,与中心语的意义联系得越紧密,离中心语就越近,否则就越远。具体个例分析如下:

1. 夜深了,想起一连串发生的事情,我怎么也睡不着。

这个句子的语病出在"想起一连串发生的事情。"这里面的"事情"有两个定语,一个是"一连串",一个是"发生"。"一连串"是很多的意思,指的是"事情"的量,可以用于修饰"事情",却不能用来修饰"发生,只能紧挨着"事情"。这句话可以改为"夜深了,想起发生的一连串事情,我怎么也睡不着"。

2. 故宫博物院最近展出了两千多年前新出土的文物。

这个句子的问题也是多重定语的语序不当。"文物"有两个定语,分别是"两千多年前"和"新出土的"。如果把"两千多年前"放在

---

① 邢福义:《汉语语法学》,东北大学出版社,1996:104-106。

"新出土的"的前面,会让人觉得"两千多年前"直接修饰"新出土的"。这样就会造成错觉,使人认为文物出土的时间是两千多年前,当然这又和"新出土的"中的"新"有矛盾。即使人们对照"新"更正了错觉,也耗费了时间,不符合经济性原则。这个句子应将"两千多年前"和"新出土的"位置互调。

3. "2006 中国沈阳世界园艺博览会"是世界园艺博览会历届占地面积最大、活动最丰富、演艺最精彩的一次盛会。

这个句子中的"历届"是直接修饰"世界园艺博览会"的,与宾语"盛会"倒没有直接的意义关系。它应该位于"世界园艺博览会"之前,构成"历届世界园艺博览会",共同修饰"占地面积最大、活动最丰富、演艺最精彩的一次盛会"。

4. 南昌八一起义纪念馆里陈列着好多种当年周恩来使用过的东西。

这个句子有两处语序不当的地方。"当年周恩来使用过的"应改为"周恩来当年使用过的",因为"当年周恩来使用过的"很容易让人觉得"当年"是直接修饰"周恩来"的,这是错觉。另外,"好多种"应移到修改后的"周恩来当年使用过的"之后,否则,也容易将理解者引向"好多种"直接修饰"周恩来"的歧途,给理解造成障碍。这个句子最终应改为"南昌八一起义纪念馆里陈列着周恩来当年使用过的好多种东西"。

5. 一位优秀的有 30 年教龄的国家队的体操女教练也当上了人大代表。

这个句子的主语"教练"有六个定语,分别是"一位"、"优秀的"、"有 30 年教龄的"、"国家队的"、"体操"、"女"。按照规则,与中心语关系最近的在句子也应该是离中心语最近的。就这六个定语而言，与"教练"的关系最密切的是"女"，"女"是"教练"的性别，这是"教练"自己所带的特点，不由外界决定。其次是"体操"，这是"教练"的专业，也是其他的定语在这一专业的基础上做出的判断。再次是"优秀"、"有30年教龄的"等。在多重定语中，一般应将表范围的放在最前，其次是表数量的。这个句子最终应改为"国家队的一位有30年教龄的优秀的体操女教练也当上了人大代表"。

6. 运动员的高超技能可以通过日常的刻苦训练获得，而良好的心理素质却要通过临场的无数竞技才能练就出来。

这个句子有两个分句，第二分句中的介词宾语"竞技"有两个定语，其中"无数"是表示数量的，"临场"表示的是方式。"临场"与"竞技"的关系更紧密，应该紧紧挨着"竞技"。这个句子可以改为"运动员的高超技能可以通过日常的刻苦训练获得，而良好的心理素质却要通过无数的临场竞技才能练就出来"。

7. 许多附近的妇女、老人和孩子都跑来看他们。

这个句子中的主语"妇女、老人和孩子"有两个定语，一个是"许多"，一个是"附近"，"许多"应该紧紧挨着主语。因为"许多"是"妇女、老人、孩子"的数量，它们之间的联系较紧密；"附近"关涉事发现场的位置，与"妇女、老人、孩子"的关系较远。应改为："附近许多的妇女、老人和孩子都跑来看他们"。

8. 他每天骑着摩托车，从城东到城西，从城南到城北，把180多家医院、照相馆、出版社等单位的废弃影液一点一滴地收集起来。

这个句子中的"180多家医院、照相馆、出版社等单位"的语序有问题，应改为"医院、照相馆、出版社等180多家单位"。"180多家"是直接修饰"单位"的，它与"单位"在意义上联系得很紧。

如果按现在这个句子的顺序，容易让人认为"180多家"指的是医院，从而产生误会。

9. 近年来，龙口市各行政村以南山岗精神为动力，在新农村建设中励精图治、辛勤耕作，描绘着家园未来美好的远景。

这个句子中"描绘着家园未来美好的远景"语序不正确，应该改为"描绘着未来家园美好的远景"。"未来"与"远景"并无直接联系，它是直接修饰"家园"的，"未来家园"这个偏正短语整体作"远景"的修饰语。

10. 采取各种办法，大力提高工人的现代技术水平，是加快制造业发展的一件迫在眉睫的大事。

这是一个单句，其宾语是"大事"。"大事"有三项定语，分别是"加快制造业发展的"、"一件"、"迫在眉睫的"，这三项定语的顺序不当。表数量的"一件"无疑是应该放在最前面的；"迫在眉睫"是他人对"大事"的感觉，与"大事"本身的关系相对较远；"加快制造发展的"是"大事"的作用，与"大事"的关系相对较近。这个句子应该改为"采取各种办法，大力提高工人的现代技术水平，是一件迫在眉睫的加快制造业发展的大事"。

11. 但这并不意味着"国民车"可以任意被人粉饰，而没有任何标准。

这个句子中，同做"粉饰"状语的"任意"和"被人"语序不当。"任意"在语义上与"粉饰"有直接关系，它是粉饰的方式，但它和"被人"没有意义关联。"被人"涉及"粉饰"的施动者，它与"粉饰"的关系不如"任意"与"粉饰"的关系近。这个句子应调整为"但这并不意味着'国民车'可以被人任意粉饰，而没有任何标准"。这样，"被人"修饰的是"任意粉饰"。

12. 今天我们全家下午去了北海公园。

这个句子应该改为"今天下午我们全家去了北海公园"或"我们全家今天下午去了北海公园"。"今天下午"是这个句子的状语，它们是一个整体概念，不能拆开。

13. 为了写好老师布置的论文，在阅览室里许多同学近几天如饥似渴地阅读着。

这是一个单句，谓语"阅读"有三个状语"在阅览室里"、"近几天"、"如饥似渴地"，这三个状语的排列顺序不当。"如饥似渴地"是"阅读"方式，应该直接位于它的前面，"在阅览室里"和"近几天"分别是地点和时间，应该是时间在前，地点在后。在现代汉语里，时间或地点状语可以位于主语之前，但主语之前不能同时有时间、地点两项状语，如果句中既有时间状语又有地点状语且一定要让其中一项于主语之前，就只能选择时间状语。这个句子可以改为"为了写好老师布置的论文，许多同学近几天在阅览室里如饥似渴地阅读着"或"为了写好老师布置的论文，近几天许多同学在阅览室里如饥似渴地阅读着"。

14. 我们顺利地按照老李提供的那张地图找到了山中的那位神枪手。

这个句子的谓语"找到了"有两项状语，这两项状语的顺序不当。应该是"按照老李提供的那张地图顺利地找到了"。"按照老李提供的那张地图"是方式，"顺利"是对"找到了"的结果的评价，从时间上来说"顺利"在后。

15. 巴甫洛夫整天忙于做条件反射的实验，他总是把动物用绳子缚在实验室的架子上。

这个句子有两个分句,第二个分句的谓语"缚在"有三个状语:"总是"、"把动物"、"用绳子"。这三个状语的顺序排列得不合适,其中"总是"表示的是频率,它与"缚在"的关系最远;"用绳子"是凭借,与"缚在"的关系较近;"把动物"是"缚在"的客体,它与"缚在"的关系最近。这个句子应该改为"巴甫洛夫整天忙于做条件反射的实验,他总是用绳子把动物缚在实验室的架子上"。

16. 如果趁现在不赶快检查一下消防工作,就容易酿成火灾。

这个句子有两个分句,第一个分句中的谓语"检查"有三个状语:"趁现在"、"不"、"赶快",这三个状语的位置不当。否定状语"不"无疑是应该放在最前面的;"赶快"与"检查"的联系紧,就应紧挨着"检查"。这个句子可以改为"如果不趁现在赶快检查一下消防工作,就容易酿成火灾"。

17. 自 1993 年北京大学生电影节诞生以来,已经累计有超过 100 万人次参与了影片的观摩。

在这个句子中,"已经"与"累计"的位置不当。这句话要表达的意思是"已经有"而不是"已经累计"。这句话应该改为"自 1993 年北京大学生电影节诞生以来,累计已经有超过 100 万人次参与了影片的观摩"。

18. 生物入侵就是指那些本来不属于某一生态系统,但通过某种方式被引入到这一生态系统,然后定居、扩散、暴发危害的物种。

这句话应改为"生物入侵就是指那些本来不属于某一生态系统,但被通过某种方式引入到这一生态系统,然后定居、扩散、暴发危害的物种"。因为"引入"的两个状语"通过某种方式"和"被"中,前者表示方式,与谓语"引入"的联系相对较紧,后者表被动,与谓语"引入"的联系相对较松。

19. 这里,昔日开阔的湖面大部分已被填平,变成了宅基地,剩下的小部分也在以 10% 的速度每年缩减着,令人痛心。

这个句子有四个分句,第三个分句"剩下的小部分也在以 10% 的速度每年缩减着"的状语排列顺序不当。这个分句的谓语"缩减"实际上应该只有一个状语"以每年 10% 的速度",其中"每年 10%"是一个主谓短语,它是修饰"速度"的。上面的句子把一个状语拆分成两个,使得"以 10% 的速度"语义上不能完整地表达行为的方式。这个句子应改为:"这里,昔日开阔的湖面大部分已被填平,变成了宅基地,剩下的小部分也在以每年 10% 的速度缩减着,令人痛心。"

20. 那位失主昨天为表谢意又诚挚地为他在电视台点了一首歌。

这个句子的谓语"点了"共有六个状语,分别是"昨天"(时间)、"为表谢意"(目的)、"又"(幅度)、"诚挚地"(态度)、"为他"(对象)、"在电视台"(处所)。这六个状语的顺序不当。按多重状语大体上"按因由、时地、语气、幅度、否定、关涉、性态、数量排列"的规律,上个句子应改为"那位失主为表谢意昨天在电视台又诚挚地为他点了一首歌"。

二、词语的顺序不符合事理导致偏误

包括几种情况。① 位置不当导致搭配不当。词语进入句子后,它所处的位置不同,所充当的句子成分也不同。如果某些本是修辞名词或动词的词语排在了动词、名词之前,那么它们的身份就是状语或定语,被指定修饰动词或名词,这样就会出现偏误。② 位置不当导致句子前后无法呼应。在比较复杂的句子里,前后在语义上会有照应,但如果相关的词位置不当,就会使这种照应紊乱。③ 位置不当导致事理错乱。在比较复杂的句子里,词与词的组合往往会形成一个时间或空间、逻辑的顺序,如果这个顺序与人们对时间或空间、逻辑顺序的认识规律不同的话,就会造成混乱。具体的个例分析如下:

1. 学校应该发挥广大青年教师的充分作用。

这个句子中"充分"一词的位置安排得不当。词语在句中的位置不同,就会被赋予不同的句子成分。"充分"在语义上是和"发挥"联系在一起的,但它的位置使它成了"作用"的定语。这个句子应改为:"学校应该充分发挥广大青年老师的作用。"

2. 可是隔壁房间里的人声色俱厉露出一种幸灾乐祸的目光说:"倒想借给你啊,可早就满员了。"

这句话出自《太阳黑点》(群众出版社)。句中"声色俱厉"的语序不对。"声色俱厉"不可与"露出"搭配,倒可以与"说"搭配。这句应改成:"可是隔壁房间里的人露出一种幸灾乐祸的目光,声色俱厉地说:'倒想借给你啊,可早就满员了。'"

3. 学生、领导、老师都参加了开学典礼。

这个句子的主语是"学生、领导、老师",它是一个联合短语,这个联合短语的语序不当。按照中国的语言习惯,在同时说到多个人物时,总是由重要的到一般的,由年长的到年轻的,由职务高的到职务低的。就参加开学典礼一事来说,领导是主持者,老师是组织者,学生是参与者,他们的重要性是各不相同的。这个句子应该改为:"领导、老师、学生都参加了开学典礼。"

4. 近两年,重庆警方一直致力于建设廉洁、高效、公正的警队,但极少数民警置警队整体形象于不顾,触犯法律和纪律的底线,这是不能容忍的。

这个例子选自 2011 年 2 月 15 日的《西安晚报》。句中"法律和纪律"的语序不当。纪律是由某一单位或部门制定的，它的内容更具体，有较强的针对性；法律由国家制定，它的内容更概括，有较强的适用性。一个违法犯罪的公职人员总是先触犯纪律底线，后触犯法律底线。这个句子应将"触犯法律和纪律的底线"改为"触犯纪律和法律的底线"。

5. 文件对经济领域中的一些问题，从理论上和政策上作了详细的规定和深刻的说明。

这个句子中"详细的规定和深刻的说明"语序不当。"详细的规定和深刻的说明"在句中充当"作了"的宾语，由于它现在的语序，它与修饰谓语的状语"从理论上和政策上"形成的对应关系是从理论上详细规定、从政策上深刻说明，这是不符合事理的。就一般情况而言，只有先从理论上深刻说明，把道理说清楚了，然后才能详细规定，把它落实到行动上去。这个句子应改为"文件对经济领域中的一些问题，从理论上和政策上作了深刻的说明和详细的规定"。

6. 随着改革开放的进一步深入，我国人民的消费观念、消费水平和消费方式都有了明显的提高和转变。

这个句子的主语是并列短语"消费观念、消费水平和消费方式"，谓语是"提高和转变"，其中"消费水平"只能用"提高"，"消费观念、消费方式"只能用"转变"，应将"消费观念"和"消费水平"对调。句子应该改为"随着改革开放的进一步深入，我国人民的消费水平和消费观念、消费方式都有了明显的提高和转变"。

7. 树立和落实科学发展观，发展和重视农业产后经济，应当成为解决我国"三农"问题的重要组成部分。

这个句子中"发展"和"重视"的语序不恰当。"发展"是行动上的问题,"重视"是思想上的问题,一般来说,只有在思想认识跟上去之后,才会有具体的行动。这个句子应该为"树立和落实科学发展观,重视和发展农业产后经济,应当成为解决我国'三农'问题的重要组成部分"。

8. 我们不能忽视,在一些地方,横亘于干群之间的"信任墙"依然不少,尤其是当群体性事件、突发事件发生的时候,"辟谣没人信、谣言满天飞"时有发生。

这个句子选自 2011 年 2 月 10 日的《人民日报》。按一般规律,应是先有谣言,后有辟谣,这才符合事情发展的时间顺序。句中的"辟谣没人信、谣言满天飞"应为"谣言满天飞、辟谣没人信"。

9. 如果陈水扁分裂祖国的阴谋得逞,子孙后代不答应,海峡两岸的人民不答应。

这个句子中"子孙后代不答应,海峡两岸的人民不答应"语序不当。"海峡两岸的人民不答应"是当代的事情,"子孙后代不答应"则是未来的事情。这个句子应改为"如果陈水扁分裂祖国的阴谋得逞,海峡两岸的人民不答应,子孙后代不答应"。

10. 邓亚萍年龄不大,却连续多次获得世界冠军、亚洲冠军、全国冠军,为祖国、为河南、也为家乡郑州人民争了光。

这个句子中的"世界冠军、亚洲冠军、全国冠军"语序不当。句中有"连续"一词,它规定了后面的内容只能按照时间顺序排列,但是世界冠军、亚洲冠军、全国冠军是根据范围的大小来排列,与事情的先后顺序不符。这个句子应改为"邓亚萍年龄不大,却连续多次获得全国冠军、亚洲冠军、世界冠军,为祖国、为河南、也为家乡郑州人民争了光"。

11. 大石碑分碑座、碑首、碑身三块,碑座成长方形,长30余米。

这个句子中的"碑座""碑身""碑首"三个词语排列得不当,体现不出空间感。应按照从上到下或从下到上的顺序进行排列,结合后一个分句介绍的是"碑座",为协调整个句子,应改为"大石碑分碑首、碑身、碑座三块"。

12. 牧女们骑着骏马,健美的身姿映衬在绿草、蓝天和雪山之间。

句中的"绿草、蓝天和雪山"应该构造一个有序的空间,但是由于这三个词的语序排列不当,它们所构造的空间是紊乱的。为与"映衬"一词相对应,我们应该构造出一个由高到低的空间。这个句子应改为"牧女们骑着骏马,健美的身姿映衬在蓝天、雪山和绿草之间"。

13. 现在的大亮山没有一处荒山,树木长大了,大山变绿了,群众也富裕起来了,这里实现了生态效益、经济效益、社会效益的"三丰收"。

以上这个句子选自2011年3月16日的《保山日报》。句中"生态效益、经济效益、社会效益"语序不当。在这三个效益中,经济效益是最直接的,社会效益随其后,生态效益是长远的,根据一般表述习惯,"经济效益"应放在三个效益之首。应将"这里实现了生态效益、经济效益、社会效益的'三丰收'"改为"这里实现了经济效益、社会效益、生态效益的'三丰收'"。

14. 强强联合制作的大戏,让人们不仅看到了中国戏曲的整体进步,而且看到了中国戏曲在现代化问题上迈出了可喜的一步。

句中"不仅"、"而且"连接了两个递进关系的分句,但这两个分句的顺序不当。两分句前者是整体进步,后者是可喜的一步,前者比后者更难实现。这个句子应改为"强强联合制作的大戏,让人们不仅看到了中国戏曲在现代化问题上迈出了可喜的一步,而且看到了中国戏曲的整体进步"。

15. "赴约书会"已经成为每一个说书人生命的一部分,也是说书人约定俗成的一个行规。

这个句子出自2011年2月24日的《齐鲁晚报》。句子由两个分句组成,这两个分句的安排顺序不当。分句的逻辑顺序一般总是由小到大、由低到高、由近到远、由轻到重等。行规是人到某一行业之时就必须遵守的规定。而要成为生命的一部分,则需要长时间的整合。这个句子应改为"'赴约书会'已经成为说书人约定俗成的一个行规,也是每一个说书人生命的一部分"。

16. 对于自己的路,他们在探索着,他们在判断着,他们在寻找着,他们在思考着。

这个句子有四个分句,这四个分句的顺序很混乱,显示不出正常的逻辑关系。"判断"与"思考"是思维行为,"探索"与"寻找"是动作行为,一般来说,行动总是在一定的思想的指导下进行的。就思维行为而言,"判断"是"思考"的结果,也是一个思维过程的后一阶段;就动作行为而言,"探索"与"寻找"也有一个前后的关系。这个句子应改为"对于自己的路,他们在思考着,他们在判断着,他们在探索着,他们在寻找着"。

17. 随着科技的发展,一种新型手机已经问世,它使用了太阳能电池,具有指纹识别功能,能耗较低,有光即可充电。

这个句子里面"它使用了太阳能电池"与"能耗较低"、"有光即可充电"之间有着因果关系,但它们被"具有指纹识别功能"给隔开了。这个句子应改为"随着科技的发展,一种新型手机已经问世,它具有指纹识别功能,使用了太阳能电池,能耗较低,有光即可充电"。

18. 记得每次团圆之日,母亲生前总喜欢多放一副碗筷,装汤圆或者寿面……问她为什么,她神秘一笑,不说。

这句话出自2011年2月2日的《羊城晚报》。此句重点是回忆母亲生前的事情,应让"记得"靠近"母亲生前",而且要让"每次团圆之日"受到"母亲生前"的管辖,否则就会出现逻辑上的悖理。如果"每次团圆之日"不受限制,其范围将比"母亲生前"要大。这句话可改为:"记得母亲生前,每次团圆之日总喜欢多放一副碗筷,装汤圆或者寿面……问她为什么,她神秘一笑,不说。"

第五节 虚词的误用及句子杂糅导致的偏误

在汉语中,虚词也是重要的语法手段。汉语的虚词包括副词、介词、连词、助词、语气词等。虚词的用法非常复杂,用得不当就会造成偏误。同时,杂糅也是一种常见的句子病因。

一、虚词的误用导致偏误

每个虚词都有它的语法意义,有的虚词在运用中还有一些限制条件,如对虚词在句中的位置的限制及虚词出现的句法条件和语义条件的限制,等等。如果忽视虚词的语法意义及限制条件,就会形成偏误。具体个例分析如下:

1. 到目前为止,人还不能控制自然灾害,农业收成的好坏,在很大程度上还是由于自然条件的好坏决定的。

这个句子的毛病在于介词"由于"使用不当。"由于"作介词时作用是表示原因，此句中"自然条件的好坏"与"决定"不构成因果关系，"自然条件的好坏"在语义上是"决定"的当事。应把"由于"改成"由"。

2. 他们试制了十九个心脏瓣，从而填补了我国在生物瓣替换领域的空白。

这个句子的毛病在于误用了一个介词"在"。介词"在"与后面的宾语组成的介宾结构在句中往往都是作状语，表示谓语动词发生的方位，但句中"在生物瓣替换领域"并非作状语，而是作定语。在现代汉语中，定语是不可以由介宾短语充当的。去掉"在"，这个句子就是个合格的句子。

3. 一月三十日，本市普降大雪，对城市交通带来不便。

这个句子中的介词"对"用得不当。由"对"参与组成的介宾短语，一般表示动作的对象。句中介宾短语所修饰的谓语动词是"带来"，它带有交付、传递的意义，"城市"是其传递的对象，对于这种情况，应该专用介词"给"。上面这个句子可改为"一月三十日，本市普降大雪，给城市交通带来不便"。

4. 他的艺术见解独到、深刻，近年来，常被应邀到许多高校发表演讲，深受学生欢迎。

这个句子误用了助词"被"。助词"被"表达的是被动的意思，但其后的"应邀"表示的主动的意义，"被"与"应邀"形成矛盾。去掉"被"字，这个句子即可成立。

5. 县、市一把手用人失误可被免职。

这句话出自 2011 年 8 月 16 日的《江南都市报》，句中助词"被"

用错了。这个句子里"被"字前已经有了一个助词"可","可"表示"值得"的意思,其后可以接主动的语义,也可以接被动的语义,但排斥"被"的出现。这个句子应改为"县、市一把手用人失误可免职"。

6. 终于被灰太狼这家伙得逞了。

这个句子出自 2011 年 7 月 26 日的《江南都市报》,是给一幅照片配的说明文字,这幅照片上有"灰太狼烤美羊羊"的招牌。这个句子采用了被动的标志"被",但语义上并没有被动的意思,应将它改为"终于让灰太狼得逞了"。

7. 政府统计的公信力就像层窗户纸,捅破了容易,修复难。

这句话出自 2009 年第 11 期的《特别关注》。这句话中"捅破"后面用了助词"了"。助词"了"用在动词后时表示动作行为已经发生,但句中的"捅破容易"是一个设想的状态,并非实际上已经发生,"了"与这一设想状态不符。这个句子应改为"政府统计的公信力像层窗户纸,捅破容易,修复难"。

8. 能碰到一起,仿佛是无奈的缘分,不论是小狼他们还是黑钢他们,都是因为无奈才来到郁子的面前,开始着不同止的却同一方向的旅程。

这句话出自 2007 年 4 月 3 日的《新传媒》,句中错用了助词"着"。助词"着"用在动词后时表示动作行为处于进行的状态之中。句中"着"前的动词"开始"是个瞬间动词,它不能持续,因而也不可能处于进行的状态之中。我们应该将句中的"着"改为"了"。

9. 有人说日本汽车比德国汽车更舒适,也有人说德国汽车比日本汽车更稳重,但这究竟只是个人的不同感受,购车人还是要亲自驾驶一下才能作出判断。

这个句子中副词"究竟"用得不正确。副词"究竟"一般用于问句,表示进一步的追究,有加强语气的作用。本句并非问句,"究竟"不适合出现在这样的句子里。应把"究竟"改为"毕竟"。

10. 老吴不免太不会说话,本来挺简单的事叫他弄复杂了。

这个句子中的副词"不免"用得不正确。副词"不免"表示由于某种原因而导致并非理想的结果。多用于后一小句,只修饰肯定形式的多音节动词、形容词(见《现代汉语八百词》),"不免"在本句是用于前一分句,其后是否定形式的动词,这一些都不能满足"不免"的使用条件。此外,这个句子在语义上含有评价的意味,而这一点"不免"也无法表现出来。我们应该将句中的"不免"改为"难免"。

11. 我们强调人的价值主要体现在对社会的贡献,并不意味着忽视和否认对自身价值的追求和社会对人的尊重和关心。

这个句子中的连词"和"用得不当。连词"和"表示的是平等的连接关系,但句中"和"所连接的"忽视"和"否认"之间是一种选择的关系。因此,我们应该把"和"改为"或"。

12. 夜深了,喧闹了一天的村庄沉静下来了,偶然也听到一两声婴儿的啼哭,却更让人感到了小村之夜的宁静。

这个句子中的"偶然"一词用得不当。"偶然"可以作副词,表示不是必然的(见《现代汉语八百词》)。句子的本意是要说在非常少的情况下可以听到婴儿的啼哭,"偶然"与这个句子所表达的意思不符。我们应该将"偶然"改为"偶尔"。

13. 他拿起望远镜看了一阵,想了一会,接着在地图上飞快地画了一些符号，然后用望远镜仔细地再看了一阵。

这个句子中的副词"再"用得不准确。副词"再"可以表示一个动作（或一种状态）重复或继续，多指未实现的或经常性的动作。此句中的"看了一阵"，动词"看"带有"了"，说明它是一个已经发生的动作，而不是未实现的或经常性的动作。"再"与这一点相矛盾。我们应该把"再"改为"又"。

14. 休息的时候，我们往往打球。

这个句子中的副词"往往"用得不正确。副词"往往"表示某种情况经常出现，它是对于到目前为止出现的情况的总结，用"往往"的句子要指明与动作有关的情况、条件或结果（见《现代汉语八百词》）。这个句子里的谓语是个"光杆"动词，所以不能用"往往"，应该把"往往"改为"常常"。

15. 这不禁使我想起了一件久远的往事。

这个句子中的副词"不禁"使用不当。这个句子是个兼语句，"我"是句子的兼语，"不禁"在语义上是修饰后部分的谓语，因此它只能出现在兼语"我"的后面，而不可出现在"我"前面。这个句子应改为"这使我不禁想起了一件久远的往事"。

16. 公司鉴于他多次违反工作纪律，决定让他停职反省。

这个句子中的连词"鉴于"用得不当。"鉴于"用于表因果关系的复句的偏句时，只能出现在句首，前面不能有主语。上面这个句子不符合"鉴于"的格式要求，我们应该把它改为"鉴于他多次违反工作纪律，公司决定让他停职反省"。

17. 他们的节目，无论从创作到演出，都受到了观众的称赞。

这个句子中的连词"无论"用得不当。连词"无论"在句子中起排除条件的作用,表示一件事在任何条件下都是如此。它后面可跟"谁"、"什么"、"怎么"等疑问词或一个并列结构。跟着的疑问词表示的是"全部"的意思;跟着的并列结构则是表选择关系的并列结构。现在,句子中"无论"的后面跟着的并不是表选择关系的并列结构,而是跟着一个"从……到"的介词结构,这样就不行了。这个句子应该改为"他们的节目,无论是创作还是演出,都受到了观众的称赞"。

18. 他的话方音很重,何况又说得快,我没有听懂。

这个句子中连词"何况"用得不当。连词"何况"要么用于反问语气表示比较起来更进一层的意思,要么表示进一步申述或追加理由。该句子既没有反问语气,也不表示进一步申述或追回理由,它体现的是一种先因后果的关系,而且在第一和第二分句中还有递进关系。应该把句中的"何况"改为"而且"。

19. 该院经过多年的摸索,终于找到了这种病的病因,进而为彻底战胜这种疾病提供了前提条件。

这个句子里的连词"进而"用得不正确。"进而"是表示递进关系的,而现在这个句子中"进而"所连接的两个分句在语义上不存在递进,它们是顺承关系。所以,应该把"进而"改为"从而"。

20. 警方还发现这个邪教组织已经建立了自己的网站,网页上却有不少蛊惑人心反科学的内容。

这个句子中的副词"却"用得不对。"却"是一个转折副词,它使得前后两个分句在语义上不能衔接。应该把"却"改为"就"。

21. 越来越多的民企已不仅仅停留在简单意义上的参股,而是要谋求证券公司的控股权。

这句话出自 2005 年 5 月 20 日的《国际金融报》。句中的关联词"不仅仅"用得不对。按照语法规则，成对使用的关联词语不能随意拆换。这个句中出现的关联词"不仅仅"、"而是"本来是不能搭配，现在被强行扭在了一起。我们应该将这个句子改为"越来越多的民企已不是停留在简单意义上的参股，而是要谋求证券公司的控股权"。

22.《锄奸》讲述了一场震撼人心的兄弟恩仇，杜淳此次出演了睿智正义的"锄奸队长"李彪，与于荣光饰演的土匪首领林振海情同手足，剧中不仅他要面临兄弟和爱情的矛盾，更要面对亲情和民族大义的抉择。

这个句子出自 2011 年 2 月 24 日的《半岛都市报》，句中的连词"不仅"使用不当。连词"不仅"出现在句首或是一个分句的主语之后是有条件的。当两个分句的主语不同时，"不仅"就应该出现在句首；当两个分句的主语相同时，"不仅"只能出现在前一分句的后面，否则会造成后一分句缺失主语或重复主语。我们应该将这个句子的相关部分改为："剧中他不仅要面临兄弟和爱情的矛盾，更要面对亲情和民族大义的抉择。"

23. 由于技术水平太低，这些产品质量不是比沿海地区的同类产品低，就是成本比沿海的高。

这个句子中关联词"不是……就是"连接的是两个选择关系的分句（这两个分句共同作"这些产品"的谓语），这两个分句的主语不相同，一个是"质量"，一个是"成本"，所以前分句的主语就不能放在"不是"之前。只有当前后两个主语相同时且后一分句的主语承前省时，前分句的主语才可以出现在"不是"之前。这个句子应改为"由于技术水平太低，这些产品不是质量比沿海地区的同类产品低，就是成本比沿海的高"。

二、杂糅导致的偏误

"杂糅"一词源自《离骚》的"芳与泽其杂糅兮,唯昭质其犹未亏",指不同的两种东西混杂在一起。句子杂糅就是指两种及以上不同的表达式混杂在一起,造成结构混乱,使得表意不清,从而导致偏误,产生病句。杂糅现象在语言的日常运用中很常见,它在形式上既可以是把两种无法并置的结构组合成并列的成分,也可以是让两种结构依托它们的共同部分而糅合在一起。杂糅使得句子原有的表述轨道突然转向,这就给句子的理解带来了极大的障碍,影响了言语交际的顺利进行。个例分析如下:

1. 某些商家违背商业道德,利用中小学生具有的好奇心理和在考试作弊并不鲜见的情况下,为"隐形笔"大做广告。

句中的"利用中小学具有的好奇心理"和"在考试作弊并不鲜见的情况下"都可以作"为'隐形笔'大做广告"的状语,但一个是动宾结构,一个是"在……下"的结构,二者不具有平行性,如果用"和"并置起来就犯了杂糅的毛病。这句话应改为"某些商家违背商业道德,在考试作弊并不鲜见的情况下,利用中小学生具有的好奇心理,为'隐形笔'大做广告"。

2. 小石的账面资金已超过12万元,比本金翻了近4万多。

这个句子在表示数字时出现了杂糅,"近4万"和"4万多"是数字的两种表示法,现在将它们杂糅在一起,反而引起了语义上的矛盾。修改这个句子的话,要么去掉"近",要么去掉"多"。

3. 水果至少有两种以上,糕点至少有三种以上。

这个句子出自2007年8月31日的《人民日报(海外版)》。"至少"是一个副词,表示最低限度,用在数量词前面,表示对事物最低数量的推测或估计;"以上"也表示最低限度,用在数量词后,表示对事物最低数量的推测或估计。"至少"和"以上"连用,是两种表示法的杂糅,意思显得重复、多余。对于这个句子,要么去掉"至少",要么去掉"以上"。

4. 紧急避险造成损害,是指行为人在遭到紧急危难的情况下,为避免或救护一个较大的合法权益使之不受损害,不得已而对某一较小的利益所致的损害。

这句话出自 2002 年 8 月 24 日的《法制日报》。句中出现了"为避免一个较大的合法权益受损害"和"为救护一个较大的合法权益,使之不受损害"的杂糅,杂糅的结果是既乱了句子结构,也使得语义含糊不清。只要将句中杂糅的地方"为避免或救护一个较大的合法权益使之不受损害",改成"为避免一个较大的合法权益受损害"和"为救护一个较大的合法权益,使之不受损害"两者中的任何一种,都可解决句子的语病问题。

5. 不要急,赶快想想办法怎么对付。

这个句子出现了"赶快想想办法"和"赶快想想怎么对付"的杂糅。"想想办法"和"想想怎么对付"表达相同的意思,把它们杂糅在一起,就使句子成了病句。这个句子可以改为"不要急,赶快想想办法"或者"不要急,赶快想想怎么办"。

6. 学数数,连比带划才热闹,每个孩子们伸出小手学得可认真了。

这个例子出自 2007 年 8 月 13 日的《人民日报(海外版)》。句中的"每个孩子们"出现了杂糅。其中"每个孩子"是指的单数,"孩子们"指的是复数,这两种不同的名词的数的表现形式杂糅不仅使句子的结构不当,也在语义上造成了矛盾。对于这个句子,要么去掉"每个",要么去掉"们"。

7. 对于文学作品应该如何反映现实这个问题上,我们曾经展开过一场争论。

这个句子出现了"对于"和"上"的杂糅,本来"对于文学作品应该如何反映现实这个问题"和"文学作品应该如何反映现实这个问题上"两者都可以单独作句子的状语,表示争论关涉的对象,但现在将这两种组织状语的方式杂糅在一起就造成了病句。可在"对于"和"上"上面任意去掉一个。

8. 广大农村正在掀起着一个科学种田的高潮。

这个句子出现了对于谓语动词的时间关系的两种不同表达方式的杂糅。"正在掀起"是以副词为状语的方式表示行为正在进行中,"掀起了"就是以时态助词"着"表示行为正在进行中。这两个表达方式杂糅的结果是这个句子成了病句。其修改办法是将"正在"和"着"二者任意去掉一个。

9. 有时邻里间为一滴水、一度电、一寸地、一句话等鸡毛蒜皮的小事,争吵不休直至动武的事时有发生。

这个句子出自1986年1月29日的《人民日报》,它出现了"有时"和"时有"的杂糅。"有时"与"时有"都是表示频率的,前者表示的频率相对较低,后者表示的频率相对较高。现在将这两种频率的表示法杂糅,不仅导致结构上的混乱,也出现了语义上的矛盾。这个句子可以改为:"有时邻里间为一滴水、一度电、一寸地、一句话等鸡毛蒜皮的小事,争吵不休直至动武。"也可以改为:"邻里间为一滴水、一度电、一寸地、一句话等鸡毛蒜皮的小事,争吵不休直至动武的事时有发生。"

10. 目前,我公司中层以上的领导干部,都是"文革"后的大学毕业生担任的。

这个句子前面在说领导干部是大学毕业生，这本已可以成为一个完整的句子了，但是后面又出现了"担任的"。这是另一个句子"领导干部是由大学毕业生担任的"的残余部分。本来这两个句子如果单独使用的话都可以表示相同的意思，但是它们脱落杂糅在一起，反而使明晰的意思变得混乱不堪。这个句子可修改成"目前，我公司中层以上的领导干部，都是'文革'后的大学毕业生"或"目前，我公司中层以上的领导干部，都是由'文革'后的大学毕业生担任的"。

11. 艾滋病有性传播、血液传播、母婴传播等三大途径传播，我们需要采取紧急行动制止它的传播，否则不采取紧急行动，将会迅速蔓延，给人类健康带来巨大的威胁。

这个句子中，"否则不采取紧急行动"是"否则"和"如果不采取紧急行为的杂糅"。"否则"本是对前面出现的条件进行否定，意思是前面的条件如果不能实现的话，就会出现后面所说的情况。但现在"否则"之后又有了杂糅的内容，这就使得原来连续的意义被割断了。对于这个句子，要么就去掉"不采取行动"；要么去掉"否则"，并将它后面的内容改为"如果不采取紧急行为"。

12. 小周实在太疲倦了，一上火车就打瞌睡，但不一会儿就被车上旅客们的吵嚷声把他吵醒了。

这个句子出现了"被"字句和"把"字句的杂糅。"被"字表示的是被动的语义，"把"字句表示的是主动的语义。把这两种表示法杂糅在一起既扰乱了句子的结构，也使语义变得含糊不清。这个句子可以改为"小周实在太疲倦了，一上火车就打瞌睡，但不一会儿就被车上旅客们的吵嚷声吵醒了"或"小周实在太疲倦了，一上火车就打瞌睡，但不一会儿车上旅客们的吵嚷声就把他吵醒了"。

第三章　语句偏误分析 ◎　·135·

13. 一个人之所以会变坏的原因,除了受到坏的影响外,更重要的是他自己没有把握自己。

"一个人变坏的原因"和"一个人之所以变坏"可以表示相同的意思,将它们杂糅在一起,不仅多余,而且造成了偏误。把杂糅部分还原成杂糅的两个来源结构中的任何一个后,都是合格的。

14. 如果我所管的"闲"事能给群众带来哪怕一点点的幸福和快乐时,我也很幸福,很快乐。

这个句子出现了"如果……"和"当……时"的杂糅。这两种方式都可以表示假设,当它们杂糅在一起时,就给句子的理解设置了障碍,也使句子变成了病句。这个句子要么去掉"时",要么将"如果"改为"当"。

15. 土桥派出所的同志根据有关线索,经过一段时间的侦查,终于找到了偷车的是已被市治安三队抓获并送大板桥园艺场劳动教养的劳教人员范得明。

这个句子的问题在于前面讲"终于找到了偷车的……"话还没有说话,就另起炉灶讲起了"偷车的是……"这里把本该用两个句子来表述的意思各削掉一点再杂糅到了一个句子里,因而造成了混乱,句子显得冗长,脉络不清,读起来拖泥带水,很不利落。这个句子的后半部应改为"终于找到了偷车的,偷车的是已被市治安三队抓获并送大板桥园艺场劳动教养的劳教人员范得明"。

16. 原来,姑娘名叫李小回,前来镇康县南伞街赶集,十分钟之前,她身上的一千四百零五元钱被一个二十岁左右,上着黄衣服,下着黑色喇叭裤的男青年抢劫后前往白岩方向潜逃。

这句话的最后一个分句犯了杂糅的毛病,即言说者把"她身上的一千四百零五元钱被……男青年抢劫"和"男青年抢劫后前往白岩方向潜逃"这两种不同的句式硬捏合起来表述,并且前者行为的施事——"小青年"又是后者的主语,以致上下句牵连不断,读起来别扭拗口,意思含糊不清。这句话应改为:"原来,姑娘名叫李小回,前来镇康县南伞街赶集,十分钟之前,一个二十岁左右、上着黄衣服、下穿黑色喇叭裤的男青年抢劫了她身上的一千四百零五元钱,并朝白岩方向潜逃。"

第四章 修辞偏误分析

第一节 修辞偏误概说

一、什么是修辞偏误

(一) 修　辞

"修辞"有三层含义：① 运用语言的方法、技巧和规律，即修辞规律。② 人们对语言运用的方法、技巧的调整、把握，即修辞活动。③ 专家学者对语言运用的方法、技巧的研究，即修辞学。

本章"修辞偏误"中的修辞属于上述含义中的第一、二层，具体而言就是：**适应特定的目的与语境，运用恰当的语言手段，获得具有较明显的交际影响或表达审美效果的言语行为及其规则。**

同样一个意思运用不同的语言表达形式，修辞效果是完全不一样的。所谓"语不惊人死不休"，就体现了古人对文章词句选择和锤炼的理想与决心。在我国有不少关于写作的佳话和故事，如对"僧敲月下门"中"推"、"敲"选择的故事，又如对"春风又绿江南岸"中"绿"字的多次改换等故事。

修辞并不玄妙，它既存在于名作名篇中，也时时刻刻表现于现实生活中。日常口语中可以随处见到巧词妙语带来的欢乐，在庄重严肃的交际场合也同样需要表达的技巧。如小品《我和爸爸换角色》中的一段精彩对白：

父：过去你回回考试都是倒数第二，这回怎么倒数第一呢？
子：对，我的成绩一直很稳定，每次都是倒数第二，可这回那个得倒数第一的傻子拉稀没来，所以我就滑落到倒数第一了。

"稳定"一词本具有褒义色彩,通常都用于描述成绩好的学生,本例中巧妙地用在一个成绩极差的学生身上,形成了强烈的反差,从而达到了滑稽和戏谑的修辞效果,让人捧腹且印象深刻。

在社交活动越来越频繁的今天,无论是在严肃庄重的公共活动中,还是在纯私人交往中,优秀的修辞表达艺术都能起到使工作成功和生活快乐的催化作用。

书面语中词语、句子的选择以及表达方式的合理运用很重要,口语交际中也同样不能忽视。可见,在一切口语或书面语中,有助于使自己的思想或情感表达得更得体更具审美效果的言语行为及其规则,就是修辞。

(二)修辞偏误

修辞偏误指的就是在特定的语境下,话语构建或写作过程中由于不能恰当地或不能有效地运用各种语言和非语言手段,如语音手段、词汇手段、句法手段等,从而导致无法获得较良好的交际效果,或表达审美效果的言语错误或言语偏误。

任何一个可以被评说的修辞现象都不是无意识的率性而为。无论是口语中的即兴言谈,还是精雕细刻的书面表达,修辞主体一定都是经过充分的权衡、取舍,从复杂众多的形式中选出与修辞动机、修辞语境最佳协调的表达手段。这些表达手段都是有规律可循的。反之,那些一般话语、修辞效果不理想的话语甚至失败的话语,其修辞失误及其原因,也同样存在着一定的规律,或者不能充分利用汉语的语音条件,或者在词语的锤炼上出现失误,或者在句式的选择上产生偏差,或者语句的选择不能切合语境,等等。

引起修辞偏误的原因非常复杂,本节主要从与语言符号有关的修辞手段入手,揭示修辞偏误产生的主要原因和类型。具体地说,修辞手段可以分为两种类型:第一种是语言文字材料本身所能提供的一切潜在条件。如现代汉语的语音特点为修辞活动中的韵律协调、押韵以及谐音双关等提供了材料基础;词汇方面,方言词、外来词以及色彩词等的使用为语言多样化的表达提供了条件。第二种是在长期的言语活动中产生和固定下来的有效表达格式与应用规则,它包括传统的修辞格,如比喻、比拟、对偶等,也包括一些话语表达与衔接手段,如预设、修辞原则、言外之意等。它还包括由以上诸因素综合作用所形成的语言表达特征体系,即语体。因此,本章对现代汉语修辞偏误所作的分析,就是以修辞手段为线索展开的。

要强调的是,修辞手段本身的表达色彩不一定直接决定其产生相应的修辞效果,就是说"好话"不一定产生好的效果,"坏话"、"难听的话"也不一定就不能说。一个具体语言表达形式的成功与否,既取决于其修辞动机,也随修辞语境而变。

修辞偏误的主要类型有语音偏误、词语偏误、句法偏误、辞格使用偏误等。

二、修辞认识中的几种偏误

在修辞研究历史上,对修辞的认识存在许多偏误,主要表现为以下五个方面:

1. 认为修辞是对语言的"美化"

在中国现代修辞学界,这一观念最重要的代表是张弓。他认为:"修辞是为了有效地表达意旨,交流思想而适应现实语境,利用民族语言各因素以美化语言。"(张弓《现代汉语修辞学》)"修辞是对语言的'美化'"无疑与中国几千年来的文化传统和文人的生活方式密切相关,这一观念尽管在一般修辞学专著中已经不大多见,但在公众乃至多数修辞学者潜意识中仍然根深蒂固。

不言而喻,修辞追求语言美,无可非议。但修辞是否要堆砌美丽的辞藻呢?当然不是。美有多种形态,华丽是美,朴实也是美。美与不美,并非取决于华丽的辞藻。修辞可以美化语言,但美化语言不是修辞的唯一目的。修辞不是不顾效果地一味追求华美,而是要根据具体的言语环境,选择合适的词语,构建适于交际目的的话语。修辞效果好不好,语言美不美,要看它是不是和语言环境相切合。比如,丈夫称呼妻子有:"夫人"、"妻子"、"爱人"、"老婆"、

"孩子他妈"、"屋里的"、"拙荆"、"太太",等等。这些称呼各自的适用场合不尽相同。这表明,修辞过程中辞藻的华朴,是由各种修辞动机、修辞目的以及其他语言环境因素包括时代因素决定的。如果离开了这些要素空谈语言美,是不符合实际的。

与语言美化说相关联,还有人把修辞看作语言的变异。胡怀琛在《修辞学发微》一书中,将修辞的方法归纳为用字不照普通的用法、造句不照普通的造法、理论方面故意不合逻辑、事物方面故意地与实际情形不符合等,实际上就是把修辞看作词汇、语法、逻辑常规用法的变异。这种看法若绝对化,恐怕就只有王安石的"春风又绿江南岸"、李白的"黄河之水天上来"这一类词句才称得上修辞了。我们看到,精彩的修辞确有通过语言的变异来实现的,运用语言变异常常可以产生好的修辞效果。但是,不能认为语言变异之外就不存在修辞了。变异说和美化说一样,都极大地局限了修辞的范围,与修辞广泛应用于口语表达和书面表达的实际是不相符的。事实上,许多词语、句法、逻辑的常规用法,只要用得恰当,同样可以收到很好的修辞效果。

2. 认为修辞就是语辞的"调整",只关涉语言表达,无关话语理解

所谓"修辞是调整语辞使达意传情能够适切"(陈望道《修辞学发凡》)。由此而来,有人认为修辞是语言材料的"选择"(如张志公、吕叔湘等)。"修辞是语辞的'调整'或选择"的观念避免了只看到"求美"的修辞行为而忽视其他修辞行为的偏差,但很多修辞行为并没有明显地表现为"调整"和"选择"。

我们以为,修辞是一种语言行为,但修辞之所以成为修辞,而不是一般的语言行为,应该是追求语言交际有效性的行为。语言不仅是人类最基本的符号系统,而且是人类最重要的交际工具。同样的交际目的,运用不同的语言形式可能获得比较相近的交际效果,也可能获得非常不同的交际效果。交际主体根据自己的角色定位、交际意图、交际环境与对象的不同,运用合适的语言形式以有效实现自己的交际目的的行为,这就是修辞。

如 2011 年天津卫视一档求职类真人秀节目"非你莫属"中，曾经有一位自认为文字能力较强的求职者前来参加面试，面试当中有一位老板提出，让他现场创作一句关于这位老板身上穿的西服的广告词，这位求职者说：

像水一样溶化在水里。

此语一出，立刻引起了 boss 团的抨击，认为这句虽表面看略带文学色彩的广告词让人觉得匪夷所思，难以理解。求职的结果可想而知，boss 团并不认可这位求职者的文字能力。

3. 认为只有成功的言语行为或言语现象才是修辞行为或修辞现象

在修辞研究中，有人认为修辞是成功的言语行为或现象。一般的或失败的言语行为不是修辞行为，失败的言语现象也不是修辞现象。这与修辞研究的历史不无关系。实际上，修辞学不仅要研究成功的修辞行为或修辞现象，尤其是具有特殊修辞效果的修辞手段，而且应该探讨修辞失误及其原因，从中寻找修辞规律。英国当代著名修辞学家瑞查兹曾说过："修辞学应该研究误解及其补救。我们修辞学理论也是建立在修辞失误分析基础上的。"

4. 认为修辞主要解决"意"和"辞"的问题

孔子所说："辞达而已矣。"他认为修辞主要是解决"意"和"辞"即所要表达的意思和话语之间的关系问题，把所要表达的意思说或写清楚，使人明白就行了。这话对不对呢？应该说有合理的部分，但不全面。微观上，在话语层面，修辞要解决的是"意"和"辞"的问题；但宏观上，修辞要解决的是人际关系问题，是社会个体、社会群体、社会组织乃至国家、民族之间的关系问题，是社会事务的决策问题。

在现实生活中，许多交际只需要"辞达"就可以了。比如，日常生活中的熟人打招呼，问声"你好"，完全是可以的。但有时候，只做到"辞达"尚且不够。这在中国古代的爱情故事中表现得尤为突出。梁山伯与祝英台相爱，费了九牛二虎之力"爱"字也没能直接说出口，而是通过各种委婉的方式来暗示。为什么呢？这与含蓄委婉的民族传统有关。可见，"辞达"往往不能"而已矣"。修辞不是表达清楚就行，还应考虑合不合适，有没有效。比如，朋友来家里做客，时间已经很晚了，主人想休息。这时主人应该怎样对客人说呢？如果直说："我要休息了，你走吧！"意思是表达清楚了，但客人也得罪了。这时候就要考虑修辞方式，需要把话说得含蓄些，如"哦，几点了？"这显然不是问时间，而是借询问时间提醒对方。

因此，修辞不仅仅是解决"意"、"辞"问题，还要解决交际双方的关系问题。

5. 认为只有书面语讲究修辞，口语没必要讲修辞

把修辞看作语言的美化，很容易把修辞局限于运用修辞格是语言表达形象生动的范围之内，特别容易把修辞研究局限于书面语，尤其是文学作品的语言之中。事实上，语言表达的全过程，包括非文学作品的书面语在内，无论是初稿的写作，初稿写成后的加工润饰，抑或言语交际双方的口头表达和即兴言语调整，都包含大量修辞上的考虑。口语比起书面语来，往往具有更加丰富的修辞内容，如重音、停顿、语速、语调等非语言因素的恰当使用就对表达效果起着相当重要的辅助作用。在日常生活中，如授课、营销、主持等，都需要修辞。就连日常交往中的打招呼，也需要修辞。同样是打招呼，表达方式会因交际对象、交际场合出现差异。因此，口语交际也需要修辞。因为口语交际中，人与人之间的接触频率高，各种角色转换快，随时都会遇到修辞方式的选择与调整问题，修辞也就显得格外重要。

第二节　修辞中的语音偏误

一、语音锤炼概述

修辞手段可以从语音、语义和形式三方面进行分类描写。修辞过程中，我们建构话语也是从这三方面考虑的。有时为了语音的和谐，有时为了语义的流畅，有时为了形式的整齐。比如圆周率比较难记，有人把"3.14159265358979"谐音为"山，一寺一壶酒，二鹿舞三舞，把酒吃酒"，使原本枯燥的数字，变成一个逍遥自在的野餐景象，幽默风趣便于记忆。

汉语是富于音乐性的语言，一个汉字就是一个音节。一般来说，每个音节都要有元音作为它的组成部分，而元音是一种乐音，清晰响亮，悦耳动听。汉语没有严格意义的形态变化，词语组合时音节稳定不变，易于构成整齐的语音段落。汉语的音节具有高扬转降的声调变化，平仄交错，相互配合，显得抑扬有致，富有节奏感。汉语有双声词、叠韵词、叠音词、同音词以及词的轻重音等，它们的反复再现，可以使语音盘旋回环，连绵不断。以上这些具有特点的语音建筑材料，如果巧妙地加以运用，就能使文章声情并茂，大大地提高语言的艺术感染力。

老舍说："我写文章，不仅要考虑每一个字的意义，还要考虑到每个字的声音。不仅写文章是这样，写报告也是这样。我总希望我的报告可以一字不改地拿来念，大家都能听得明白。虽然我的报告作得不好，但是念起来很好听，句子现成。比方我的报告当中，上句末一个字用了一个仄声字。如'他去了'。下句我就要用一个平声字。如'你也去吗？'让句子念起来叮当地响。"（《关于文学的语言问题》）有的作家还谈了自己的素养的提高。碧野说："我的散文不仅得力于现代诗歌的学习，而且得力于古典诗词的熏陶。唐诗、宋词，都是我所喜爱的。诗词讲究音韵。我的散文也力求要给读者一种音韵美的感受。"

从汉语音节特点而言，汉语中有单音节词、双音节词、多音节词，写作或话语建构时应根据需要灵活运用。

单音节表意给语句组合在音节上带来很大的灵活性，从而为表达的活泼、幽默或讽刺以及简约服务。这些灵活性可以体现于政论、文艺语体，也可以体现于广告等事务语体。如：

1. 我可以想见，每次开这样的会，都有这样一组镜头，两种力量在较量着，最后的结果，也只能是以王志科恭而不顺、服而不帖地立着而告终。(李小平《桑树坪纪事》)

2. 储蓄有利，利国利民利社会；
存款方便，便你便他便人民。(某储蓄所广告词)

元音占优势的音节为现代汉语诗、词、歌等韵文的押韵提供了材料基础。我们可以在各类诗歌、歌词、广告词乃至民谣等多种表达形式中领略到这一表现。如：

3. 在我的窗前，
有一棵白桦，
仿佛涂上银霜，
披了一身雪花。
毛茸茸的枝头，
雪绣的花边潇洒，
串串花穗齐绽，
洁白的流苏如画。
在朦胧的寂静中，
玉立着这棵白桦，
白桦四周徜徉着，
姗姗来迟的朝霞，
它向白雪皑皑的树枝，
又抹一层银色的光华。
在灿灿的金晖里，
闪着晶亮的雪花。(《白桦》)

在散文中，我们也可以利用上述特点，插入押韵的表达，取得别致的审美效果，如：

4. 我们有些人的价值观念正在发生怎样的变化：原来终生追求

的现在不屑一顾;原来可以株连九族的现在可以光宗耀祖;原来引以为荣的现在羞与为伍;原来避之不及的现在趋之若鹜。(陈祖芬《共产党人》)

现代汉语词语在语音上具有明显的双音节化趋势,词语的这一特点使其在搭配和音感上,呈现出明显的音节节奏均衡的特点。双音节化不仅给句子的组合带来了明显的音节均衡语感,而且有些短语或句子在结构上可能并不是2+2节奏,但在拼读或接受时,仍然倾向于将其双音节均衡化。如:

一衣带/水　　弦外之/音　　丧家之/犬　　闻/所未闻

上述短语从结构和语义上看,都应是以斜线处为第一层次切分点,而不能从它们中间切开。但在拼读这些成语时,却只能以2+2节奏来表达。否则,读起来拗口,听起来也不顺耳。

下面的新闻标题就注意到了音节节奏的均衡,读起来节奏鲜明,朗朗上口:

5. 主意太多　成果太少
大国民议会一团乱麻(《都市快报》)

反之,如果不注意音节节律的协调,语句在语音表达上就会失去平衡和美感。下面两则广告在音节节奏均衡上处理得不理想,或给人以头重脚轻之感,或拗口难读:

6. 诱人的貌
　迷人的音
　醉人的心
　喜人的价(某收录机广告词)
7. 这种助听器造型小巧,机身总重量仅18克,属国内首创,噪音、失真、语言清晰、放大效果等技术指标,均属国内领先水平。

(《杭州日报》)

二、语音偏误类型

在具体的修辞实践中，我们不难发现很多不太遵循汉语的语音规律或者音节不协调的例子。这种偏误现象我们在此把它称作修辞中的语音偏误。

修辞中的语音偏误主要表现为韵律配合不协调。

（一）音节不匀称

音节不匀称、不整齐就会减弱诗文或话语的节奏感和气势。为了音节匀称，可采用"删、添、换"的办法加以调整。在现代汉语的词汇中，许多单音节、双音节的同义词并存，选用词语时，应该符合双音节的节奏倾向。在某些情况下，单音词以配单音词为好，使之成为一个节拍；双音词以配双音词为好，使之成为两个节拍。这样语音会显得平稳匀称，节奏分明。如下面的句子音节不够协调：

8. 姑娘那时真可怜啊，爸爸、妈妈被林彪、"四人帮"打成叛徒、死不悔改的"走资派"，关押在一个人们不知道的地方。一到星期天，邻居小伙伴高高兴兴地同爸爸、妈妈在一起，她拉着弟弟站在家门前，从太阳出来一直盼到太阳落，也不见爸爸妈妈回。

最后两个分句句末都是单音节节拍，读起来语音不够平稳，感觉煞不住，似乎话还没有结束。如果把"落"改成"落下"，"回"改成"回来"，读起来就顺畅多了。

9. 观众喜爱的十一面哈哈镜已整修一新，装潢别致，同光学馆一起也将在春节期间供大家观赏。

最后一个分句改成："将同光学馆一起也在春节期间供大家观赏"，语感上自然许多。修改后，单音节节拍的"同"，变成了双音节节拍的"将同",而三个音节节拍的"也将在",变成了双音节节拍的"也在"读来更觉顺畅。

虚词的运用也要注意音节协调,如下例:

10. 原江西省副省长胡长清,因大肆收受、索取贿赂,被一审判死刑。

后一个分句应该改成"一审被判死刑",这样六个字两字一顿,均构成双音节节拍,符合汉语节拍规律,同时也显得更匀称。

11. 原文:他的命就是数学。
改文:他的生命就是数学。(徐迟《哥德巴赫猜想》)
12. 原文:两人手接触着手,眼端相着眼,她就有了全世界。
改文:两人手触着手,眼看着眼,她就有了全世界。(徐迟《哥德巴赫猜想》)
13. 原文:要多多种些粮食,造些武器,送到前方。
改文:要多种粮食,多造武器,送到前方。(《郭沫若文集》第三卷,1957年)

例11原文中的"命"是单音节词,改文把它换成"生命",这就与后面的双音节词"数学"配合得整齐匀称。例12原文中的"接触"和"端相"改为单音节词"触"和"看",用字简洁,音节更匀称,读起来顺口,听起来清脆。例13原文两个分句结构不均衡,改稿两个分句结构相同、均衡匀称,节奏感强,读来上口,听来悦耳。

下面的句子相应位置上词语的音节不够匀称:

14. 这部作品展现的生活画面广,开掘主题思想深,塑造人物性格活,所有这些,都显示了作者较高的艺术概括力和纯熟的表现技巧。

这个例子在"这部作品"之后有三个并列分句,都是主谓句,但是结构和音节不尽一致。三个分句的谓语分别为"广"、"深"、"活"，都是单音节，这很对称、整齐，但它们的主语就不整齐了："展现的生活画面"，为偏正结构，"开掘主题思想"为述宾结构，"塑造人物性格"也为述宾结构，不管是看起来还是听起来都觉得失去了平衡感。因此，后两者都可以改成偏正结构，分别在"开掘"、"塑造"之后加上"的"。

15. 羊毛脂的亮肤因子：自然润亮肤色，抚去暗哑、黄黑，使用后，令肌肤细嫩幼滑，越用越丰润白。

后一分句有一个"越…越…"结构的短语，"越用越丰润白"在两个"…"位置上音节不一致。读起来特别拗口。可以改成："越用越白"或"越用越润"均可。

16. 猕猴桃这种水果不仅酸甜可口，而且有丰富的营养。

两个分句的谓语"（不仅）酸甜可口"和"（而且）有丰富的营养"，结构、音节都不一致，以相同为好。后者可以改成"营养丰富"，读起来音节匀称，有均衡美。

以下是几个成功的例子：

17. 我们曾经说过，房子是应该经常打扫的，不打扫就会积蓄了灰尘；脸是应该经常洗的，不洗也就会灰尘满面。我们同志的思想，我们党的工作，也会沾染灰尘的，也应该打扫和洗涤。（毛泽东《论联合政府》）

第二句中两个并列的主语主要成分"思想"和"工作"都是双音节。谓语部分两个并列的词语："（也应该）打扫（和）洗涤"，所处位置相同，也都是双音节。值得注意的是，前面运用这个概念时，一处为"打扫"，一处为"洗"，这里把"洗"改换成了"洗涤"正是从音节的整齐考虑的。

18. 三仙姑也暗暗猜透大家的心事,衣服穿得更新鲜,头发梳得更光滑,首饰擦得更明,官粉搽得更匀,不由青年们不跟着转来转去。(赵树理《小二黑结婚》)

上例中的"光滑"与"光"同义,"明"与"明亮"同义。作者用"光滑"不用"光"是为了使"光滑"在音节上与上文的"新鲜"对应;用"明"不用"明亮"是为了使"明"在音节上与下文的"匀"对应。

19. 为了达到这个目的,他们讲究亭台轩榭的布局,讲究假山池沼的配合,讲究花草树木的映衬,讲究近景远景的层次。(叶圣陶《苏州园林》)

"他们"之后,有四个并列的述宾结构,结构中宾语的中心语音节上平衡都是双音节:"布局"、"配合"、"映衬"和"层次"。中心语之前的定语也很匀称,都是四个音节:"亭台轩榭","假山池沼"、"花草树木"和"近景远景"。"花草树木"原也可以说成"花草树",但为求音节一致,"树"用了双音词"树木"。

(二)平仄不相间

平仄即平声和仄声,泛指诗文的韵律。平仄是四声二元化的尝试。四声是古代汉语的四种声调。所谓声调,指语音的高低、升降、长短。平仄是在四声基础上,用不完全归纳法归纳出来的,平指平直,仄指曲折。在古代上声,去声,入声为仄,剩下的是平声。自元朝周德清后,平分阴阳,仄归上去,逐步形成阴平、阳平归平,上声、去声归仄,入声取消的格局。自古平仄失调,平仄和不拘平仄之争是永恒的话题。明朝释真空的《玉钥匙歌诀》曰:"平声平道莫低昂,上声高呼猛烈强,去声分明哀远道,入声短促急收藏。"

每个音节都有声调,为构成语音链中的抑扬顿挫与节奏感提供了条件,使得汉语语音具有鲜明的音乐感,从而不仅使汉语诗歌等韵文节奏鲜明、起降有致，而且连散文也同样可以朗朗上口。①平仄格律能够产生"疏密、长短、抑扬、轻重"的节奏美和回旋往复的回旋美，从而能给思想内容的表达增添强大的艺术感染力量。这也构成了汉文学作品审美特点的民族性表现之一。政论语体中也能看到调配平仄的修辞现象，如：

20. 惨象，已使我目不忍视了；流言，更使我耳不忍闻。
　　仄仄　　　　　仄仄　平平　　　　　　仄平

（鲁迅《纪念刘和珍君》）

21. 一张白纸，没有负担，好写最新最美的文字，好画最新最
　　　　仄仄　　仄平　　　　　　　　平仄
美的画图。
仄平

（毛泽东《介绍一个合作社》）

平仄是使声调悦耳的重要条件。如果韵文不讲究平仄，使同声调的字相连过疏或过密，就会失去音韵美。非韵文也应适当调配平仄，如：

22. 明白从前苦，方知今天甜。
23. 前年，桃花初开之时，他全家急匆匆南归家乡，访亲寻根。

例22前一分句的字是三平二仄，后一分句的字都是平声。全句读起来不顺口，听起来感到平直。如果把它改为"了解从前苦，方知今天甜。"使平仄交替，就比较上口顺耳了。例23全句22个字，只有"访"字是仄声，几乎一平到底，语感上过于平板。把"初开"

---

① 有人甚至认为声调与意义、情感之间有相应的联系，其中（日本）僧人了尊的观点就很有代表性，虽然他是对针对古代的平、上、去、入声调而言的："平声者哀而安，上声励而举，去声清而远，入声直而促。"（《大藏经·悉昙轮略图抄·卷一·四声事》，台湾新文丰出版社，1992年。）

改为"乍开"或"初放",把"急匆匆"改为"急切切",把"家乡"改为"故里",平仄错落,语音效果就大大不同了。

24. 原文:这样明显的罪人不处分,国家的法律拿来做什么!(郭沫若《筑》)

改文:这样明显的罪人不处分,国家的法律何存!(《郭沫若全集》第四卷)

例 24 是戏剧中人物的对话,原文"拿来做什么"中,"拿"和"来"均为阳平,"做"和"么"为去声,中间的"什"为阳平。几个音节的声调和句调,给人总的声音印象是一路下坡,不够响亮分明。改稿换成"法律何存",是"仄仄平平"式,尾音为平直,听起来响亮分明,"何存"又与前面的"处分"押韵,整体韵律统一和谐。

25. 丁西无精打采地进来。(老舍《龙须沟》)

例 25 中的"无精打采"原为"无精搭采",因为它是"平平平仄",声调配合得不好。定稿改用"无精打采"是"平平仄仄",声音很协调。

(三)押韵不和谐

押韵,又作压韵,是指在韵文的创作中,在某些句子的最后一个字,都使用韵母相同或相近的字,使朗诵或咏唱时,产生铿锵和谐感。这些使用了同一韵母字的地方,称为韵脚。押韵也是形成音律节奏的一个重要因素。押韵能使韵文的声音和谐悦耳,朗朗上口,使其富有余音绕梁、回环复沓的音乐美同时,还便于吟诵和记忆。例如:

26. 白日依山尽,黄河入海流。欲穷千里目,更上一层楼。(王之涣《登鹳雀楼》)

27. 月光光,照地堂。年卅晚,摘槟榔。(童谣《月光光》)

28. 不因气压摇摆，只因有你拥戴。(歌词 Anders Lee、黄伟文《我的骄傲》)

29. 你"精"我都"精"，饮杯竹叶青。("竹叶青"广告语)

押韵讲究三避：

（1）避重韵，即同一个韵字在一首诗的韵脚里重复出现，此乃大忌。

（2）避免同义字相押，如一首诗中同时使用"花"、"葩"、"芳"、"香"等同义字词。

（3）避免出韵，即古人写诗多依官韵，而许多我们认为是同韵的字在官韵中被分别列入不同的韵部之中，如"冬"与"东"之类。如果在同一首诗中相押，即为出韵。这主要是因为古今语音变化的原因，今天已没有必要再强调这些，但我们在写作律诗时掌握了这些规则将会使用韵更加入味。

30. 原诗：石不烂抬起头，
　　　　穷岭上，
　　　　红灯出。
改诗：石不烂抬起头，
　　　　穷岭上，
　　　　红灯亮。(田间《赶车传》)

上例中把原诗中的"出"改为"亮"，就是为了押韵，增加了声音美。

写作诗歌散文时，有必要在字音上进行适当选择，但是这种选择最终要服从内容表达的需要，而不宜过分受叶韵或平仄的拘泥。当内容的表达与声韵的考虑发生矛盾时，声韵的考虑要服从内容的确切表达，而不可去片面追求声韵和谐，单纯追求形式，为押韵而押韵，导致"因韵害意"。如果意思不明白，押韵也就失去作用。例如：

31. 隆隆的雷声，把闪电追赶。
    疾风摇着芦苇，抖抖满天鱼线。
    好黑的夜呀，伸手不见拳！

为了押韵，作者故意把"五指"或"掌"改用"拳"，不符合习惯，影响了表达效果。

32. 在我们家乡绿色的田野上，银色的高压线凌空飞翔，它就像一根根巨大的琴弦，日夜把生活的赞歌欢唱。

作者拟用"上"、"翔"、"唱"几个字押韵，造成一种音乐美，没考虑到直直的高压线不具备飞起来的外部特征，不宜用"飞翔"描绘它。在这种情况下，就宁可不要押韵，用平实的"飞架"代替"飞翔"为妥。

（四）同音条件与谐音双关的误用

现代汉语语音共有音节约410个，加上声调也只有1200个左右。用这些有限的音节形式去组合成数万乃至数十万条词语，大量同音词的产生就成为必然的结果了。仅据对《汉语拼音词汇》（文字改革出版社1963年版）词汇的统计，同音词达五千五百多个，已经占总数（59100多个）的9.5%。话语中同音词过多且处理得不好，就会造成同音歧义，影响人们的交际。如下面这段：

33. 早上。北京一大杂院。王军在刷牙，看见楼上老张搬下煤气瓶，招呼道：
"张师傅，你们家又没气了？"
"客人多，煤气用得快。"
"也是，现在煤气质量差，用了好像不到一个月吧？就断气了，你们！"
"你们才断气了呢，怎么说话啦，大清早的。"
"哎哟，张师傅，我不是那意思，不是那意思！"

这段会话中,由于王军没注意"断气"一词同音异义的特点,给张师傅带来了不快。

当然,同音词也不一定就是消极成分,只要我们注意具体的环境和上下文,一般还是能避免歧义的。

34. 原文:他引着我,向野里走,一路同我谈。……两个人向野里走,没有路灯。

改文:他引着我,向野外走,一路同我谈。……两个人向野外走,没有路灯。

(叶圣陶《夜》)

原文的两处"野里"听起来会同"夜里"想混,改成"野外"听起来就清晰多了。

谐音双关辞格是我们在写作和话语建构时一种常见的修辞手段,如一则广告是"汾酒必喝,喝酒必汾",仿照《三国演义》开篇第一句话"话说天下大势,分久必合,合久必分",利用语音的相似性,同时借助人们共同的文化底蕴,增强了广告词的传播力度。此类例子不胜枚举,谐音现象比比皆是。谐音双关可以形成辞趣并便于人们记忆。但是,某些利用谐音的语句尤其是广告词虽然可以达到某种特殊的效果,但人们在念的时候总有种怪怪的感觉。如一则宣传"好颜色的涂料"广告词为"好色之涂",谐音于"好色之徒"。有很多人对上述现象持批评态度,说容易误导青少年,有损汉语的规范,有修辞现象不健康之嫌疑。之所以会有这种看法,和"好色之徒"一成语本身所具有的贬义色彩不无关系。

第三节 修辞中的词语偏误

一、词语锤炼概述

词语的选择和使用,修辞学上称为词语的锤炼,又称炼字。其目的是准确生动地反映客观事物和表达思想感情。古人写诗，十分讲究炼字，常是"吟安一个字，捻断数根须"，"两句三年得，一吟双泪流"。例如，用凝练的文字表达丰富的意思，如"不知何处吹芦管，一夜征人尽望乡"（李益《夜上受降城闻笛》）。尽：都。"尽"字写出了征人思乡的人数之多，伫立盼望的时间之长。又如"春风又绿江南岸，明月何时照我还"（王安石《泊船瓜洲》）。这个"绿"字写出了春风的气势、力量和作用，境界开阔，色彩鲜明，给人以春意盎然、生机勃勃的美感。

讲究用词的重要意义，还可以从语用实例中明显见到。下面是电视剧《杨乃武与小白菜》中有关"状词"的一个语例：

江浙无日月，神州无青天。

这是杨乃武在无故蒙冤、气愤非常的情况下写成的状词中的两句。他怕状词有不妥之处，叫他姐姐拿去请一位秀才帮忙修改。秀才经过反复推敲，作了如下改动：

江浙无日月，神州有青天。

秀才为什么要把最后一句中的"无"改成"有"呢？这是因为原文不仅骂了江浙的贪污官吏，而且还骂了当朝皇帝。这样的状词肯定无法打赢官司。把"无青天"改为"有青天"，不但含义丰富，把矛头对准江浙贪官，而且能争取到皇帝的支持，为打赢官司埋下了伏笔，可谓一字千金。

词语锤炼的基本要求是：

1. 准确朴实

准确朴实是词语锤炼的基本要求。孔子说："辞（文辞或言辞的表述）达（明白晓畅）而已矣。"他在反对"言之无文"的同时，又强调"辞达"，二者相辅相成。准确朴实就是"辞达"的重要内容。"文以辨洁为能，不以繁缛为巧"（刘勰《文心雕龙·议对》）。古人认为，文辞应该以明晰洁净为高明，而不以堆砌华丽的辞藻为工巧，也就是要做到准确朴实。

准确朴实在法律条文和政策性的文件、条例以及某些说明、阐述性的文字中,尤其重要。

《辞海》是一部大型工具书。它在编纂上要求极其严格,被誉为"辞海精神"。在1999年版修改本中,编者精益求精,对某些不够准确的条目又作了改动。科学出版社周明鉴介绍对原书修改的情况时说:"例如'鲵'释为'①鱼名,即大鲵。'因大鲵非鱼,属两栖类,故将'鱼名'改为'动物名'。'墒'条称:'指土壤中含有适于种子发芽的湿度','含有……湿度'搭配不妥,将'湿度'改为'水分'。'吴哥寺'条中称'……全部用沙岩石叠成','沙岩石'应是'砂岩'。"(《科学时报》1999年9月10日)

在政治性活动中,名称、用语的准确有特别重要的意义。1999年12月20日,澳门回归,中央电视台对有关活动进行了实况转播,节目主持人白岩松在转播结束时特意指出:

1. 江泽民等参加澳门政权交接仪式,所用名称为"中国政府代表团",因为有另外一方葡萄牙政府代表团参加。结束后,举行中华人民共和国澳门特别行政区成立暨特区政府宣誓就职仪式,所用名称为"中央政府代表团",因为是国内事务。

一个是"中国政府代表团",一个是"中央政府代表团",分别用于内容不同的活动,这是绝对不能混淆的。

当今的社会生活中,商务活动频繁,有关的合同、字据等,用词一定要准确明晰,含混模糊会带来严重后果。《深圳法制报》曾经报道了这样一件事:李某接手了一桩防弹玻璃装修工程,向××玻璃厂订购了79平方米玻璃,付清了30500元货款。后来,李又向××厂订购50平方米玻璃,并预付了2万元货款。李给该厂经理周某代写了一张收条,写的是:

2. 今收到防弹玻璃柒拾玖平方米,已付款叁万零伍佰元整,余贰万元整。

李某等来的并不是第二批订货,而是法院的一张传票。原来周某提出了诉讼,声称李某向××厂求购防弹玻璃79平方米,价格共50500元,但仅付给了30500元,尚欠2万元。法院经过反复调查终于弄清了事实,宣判周某败诉。这一起纠纷问题就出在一个字的运用上:"余贰万元整"中的"余"指什么?李某的意思是指给周全部金额中的剩余部分,即预付款;而周则钻了空子,指货款中尚未付与的部分。这一起本来不该发生的法律纠纷是一个教训,应该引起人们的重视。

文艺作品更应重视词语运用的准确性,以此作为刻画人物的手段。例如:

3. 他给我拣定了靠门的一张椅子,我将他给我做的紫毛大衣铺好座位。他嘱我路上小心,夜里要警醒些,不要受凉。(朱自清《背影》)

"他给我拣定了靠门的一张椅子",不用"找",也不单用一个"拣",而用"拣定",表明是经过一番挑选、比较才确定下来的。"一张椅子"之前还特意加了一个"靠门的"修饰语,以便发生意外情况时可以马上走出去。"他嘱我路上小心",不用"要"、"叫"一类词语,而用"嘱",表现了放心不下,千叮咛万嘱咐般的心情。"夜里警醒些","警醒",含警觉、留神,不要睡得太死之意。这里没有华丽的辞藻,但质朴而有神韵,字字传情,真切地表现了父爱,这和作者亲身的感受是分不开的。

下面的例子中用肇事都不够准确朴实:

4. 她爱人两年前不幸遇到车祸身亡,现在身边带着一个五岁的孩子,身处异国,遇到难办的事情连个商讨的人也没有。大家都很关心她,劝她还是回来好。

"商讨",为商量讨论之意,指为解决较大的、较复杂的问题而交换意见,带有书面语色彩。这里指个人生活中的问题,改成"商量"为好。

5. 在有关部门和领导的支持下,他们走访了北京、东北等几个劳改农场,审查了3000多盗窃犯的材料,终于发现了主要案犯叫秦建辉,为上级部门侦破此案,提供了重大线索。

"审查",指检查核对是否正确、妥当,多用于计划、提案、著作、个人的资历等。这里说的是"材料",改成"查阅"为好。"发现",指经过研究、探索等,看到或找到前人没有看到的事物或规律;或指发觉。这里改成"查明"为好。

(二)简洁有力

简洁有力是要求文字简省,但意蕴深厚,感情鲜明,表述具有力度。这个"简",不是简单地指字数少,它是我国古代文论中所崇尚的一种很高境界。清代刘大櫆有一个精辟的阐述:"凡文笔老则简,意真则简,辞切则简,理当则简,味淡则简,气蕴则简,品贵则简,神远而含藏不尽则简,故简为文章尽境。"(《论文偶记》)唐代史学家刘知几很赞赏前人的一则纪事:"《春秋经》曰:'陨石于宋,五。'夫闻之陨,视之石,数之五,加以一字太详,减其一字太略,求诸折中,简要合理,此为省字也。"(《史通·叙事》)纪事颇简要,评述也是很精当的。清代梁章钜《退庵随笔》中记载了这样一件事:"(欧阳修)作《醉翁亭记》,原稿起处有数十字,粘之卧内,到后来只得'环滁,皆山也'五字,其平生为文都是如此,甚至有不存原稿一字者。"由原来的"数十字",到最后"环滁,皆山也"五字,字数减少了,表现力却提高了。它描画了滁州群山环绕的地形特点,而且精当凝练,掷地有声,具有雄浑刚劲之美。

鲁迅的作品惜墨如金,但字字珠玑,耐人咀嚼。例如《故乡》中的一段:

6. 我这时很兴奋,但不知道怎么说好,只是说:
"阿!闰土哥,——你来了?……"
我接着便有许多话,想要连珠一般涌出:角鸡,跳鱼儿,贝壳,猹……但又觉得被什么挡着似的,单在脑里回旋,吐不出口外去。

他站住了,脸上现出喜欢和凄凉的神情;动着嘴唇,却没有作声。他的态度终于恭敬起来了,分明的叫道:

"老爷!……"

整个这一节都很生动,尤其是对闰土的刻画非常精彩。"他站住了",一个"站"反映出人物见到儿时的挚友意外、发怔。"脸上现出欢喜和凄凉的神情",色调丰富的彩笔,把人物内心的种种情感都展现出来了:久别重逢的兴奋,甜美往事的回忆,生活艰辛的酸楚……尽在其中。"动着嘴唇,却没有作声","他的态度终于恭敬起来了",人物思想、感情的活动和急速变化清晰可见——被唤醒的天真无邪的童心,最终还是被世俗等级观念冷酷地扼杀了。作品写到这里已使人感到寒气逼人,接下去又写道:"分明的叫道:'老爷!……'""分明",预示人们不愿意出现、害怕出现的事情终于出现了。"老爷!"——与其说是恭敬的呼唤,毋宁说是纯真的童友之情、美好的儿时回忆被埋葬的宣告。它重重地撞击着读者的心,人们为此心潮起伏,思绪绵绵。

再如文章题目和新闻标题受字数限制,在简洁有力方面要求很高。下面例子中的重要词语一般只一两字,但很有力度。例如:

7. 长江变成"黄河"了——关于长江水土流失的报告(标题)

《报告》中说:长江给人留下的印象不是长,而是黄,水土流失犹如一种慢性顽症,强烈侵蚀着万里长江肌体的健康,威胁着国家的生态安全,成为长江经济社会发展的"心腹之患"。标题用了个"长江变成'黄河'了","黄河",语意双关,使人触目惊心,具有振聋发聩的效果。

下面的例子中用用词不够简洁有力:

8. 国外经营的食品、饮料很多是不加糖的,食用时可以随不同人的口味多加糖、少加糖或不加糖。

例中三处用了"加糖"，宾语"糖"均可承接上文省略，加上其他地方的改动，宜改成："……可以随不同人的口味多加、少加甚至不加。"

9. 几年来，丰台区民政局坚持为老年人服务、为社会主义福利事业服务的宗旨，他们努力发行福利彩票。今年国庆节他们又设了2000万元福利彩票发行销售，赢得了广大市民的广泛参与和支持。

例中有两处用了"他们"。原文分作两句，可将句号改成逗号，即合成一句。合成一句后，两处的"他们"都可以承上省略。即改成："……的宗旨，努力发行福利彩票，今年国庆节又设了2000万元福利彩票发行销售……"

（三）生动形象

形象生动的词语可以唤起人们的联想和情感，对客观事物获得真切的感受。中国古典诗词之所以具有巨大的艺术魅力，善用形象的词是一个重要的原因。"红杏枝头春意闹"其中的"闹"字确实好，它使人想到鲜花怒放，甚至想到蜂飞蝶舞……总之，一切生机勃勃的春天景象的联想和感受都会被调动起来，以丰富诗的意境。无怪乎清末文论家王国维赞叹说："著一'闹'字，而境界全出矣。"（王国维《人间词话》）

语言要具体形象，描写事物时会使之活灵活现，色彩分明；模拟声音时则真切可感，悦耳动听；抒发感情则要求将爱憎、悲喜、激昂、柔婉、庄重、诙谐等感情溢于言表，打动读者和听众。尽量选用能反映事物的突出特征、能立刻就抓住读者和听者的词语。要使语言生动形象，就要在词语的锤炼上下苦功。

不论写的是什么，如果有一个词是最适合、最能表现它的，我们就要去找。但这个找不是找那些难字、怪字、僻字，而要在普通常用的词语中去挑选。动词、名词、形容词的选择尤为重要。

动词是表示动作、行为、变化、联系等的词。动词用得是否贴切，往往是一篇文章或一首诗词写得是否形象生动的关键。尤其是

第四章　修辞偏误分析　·161·

诗词写作更加强调语言的形象生动，特别讲究动词的锤炼。例如，王安石的"春风又绿江南岸，明月何时照我还"两句，诗中的"绿"字原本用的是"到"，后改为"过"，再改为"入"，又改为"满"，最后才改定为"绿"。"到"、"过"等字并非不准确，但在效果上绝对不如"绿"给人以生动传神而又新鲜的印象。让色彩词"绿"动起来，并且作为主语"春风"的谓词，实现一种超常搭配，实在是前无古人。"到"与"绿"虽一字之差，但就是这一个"绿"字成就了王安石的千古名句。由此可见，动词的锤炼对于写诗作文是何等的重要。

形容词是表示性质状态的词。写文章不可避免地要用到形容词。文章要写得准确、鲜明、生动、形象，富有文采，引人入胜，耐人寻味，就要恰当地运用形容词。形容词用得出色，文章便生色。而要形容词用得出色，就必须精心锤炼，精心推敲。选用形容词，要注意色彩、程度，修饰描写要恰如其分。

名词是表示事物名称的词。似乎该叫什么叫什么，不存在挑选的问题，其实不然。如标题：

10. 树顶巢居两年　阻止砍伐古杉（shān）
　　"有巢氏"凯旋　　　（图片标题《北京青年报》）

图片说的是美国环保人士朱利娅在伐木公司同意不砍伐加州的一片古树木后，从她居住两年的"树巢"上下来。"有巢氏"，中国古代传说中巢居的发明人，出自《韩非子·五蠹》。标题"有巢氏"借指巢居于树木之上的人。

用这个词不仅新颖贴切，而且把古老的历史传说和现实生活中发生的事件巧妙地联系起来，提高了标题的文化含量，使之更具有可读性。名词的使用主要应注意概念的准确、色彩的恰当、用法的规范等。

11. 在天底下，一碧千里，而并不茫茫。四面都有小丘，平地是绿的，小丘也是绿的。羊群一会儿上了小丘，一会儿又下来，走在哪里都像给无边的绿毯绣上了白色的大花。那些小丘的线条是那么柔美,就像没骨画那样,只用绿色渲染,没有用笔钩勒,于是,到处翠色欲流,轻轻流入云际。(老舍《内蒙风光》)

文中写到的草原上的白色羊群,人们很容易平平淡淡地直说,而作家却把这形象地比喻为"绿毯绣上了白色的大花"。下面写到辽阔的草原,人们也容易用"一望无边"一类的词语描写,作家却写成"翠色欲流,轻轻流入云际"。这样描写,使人浮想联翩,像被带入了那如诗如画的内蒙古大草原。

不只是景色描写要求形象生动,就是表示一般叙事的词语人们也追求做到这一点。例如:

12. 不能这样一句对一句地叮当下去了,祝同康先自软了下来,叹了一口气。(蒋子龙《赤橙黄绿青蓝紫》)

13. 孩子们的妈才收早工进家,前脚张罗给我们沏红糖茶,后手急忙从柜子里找出藏着的柿饼、核桃;一边点火做饭,一边把几个月来当队干部的丈夫受气、受累,大儿子的对象,小姑娘的老师,以及娘家母、舅舅、表叔……三亲六邻家里屋外的事一嘟噜一嘟噜地往外端。(黄宗英《大雁情》)

例12中的"叮当",象声词,这里活用作动词,表示激烈的争吵。例13中的"嘟噜",量词,常用于连成一簇的东西,如葡萄,这里表示话语多。以上这些词语形象生动,给人的感受真切而深刻。

(四)新鲜活泼

清代李渔说:"人惟求旧,物惟求新;新也者,天下事物之美称也。而文章一道,较之他物,尤加信(确实)。"(《闲情偶记》)文章如果堆砌陈词滥调,就显得单调呆板,只能使人望而生厌。

语言要做到新鲜活泼,很重要一点就是词语要用得巧、用得奇,韵味深厚,情趣盎然。例如:

14. 那溅着的水花，晶莹而多芒；远望去像一朵朵小小的白梅，微雨似的纷纷落着。据说，这就是梅雨潭之所以得名了。但我觉得像梅花，格外确切些。轻风起来时，点点随风飘散，那更是杨花了。——这时偶然有几点送入我们温暖的怀里，便倏的钻了进去，再也寻它不着。（朱自清《温州的踪迹》）

末句是写的水珠溅在胸前的衣服上，很快被吸干，看不出来。这么一个人们不加留意的、平平常常的小事情，作家却把它写得那么有趣味，"温暖的怀里"、"倏的钻了进去"、"寻它不着"，分明是一个小淘气躲进了人们怀里，和人们捉起迷藏来。这给美丽的瀑布景色，平添了一份灵动之气，洋溢在字里行间的童趣为人们带来了欢乐。

语言的新鲜活泼，往往和放开笔墨、灵活地运用词语分不开。例如：

15. 那时，"同志"是推翻反动王朝，建立人民政权的高度凝合剂。一声"同志们，冲啊！"召唤起千万个志同道合的优秀儿女，打出一个崭新的中国。后来，"文革"搞窝里斗，整得人见人怕，跟刺猬窝似的，躲还来不及，还同什么志呀？所以有一阵子全国流行师傅，无论老幼男女，连同军人带干部都享受到车间待遇。但好赖算是尊称。（林鸣《称谓变迁再变迁》）

例中把"同志"称作政治上的"凝合剂"，用战场上冲锋时的呼喊"同志们，冲啊"使"召唤"形象化，用"窝里斗"、"跟刺猬窝似的"来比喻"文革"期间的残酷斗争。不说"不再称同志"，而是拆用词语并用反问句说成"还同什么志呀"；不说"无论什么人"而是夸张地并带有戏谑的语气说"无论老幼男女，连同军人带干部"；不说"称呼师傅"，而说"享受到车间待遇"。"算是尊称"之前还特意加上一个苦涩的修饰语"好赖"。整段文字作者熟练驾驭语言，不拘一格，信笔挥洒，活泼风趣，用语新奇，无陈腐之气，使人耳目一新。

16. 春节假期过半
"122""119"安安静静 （标题《北京晚报》）

报道讲的是 2001 年春节假期已经过去的几天中，"122"交通事故报警台和"119"火灾报警台均无重大事故报警。标题不说"春节假期过半未发生重大交通事故和火灾"，而是别具匠心，选取"报警台"这个角度来报道；也不直说"无重大事故报警"，而说"安安静静"，表现出了新世纪的春节平安吉祥。

二、词语偏误类型

修辞中的词语偏误，主要表现为以下几种类型。

（一）词语表意不确切

表意确切，包含两个方面的内容：一是概念要明确，二是搭配要稳妥。概念是思维的基本形式之一，它反映客观事物的一般的、本质的特征。概念明确就是指恰当。搭配稳妥，就是要符合语法规则。主谓、动宾、偏正之间的搭配既要符合事理逻辑，又要符合语言习惯。

1. 词语概念不明确

先看作家推敲名词以使概念明确的例子：

17. 原文：但这种解释未免过于"摩登"，因为原始人没有十九世纪的学者那么有闲，他的画一只牛是有缘故的⋯⋯（鲁迅《门外文谈》，见《鲁迅手稿选集》）

改文：⋯⋯因为原始人没有十九世纪的文艺家那么有闲，⋯⋯

18. 原文：何况《四库全书》还挂着钦定的招牌，使后世的读书人，即使不看原本，还嗅得出血腥来。（唐弢《雨夜杂写》，见《投影集》）

改文：⋯⋯使后世的读者，即使不看原本，还嗅得出血腥来。（见《唐弢杂文选》）

例17把"学者"改为"文艺家"。"学者"是指在学问上有一定成就的人,"文艺家"是指在文艺创作上有一定成就的人,两者所指不同。鲁迅在这里讽刺"为艺术的艺术",故改。例18把"读书人"改为"读者"。"读书人"是旧时知识分子的统称,"读者"是指阅读书刊文章的人,"读者"包括的范围比"读书人"大,对清朝文字狱的祸害,不只是知识分子能认识,旧时普通的读者也能认识,改后适用范围更广,意义更明显。

19. 原文:我和他对面坐着,在一个极漂亮的书斋里,这分明是很尊敬的款待呀!(叶圣陶《隔膜》,见《叶圣陶选集》)

改文:……这分明是很优厚的款待呀!(见《叶圣陶文集》第1卷)

20. 原文:鲁大海:凤儿,你不要看这样威武的房子,哼,这都是矿上压死的苦工人给换来的。(曹禺《雷雨》,见《曹禺剧本集》)

改文:……凤儿,你不要看这样阔气的房子,……(见《曹禺选集》)

例19把"尊敬"改为"优厚"。"尊敬"是对人的态度,"优厚"才是对款待的评价,更恰当。例20把"威武"改为"阔气"。"威武"是力量强大的意思,"阔气"是奢侈豪华的意思,前者侧重于"神",稍有赞美之意,后者侧重于"形",褒誉中略有微词,故改。

还有一种情况,一对同素逆序词,意义上有细微的差别,作者通过调整语素的次序,使表意更加准确鲜明,使词语更切合题旨、情境。例如:

21. 原文:魏王:什么平原君、春申君、孟尝君,都爱把国家的存亡来作为你们沽名钓誉的工具,你们何尝爱国?不过爱你们的声名罢了!你们要爱你们的声名,我却不能不爱我们祖宗留下来的国家。(郭沫若《虎符》,见《郭沫若选集》下卷)

改文:……你们何尝爱国?不过爱你们的名声罢了!你们要爱你们的名声,我却不能不爱我的祖国。(见《沫若剧作选》)

22. 原文：这一类比起"牛头马",多转了个弯,当然是复杂些了,但本质还是言语游戏。(矛盾《关于歇后语》,见《鼓吹集》)

改文：……但本质还是语言游戏。(见《矛盾文艺评论集》)

23. 原文：他们永远是这样地开始了新的路程:没有固定的目的地,没有存储的食粮,没有工作,就是走,走向一个新的地方。(巴金《五十多个》,见《巴金短篇小说选集》)

改文：……没有固定的目的地,没有存储的粮食,……(见《巴金选集》上卷)

24. 原文：试想想,在一撮撮看似平凡的泥土里,寄托了人们多少丰富深厚的情感!(秦牧《土地》,见《人民文学》,1961年第4期)

改文：……寄托了人们多少丰富深厚的感情!(见《长河浪花集》)

例21把"声名"改为"名声"。这一对词都可以表示"在社会上流传的评价",是同义词。但"声名"现常用语成语"声名狼藉"中,常含贬义;而"名声"是个中性词,有"好名声"、"坏名声"的说法。玩味文意,魏王是在仿拟信陵君的口吻"你们的"来讽刺他们,所以宜用"名声",况且"声名"一词渐见少用,这里的改动,一则为了规范,二则为了准确。例22把"言语"改成"语言"。这一对词在语言学里是两个不同的概念,一般用法,浑言之称"语言",析言之则分为"语言"和"言语"。在非语言学专门著作中,一般用"语言"。例23把"食粮"改为"粮食"。"食粮"现常作比喻意义,如"精神食粮"、"工业食粮"等;"粮食"既可作比喻意义,又可实指,这里是实指,所以用"粮食"为好。例24把"情感"改为"感情"。"情感"常指"喜欢、愤怒、伤悲、恐惧、爱慕、厌恶等的心理反应";"感情"除了表示上面这些心理反应以外,还可以表示对人或事物关切、喜爱的心情,如"他俩感情好"。对于土地,作者要表达的真实这种心情,所以用"感情"比用"情感"好。

25. 原文：然而这是怪人,要不然,也一定是滑人,并无"独立识见"可言,是不足为训的。

改文：然而这是怪人，要不然，也一定是獝人，并无"独立识见"可言，是不足为训的。(唐弢《"提起时代"》，见《投影集》)

例 25 中把"滑人"改为"獝人"。"滑人"仅指油滑而已，"獝人"则指"狡獝"。经改，更能激起人们对怪人的厌恶和憎恨。

(二) 词语前后搭配不稳妥

选用词语时，要特别注意前后的意义配合关系，否则表意就不确切。

26. 病房只住着一个被烈火烧伤的重伤员。这时，小分队的同志们已经有些累了，但谁也没有显出松懈。他们严肃认真、一丝不苟地在这一个观众面前表演起来。

"没有显出"似乎只是没有显露出来而已，显得消极，没能准确地表现出小分队的同志们慰问伤病员的热情，和下文的"严肃认真、一丝不苟"也不对应。可将"显出"删去。

27. 今日洞庭，诗意盎然，彩笔难绘，简直是一个用珍珠砌成额度崭新世界。(郭璞《珍珠赋》初稿)

用颗粒状的珍珠来"砌成……"不贴切。后来把"砌"改成"缀"，它有连缀组合与装扮的意思，形象地描绘出了洞庭湖的新气象。

28. 购物中心的新老朋友们：

当新年钟声敲响的时候，购物中心已经伴您度过了九个春秋。在我们成长的每个脚印中都有您关注的目光。我们将在社会各界的厚爱与支持中继续把"中心"办成百姓喜爱的商场，您的满意是我们最大的收获。祝朋友们万事顺心，财源滚滚！

中心经理×××

"在我们成长的每个脚印中都有您关注的目光","成长的脚印"这两句表述都存在一些逻辑问题。何谓"脚印中"都有"关注的目光"?这些搭配一味追求华丽但意义上显得牵强附会,华而不实。因此,如果是不合事理使人费解的描写,哪怕辞藻华丽也无济于事。

29. 山舞银蛇,原驱腊象,欲与天公试比高。(毛泽东《沁园春·雪》初稿)

1957年1月《诗刊》正式发表这首诗时,毛泽东同志把"驱"改为"驰",使"象"由被动变为主动,具有生命力。后来毛泽东又接受了臧克家的建议,把"腊象"改为"蜡象",正好与"银蛇"相对,对仗工整,表意深刻。

(二)词语的色彩不相宜

汉语词的意义包括理性意义和色彩意义以及语法意义。当我们感知到一个词或者它们对应的文字时,会产生一些除了理性意义之外的联想或者记忆、感受。比如,"赞同"和"苟同",都包含同意的意思,但两者所体现的说话者的态度有所区别。"赞同"体现的是一种积极的态度,而"苟同"体现的是一种消极态度。这就是词的色彩意义。在色彩意义中,主要有感情色彩、语体色彩以及形象色彩。下面将感情色彩、语体色彩方面展开来谈。

1. 词语的感情色彩不相宜

有些词语本身带有较为明显的褒贬色彩,有时变换词的形式能附加感情色彩。这些词语调配得当,就能收到好的表达效果;调配失当,就会出现感情色彩上的问题。例如:

30. 原文:是呀!你不信!我是七连的通讯兵。夏店火线上挂了花,那天,大队伍过河,把我托给这个老乡!(刘白羽《同志》,见《火炬与太阳》)

改文:……夏店火线上挂了花,那天,大队伍过河,把我托给这个老大爷!(《刘白羽散文选》)

31. 原文：君子之徒曰：你何以不骂杀人不眨眼的军阀呢，斯亦卑怯者已。我是不上这些诱杀方法的当的。(鲁迅《〈坟〉的题记》，见《鲁迅手稿选集续编》)

改文：……但我是不上这些诱杀 手段的当的。(鲁迅《〈坟〉的题记》)

例 30 把"老乡"改为"老大爷"。经改，"我"对老大爷的敬爱之情油然而生，从而烘托出在战火纷飞的年代里人民和子弟兵的骨肉之情。"老乡"是中性词，改称"老大爷"情真意切。例 31 把"方法"改为"手段"。"方法"是中性词，"手段"带贬义，经改，更适于表达作者对"正人君子"的"软刀子割头"的憎恶。

32. 原文：我给他们每人一支烟，握了握他的手，只觉得他手面上疙疙瘩瘩的，仔细一看，上面有三四个紫葡萄似的血泡。(魏巍《挤垮他》)

改文：我敬他们每人一支烟，握了握他的手，……(魏巍《谁是最可爱的人》)

33. 原文：可是小王本来可以不揍媳妇，因为他轻易不家来，还愿意回回闹气吗？哼，有老王和二妞在旁边唧咕啊。(老舍《柳家大院》，见《赶集》)

改文：……哼，有老王和二妞在旁边挑拨啊。(见《老舍短篇小说选》)

例 32 把"给"改为"敬"。经改，"我"对人民解放军的敬爱之情油然而生，"给"是中性词，改用"敬"情真意切。例 33 把"唧咕"改为"挑拨"。"唧咕"是中性词，"挑拨"为贬义词，带有煽动性。经改，进一步点明了小王揍媳妇的原因，也更适于表达作者鲜明的爱憎。

2. 词语的语体色彩不相称

语体色彩又叫文体色彩，有些词语由于经常用在某些语体中，便带上了该语体所特有的色彩，有的具有口语色彩，有的具有书面语色彩。汉语中的大部分词没有明显的语体标示功能，可以用于各种语体，但也有相当一部分词语具有相对鲜明的语体标示功能，如"寻思——思考"、"自个儿——独自"、"老家——祖籍、籍贯"、"小孩——儿童"、"好处——实惠"、"老外——外宾"、"机灵——聪颖、聪慧"、"好像——仿佛"、"看病——就诊"，等等。前者适用于口语，后者适用于书面语。

词语的语体标示功能具有重要的修辞价值。这不仅体现在本民族语言修辞中，同样也体现在跨文化交流或传播中。在翻译中，词语的语体标示功能也具有重要的修辞价值。比如，英语的"communication"具有多种意义，翻译成汉语有多个同义词：通讯、通信、交通、交流、交际、传播，等等。但在不同语境中，"communication"却可以翻译成不同的词语，如"交通银行"、"人类交往"、"跨文化交流"、"传播学"，等等。实际上，在"传播"、"传播学"的翻译中，用"交际"、"交流"乃至于"交际学"、"交流学"也不是不可以，理性意义没有多大差异。但为什么要翻译成"传播"、"传播学"呢？风格效果不一样。因为"传播"、"传播学"的书面语特征比较突出，具有雅致的风格特点，而"交际"、"交流"以及"交际学"、"交流学"，口语特征明显。这说明词语语体功能在翻译中具有重要的价值。再来看下面一段话：

但为了"Academician"，科学家们还是煞费了心思。起初拟为"会员"，觉得太俗。而后称为"学侣"，"院侣"，没有科学倒有了宗教味。又说译为"院员"吧，更不好听，好像扫大街的清洁工。几经周折，傅斯年先生倡议称"院士"。真是一个好词，听着看着都有了深邃和高雅的感觉。交给"评议员"们去表决，一致通过。（邓琮琮、张建伟《中国院士诞生记》）

如何翻译英语中的"Academician"？上例就是当时科学家们经历的几种选择过程。为什么科学家们选择了几个词语都觉得不合适呢？为什么最终选了"院士"呢？不言而喻，主要是"会员"、"学侣"、"院侣"、"院员"等词语的语体及风格差异造成的。中国的学会、协会、理事会太多,"会员"一词在日常生活中使用频率较高,所以作者说俗气。"学侣"、"院侣"中,虽然语素"学"、"院"比较典雅,但"院"、"侣"相连又会使人联想到"寺院"和"僧侣",故作者说有宗教味。"院员"一词中,语素"员"多用于口语中,如"成员"、"店员"以及后来的"管理员"、"饲养员"、"售货员"等,大众气息比较浓。而"院士"中的"院"和"士"很少搭配,其语素义比较文雅,且"士"在历史语义就是指知识分子,中国古代有"士大夫"一说。此外,"勇士"、"壮士"、"烈士"中"士"的语素义也不俗。由此看来,当时科学家们选用"院士",即使到了今天,也具有很强的修辞理据。

再来看名家改笔:

34. 原文:她隔不两天总爱替他们<u>沐浴</u>,我们笑呼为"诗人的洗礼"。(郭沫若《三诗人之死》,见《山中杂记》)

改文:她隔不两天总爱替他们<u>洗澡</u>,……(见《沫若文集》第5卷)

35. 原文:深秋的天气晴朗得连人的内脏都<u>拂拭</u>干净了似的……(巴金《鬼》,见《巴金短篇小说选集》)

改文:深秋的天气晴朗得连人的内脏都<u>揩</u>干净了似的……。《巴金选集》上卷)

36. 原文:我羞愧地、愤怒地说:"妈,你好羞呀!<u>父亲</u>死了不到一年,你就陪别人玩!"(巴金《奴隶的心》,见《巴金短篇小说选集》)

改文:……"妈,你好羞呀!<u>爹</u>死了不到一年,你就陪别人玩!"(见《巴金选集》上卷)

37. 原文:"我说,我不想释放,"浓眉毛重复地说,比前更加激动了,"我已经没有家,没有自己的土地,爹给地主害死了,<u>妻子</u>被逼跑了,孩子是我自己摔死的。"(唐弢《释放四题》,见《投影集》)

改文:……爹给地主害死了,<u>老婆</u>被逼跑了,孩子是我自己摔

死的。"（见《唐弢杂文选》）

例34把"沐浴"改为"洗澡"。"沐浴"是书面语动词，"洗澡"是口语动词，经改，更符合口语交际的语境。例35把"拂拭"改为"揩"，道理同上。例36、例37中的称谓作了改动后，更符合说话人的身份和交际语境。

（三）词语表意不够切合情理

艺术的真实来源于生活的真实。文艺作品如能给人以美的享受，首先必须是真实的——并不只是生活中已经有的，而是可能有的。我们的许多作家，在追求艺术形象可信的同时，总是注意语言贴切、稳妥、合情入理。从很多名家的改笔中，我们发现，很多作家有意把表意笼统的词改为表意具体的词，或者把表意具体的词改为表意笼统的词，以求切合情理。例如：

1. 把表意笼统的词语改成表意具体的词语

38. 原文：一条乡下"赤膊船"赶快拢岸，岸上人揪住了泥岸上的茅草，船和人都好像在哪里打秋千。（茅盾《春蚕》，见《矛盾选集》）

改文：……岸上人揪住了泥岸上的树根，船和人都好像在哪里打秋千。（见《矛盾短篇小说集》上卷）

39. 原文：水手们向我说，他跳水的时候，脱下了头上的帽子，高举在空中画圆，口中叫了三声万岁，就扑通一声跳下海里去了。（郭沫若《残春》，见《山中杂记》）

改文：……他跳水的时候，脱下了头上的帽子，高举在空中画圈，口中叫了三声万岁，就扑通一声跳下海里去了。（见《沫若文集》第5卷）

例38把"茅草"改为"树根"。二者虽然都是平淡无奇的事物，但是稍加体会便会惊叹作者的匠心。熟悉江南水乡生活的人大都知道，生长在河岸、淤塘边的茅草都是根底不深的，容易被拔起，经不住船上人们的揪,改为"树根"就合理了。例39 把"圆"改成"圈"。画圆是有意识的动作,画圈是无意识的。鲁迅曾经描写过阿Q画圆,那是非常精彩的一笔,作者在这里并不想描述类似阿Q的那种情态,而是想描述那种准备葬身鱼腹的气概,画"圈"自然比画圆传神。

40. 原文:皇帝的脸色马上阴沉下来,他发了脾气,就顺手把桌上的东西丢在地上打碎了。(巴金《长生塔》,见《巴金短篇小说选集》)

改文:……他发了脾气,就顺手把桌上的茶杯丢在地上打碎了。(见《巴金选集》上卷)

41. 原文:这两个条陈很重要,照着去做,表面上立即改观,想来一定采纳。(叶圣陶《前途》,见《叶圣陶选集》)

改文:……照着去做,市容立即改观,……(见《叶圣陶文集》第2卷)

例40把"东西"改为"茶杯",例41把"表面上"改成"市容。"这两例都是把比较抽象意义的词改为表示比较具体意义的词。打碎"茶杯"比打碎"东西"具体、形象;"市容"比"表面"明确、具体。经改,具体真实感跃然纸上。

2. 把表意具体的词语改成表意笼统的词语

42. 原文:一船一船的孩子
从各个战区运到重庆
只剩下国家是他们的父母……(何其芳《成都,让我们把你摇醒》,见《中国现代文学史参考资料·新诗选》第二册)

改文:一船一船的孩子
从各个战区运到后方
只剩下国家是他们的父母……(《何其芳选集》第1卷)

43. 原文:你看过公社大队长率领着一群老农在巡田的情景吗?(秦牧《土地》,见《人民文学》1961年1、2月号合刊)

改文:你看过公社干部率领着一群老农在巡田的情景吗?(见

《长河浪花集》)

44. 原文：拣了一张可以眺望窗外的椅子，李元瑜坐下去，看着灰暗的天空飞着仓皇的归鸦，他的心中无端地生起了凄迷之感。……（靳以《生存》，见同名小说集）

改文：拣了一个可以眺望窗外的地方，李元瑜坐下去，看着灰暗的天空飞着仓皇的归鸦，他的心中无端地生起了凄迷之感。……（《靳以文集》上卷）

例42把"重庆"改为"后方"，例43把"大队长"改成"干部"，例44把"椅子"改成"地方"，这三例与上面几例相反，都是把表示比较具体意义的词改为比较抽象意义是词，这样改也是为了使叙述更加切合情理。"后方"更能与"战区"相对，"干部"比"大队长"更具有代表性，"眺望窗外"首先选择的是"地方"而不一定是"椅子"。

（四）成语偏误

成语是人们长期以来沿袭使用的一种文字简洁而意义精辟的固定词组。成语的来源有两个方面：一是从书本上来的，二是从口语里传下来的。从书本上来的又分两类：一类来源于古代寓言和历史故事，即有出典的成语，如"塞翁失马"、"揠苗助长"等；另一类是古典作品中的成句，如"知己知彼，百战不殆"等。还有一类是从口语里传下来的，如"颠三倒四"、"七零八落"等。

成语的基本特点是，它的构词形式和含义都是固定的。此外，成语还具有形象生动，言简意赅的特点。

1. 成语的修辞作用

（1）意蕴深厚。成语是一个含义丰富深刻的整体，许多来自神话寓言、历史故事、诗文语句，表现出了人民群众实践智慧结晶的俗语，所以文化含量高，意蕴深厚。

（2）文字精练。一般词组常常包含多音词，尤其是双音词，而成语则多由单音词构成，而且很少运用表示结构关系的虚词，因而显得十分精练。

（3）生动具体。一个单独的词显得生动，往往依赖于特定语境的配合。成语不尽相同，它是由几个词组成的一个整体，带有描写性，自身能给人以生动具体的感受。

（4）风趣诙谐。有的成语不仅文字精练，而且风趣诙谐。"他有一条戒尺，但是不常用，也有罚跪的规则，但也不常用，普通总不过瞪几眼，大声道：'读书！'于是大家放开喉咙读一阵书，真是人声鼎沸。"（鲁迅《从百草园到三味书屋》）"人声鼎沸"形容水在鼎里沸腾的样子，一般用于表示人声喧闹嘈杂。文章用这一成语形容孩子们在老师严厉督促下"放开喉咙"的读书声，带有夸张的意味，语言幽默。

（5）新鲜别致。成语当中有许多意义不是字面的语意，而是一种比喻义。但是人们在运用时，有时不取其比喻义而取其字面意义，因而显得新鲜别致，引人入胜。如《我的空中楼阁》，这是台湾作家李乐薇一篇散文的题目，"空中楼阁"意为建在半空中的楼阁，比喻脱离实际的、没有基础虚无缥缈的东西。这里指建造在山上的小屋。

2. 成语运用中常见的偏误

（1）理解不够正确。成语有不少源于历史故事、神话寓言、诗文语句，对一些比较生疏的要查阅工具书，或请教他人，切不可望文生义，想当然。如下例：

45. 她这个人清高自负，对那些衣着豪华、佩金戴银，显得美轮美奂的"贵妇人"，总是看不顺眼。

"美轮美奂"，形容华丽的房屋高大而众多。《礼记·檀弓下》："晋献文子成室，晋大夫发焉。张老曰：美哉轮焉！美哉奂焉！"轮：高大的样子；奂：形容众多。"美轮美奂"可改为"雍容华贵"。

一些字面上似乎简单易懂的成语，也要防止弄错。例如：

46. 那个黄头发的青年见魏不肯拿钱，便气极败坏地抢下出租车钥匙，掏出凶器，来搜魏的衣袋。

"气极败坏",应为"气急败坏"。"气急败坏"指上气不接下气,狼狈不堪的样子,形容十分慌张或羞恼。

(2)运用不够贴切。如下例:

47. 她比大家大一点,深受大家的敬重。平时店主任在,她是营业员;店主任不在,她就代理主任的工作。主任回店,她又心安理得地退回到助手位置。

"心安理得",意为自信事情做得合理,心里坦然。这里讲的是"她回到助手的位置上,仍旧去当营业员,不存在"自信事情做得合理不合理"的问题,用在这里不贴切,可改为"她又愉快地(或安心地)回到……"

48. 我们学习雷锋并不是就事论事地学,每个人都去参加解放军,都去打扫火车站,送老大娘回家,等等。而是学习他的革命精神。在当前,就应该为伟大的民族复兴贡献自己的一切。

"就事论事",意为按照事情本身情况来评论是非得失。这是讲的"论事"所应遵循的原则,采取的态度,同学习雷锋是性质不同的事。如果修改时没有合适的成语,也可以用一般词语。这一个分句不妨改成:"我们说学习雷锋并不是简单地模仿。"由于成语多为四字结构,它还具有匀称和谐之美。

3. 成语的活用

使用成语一般还要求原形使用,即不能任意改变成语中的任何一个词素及其结构的顺序。但有时也可根据表达需要恰当地活用成语,以收到更好的表达效果。成语的活用是指为了表达的需要将成语灵活地加以运用,这是一种常见的修辞手段。原来的成语称为原形,活用的成语称为变体。所谓成语的活用,就是临时改变成语的结构或意义,即变换一些成分,或者赋予成语以新的意义和用法。成语的活用又可以分为内容和形式两个方面:形式的活用主要是指通过增字、减字、换字及变序等手段改变成语的结构,使成语的形式发生变化;内容的活用主要是指改变成语的本来含义和使用场合,或者改变成语的感情色彩,褒词贬用或贬词褒用。而这两个方面又常常是结合在一起的。成语活用主要有以下六种方式:

(1)套用,套用即更换原形中的成分,主要是"换字"。这种情况在语言的运用中最为常见。例如:驻足远眺,书海茫茫,不能不望书兴叹了。"望书兴叹"的原形是"望洋兴叹",类似的成语还有"望楼兴叹"等。

(2)谐音,即利用相同或相近的字音来替换原形中的成分。这种方法在许多商品的广告词中较为多见。例如:"一往情深——一王情深(湖南名牌香烟"芙蓉王"广告)"。

(3)拆用,又叫"拆嵌",即在原形中间增字。例如:"事实胜于雄辩,水落自然石出。"

(4)易色,即改变原形的感情色彩,褒词贬用或贬词褒用。例如:"既异想天开,又实事求是,这是科学工作者特殊的风格。"("异想天开"本来带贬义,指想法离奇,难以实现,在这里则贬词褒用,使语言幽默活泼)

(5)易序,即临时改变成语的结构顺序,调换其中的结构成分。例如:早已森严壁垒,更加众志成城。("森严壁垒"的原形是"壁垒森严")

(6)曲解,即将用于某一事物的成语临时用于另一事物。例如:"自打接连生了几个孩子,家里的生活水平可以说是一日千里,急转直下。""一日千里"本来用以形容社会发展迅速,在这里却用于形容生活水平急剧下降。

成语是一种固定的语言结构,活用成语时必须慎重、合理,确实需要才偶尔为之,千万不能滥用,更不能把成语的活用当作成语的常规用法。同时,成语的活用还要注意误导的问题,即不能影响人们对成语原形的正确理解和使用。尤其是在今天,广告犹如空气弥漫到人们的生活中,影响极大,若为了商业利益而任意拆用、滥用成语,必将会对部分观众或读者(尤其是青少年)产生误导作用,影响我们汉语语言文字规范工作。这是我们在语言的交际中应当避免的。

4. 成语活用中常见的偏误

（1）要理解成语原形的意义。活用成语时，一定要对原形的每个词及其所表示的整体意义都理解，不然就会出错。例如：

49. 198块石碑（孔庙内的碑林）是民族文化遗产的一部分，它历经百年沧桑仍能保存较好，但却在最近这三年间迅速损毁，我们不禁要问，是什么原因使这些冥顽不化的石碑损毁得如此严重和迅速呢？

"冥顽不化"，应该是成语"冥顽不灵"的活用，原义形容愚昧无知。冥顽：昏庸愚钝，不明事理。灵：灵敏，聪明。作者将变体用以形容石碑，非常不妥。可改为形容词"坚固"。

50. 上海修改《婚姻登记管理办法》
"劳燕分飞"不再难（新闻标题）

古乐府《东飞伯劳歌》："东飞伯劳西飞燕，黄姑（牵牛星）织女时相见。""劳燕分飞"，比喻别离。劳：伯劳鸟，后借指离别的亲人或朋友。而报道说的是今后办理离婚手续，只要双方就住房安排达成协议即可，民政部门将不再充当娘舅，同时也不再把离异事实通知当事人单位和户籍所在地。变体将这一成语用于离异双方的离婚，感情色彩不对。原形"劳燕"所指范围也较宽。

（2）活用不够恰当自然。要想通过活用成语来提高表达效果，切忌生搬硬套。下例欠妥：

51. 据了解，全国各地的"水景"如长白山天池、云南滇池、北京密云水库等都受到了不同程度的污染，"每况愈加"的"游人污染"威胁着它们脆弱而敏感的生命。

"每况愈加"，应该是成语"每况愈下"的活用。原形意为情况越来越坏，这里的"下"是指情况讲的；变体将原形的"下"改为

"加",根本没有必要,画蛇添足,多此一举,令人费解。

52. 咳不容缓

这是一则止咳药的广告,是成语"刻不容缓"的活用。原形意为连片刻也不能拖延,形容形势紧迫。变体利用谐音将"刻"改为"咳",事实上变为"咳不容缓"之后,正确的理解应该是"咳嗽不能拖延,急着要咳出来"。显然,广告宣传的不是这个意思。"不容缓"应是就治疗讲的。变体将所要表达的意思简单地说成"咳不容缓",弄巧成拙。

第四节 修辞中的句子偏误

一、句子锤炼概述

句子锤炼就是炼句,即为了增强表达效果而认真地安排、选择语句,可以有效地添加文采,增强语言的表现力,收到理想的修辞效果。

在语言规范层面上,修辞行为必须遵守现代汉语语法规则:每种词类有自己的语法功能,因此在充当句子成分以及组合时就应该照章行事;词语的搭配受句法和语义关系的制约,表达者当然也要首先服从这些规则。否则,就会产生在第三章中介绍过的种种病误。

但任何一种语言的语法规则既有强制性的一面,这就是规范层面;也一定有灵活性的一面,这就是修辞层面。现代汉语语法的特点(如形态化不明显,语序和虚词是两个重要语法手段等),为语言表达中的灵活性提供了条件,如倒装、省略、插补等句子变化形式就是其典型表现。

此外,我们也可以有效地利用句子形体结构的差异、句型和句类内部差异等句式所具有的修辞价值以及其间的转化来创造灵活多变的表达形式,以丰富修辞表达形式,提高表达效果。这类具有一定的形式特征，也有特定修辞价值的句子类型，就叫修辞句式。这里对几种主要的修辞句式及其作用作一些简要的分析。

（一）句子形体结构的选择与调整

句子形体结构的选择与调整是指对句子的长短、整散等形式的相对选择加工，以适应特殊的语境，达到特定的表达目的。

1. 长句与短句

从修辞表达形式上看，有的句子结构复杂，修饰成分多，命题前后停顿间的时间跨度大，这就是长句。有的句子结构简单，修饰成分少，命题前后停顿跨度小，这就是短句。句子的长短是相对的，但根据形体特征和语义构成，能够对它们作出区别。比较下面三句，显然前面一个应看作长句，后两个句子属于短句：

1. 古人类学是研究化石猿猴和现代猿猴与人类的亲缘关系、劳动在从猿到人转变中的作用、人类发展过程中体质特征的变化和规律等有关人类起源和发展问题的一个分支学科。

2. 古人类学研究人类起源和发展规律，例如化石猿猴和现代猿猴与人类的亲缘关系、劳动在从猿到人转变中的作用、人类发展过程中体质特征的变化和规律等。它是人类学的一个分支学科。

3. 端丽看看床上的棉帽棉裤，知道这一切已是不可挽回了。想了一想，她弯下腰扶住婆婆："姆妈，你不要太伤心，你听我讲。弟弟这次被批准，说不定是好事情。说明领导上对他另眼看待，会有前途的。"

婆婆的哭声低了。

"你看，这军装军裤，等于参军。军垦农场嘛……"

"不是军垦，是国营。"文光冷冷地纠正她。（王安忆《流逝》）

一般来说，长句多见于科技、事务、政论等用于说理、论证等书面语体中，可以使表达周密、严谨；短句则多见于日常谈话、演讲等口语中，可以使表达形式活泼、内容简洁明快。

2. 整句与散句

在一个话语结构体中，如果表达者故意将两个以上的句子组合成结构整齐、形式划一的句群模式，在修辞上将这类句式称作整句。这类句式往往节奏鲜明、音调和谐、易于上口、语势强烈，能产生形式整齐美观、语势连贯铺排等修辞效果。具有上述效果的整句一般多见于具有文学色彩的语体中，如文学作品、演讲、影视，等等。获得整句效果的方式多种多样，但主要有排比、对偶、反复等几类辞格。下面这段话就利用整句实现了很好的表达效果：

4. 我们生活在一个开辟人类新历史的光辉时代。在这样的时代，人们对许许多多的事物都产生了新的联想、新的感情。不是有许多人在讴歌那光芒四射的朝阳、四季常青的松柏、庄严屹立的山峰、澎湃翻腾的海洋吗？不是有好些人在赞美挺拔的白杨、明亮的灯火、奔驰的列车、崭新的日历吗？

在一个话语结构中，作者故意用零散的句子结构在组织话语，以取得富于变化、错落有致的表达效果，修辞上将这类句式称作散句。散句主要用在叙事性文学表达中，如：

5. 理想不是现成的粮食和画卷，而是一粒种子，一张白纸，需要你去播种、培育、描画和渲染。理想是一片荒漠，而不是葱茏的绿洲，你要去开垦它，改造它。

（二）句法结构类型的选择与调整

这里主要指在修辞行为中，有效利用句法结构类型的特征，选择相应的句子以达到突出信息焦点、统一话题成分、强调内容或情感的目的。例如，主动句与被动句、把字句与被字句等的选择与调整就是常见的两种情形。

1. 主动句与被动句

首先要明确主动句和被动句在表意功能上是有差异的。主动句主要是表叙述——陈述一个动作、事件及其过程；被动句主要表说明——说明人事物。主动句和被动句这种不同的表意功效,使得主动句和被动句具有不同的修辞效果。因此,主动句和被动句自然就成为句子修辞中可供人们调用的又一"同义句式",句式选择的基本原则是:需要叙述时用主动句,需要说明时用被动句。

主动句一般指由施事成分作主语构成的主谓句,其作用是将施事成分作为话题加以突出;而被动句一般是由受事成分作主语构成的主谓句,其作用是将受事成分作为话题加以强调。两种句型各有自己的修辞价值,可适用不同的表达需要。沈括在《梦溪笔谈》中记载了这样一件事:有一天,穆修和张景两位官员走在上朝的路上,忽然看见一匹马飞奔过来,把一条黄狗踩死了。两人都记下了这件事,再加上沈括的记述,共有三种表述:

6. A:马逸,有黄犬遇蹄而毙。(穆修记)
   B:有犬死奔马之下。(张景记)
   C:适有奔马践死一犬。(沈括写)

相同的事件,由于记录的方式不一样,其描述的焦点不同,强调的重点也就不一样了:前面两例将黄犬作为主语,强调的是受事的遭遇;最后一例将奔马作为主语,强调施事实施了某种行为。至于各句效果好坏的评判,则要根据修辞动机、语境等因素才能作出判断。现代汉语修辞中也同样要注意根据修辞需要对两种句型作出合理的选择与调整。下面这则作家改笔就很有代表性:

7. 原文:他会捶死那样一位能征惯战的老将,那样一位赤心耿耿的忠臣,他实在做得太过分了。
   改文:那样一位能征惯战的老将,那样一位赤心耿耿的忠臣被人捶死,他实在做得太过分了。

例7原文摘自1951年版的《郭沫若选集》,它将施事作为陈述对象,突出了"他"的所作所为;例7改文摘自1978年版的《沫若剧作选》,将施事作为陈述对象,突出了"老将"所受到的迫害与遭遇。显然，两个句子各有修辞价值。
2."把"字句与"被"字句
"把"字句是将宾语提前，使施事主语对受事宾语加以处置这一属性得到强调；而"被"字句则是将受事作为话题主语，强调受事所面临的遭遇。如：

8. A：空中呼啸而过的机声‖把熟睡的人们惊醒了。（主动句）
   B：熟睡的人们‖被空中呼啸而过的机声惊醒了。（被动句）

两句话深层意义一样，但陈述对象和强调重点大不一样了。
其他如一般述宾谓语句与主谓谓语句等也和上面句式一样，具有不同的修辞效果和语义侧重。

（三）句子语气类型的选择与调整

不同的语气具有不同的修辞表达价值。同一意义也可以选择不同的语气类型去表达，这不仅取决于表达者的修辞动机，也取决于修辞语境。试对比下面三句：

9. A：冬天来了，春天还会远吗？
   B：冬天来了，春天不会远了。
   C：冬天来了，春天不会远了！

显然，前一句用反问的形式表达出一种昂扬乐观、豁达积极的精神，语气中饱含信心和希望，富有感召力。后一句用陈述句形式，陈述了一个事实，感情上明显平淡许多，读者感受不到任何感召力和激情。第三句在情感上较第二句强烈，表达出对未来的期待，使读者感受到一种坚定的信念。

祈使句语气直露而强烈，除非在命令或指使语境中需要合理使用外，一般情况下可以换用疑问句形式实现祈使意图，以缓和言语氛围，促进交际行为在友好气氛中进行。下面两句话，如果对于一般平级关系的交往对象而言，第一句的效果要温柔和缓得多。

10. A：××同志，谈一谈你自己的看法可以吗？
　　B：××同志，谈谈你自己的看法！

二、句子偏误类型

句子偏误主要有以下几种主要类型：

（一）句式选择偏误

汉语的句式有很多种，根据表情达意的需要，可以灵活选用。所谓句式选择不当，主要指同义句式选用不当。句式选择的总原则就是根据具体的语言环境和表达目的，选择具有最佳表达效果的句式。该句式应该是尽可能准确、鲜明、生动、简练的，尽可能连贯得体的。

1. 单句和复句方面的

11. 原文：我们爱韶山的杜鹃像烈火……
我们爱韶山的杜鹃像朝霞……
我们爱韶山的杜鹃像鲜血……
我们爱韶山的杜鹃遍地开放……
改文：我们爱韶山的红杜鹃，韶山的杜鹃像烈火……
我们爱韶山的红杜鹃，韶山的杜鹃像朝霞……
我们爱韶山的红杜鹃，韶山的杜鹃像鲜血……
我们爱韶山的红杜鹃，韶山的杜鹃遍地开放……

（毛岸青、邵华《我们爱韶山的红杜鹃》）

原文和改文是文章两个结构段开头的句子。原文是单句，改文是复句。为什么把单句改为复句？因为全文的主旨是"我们爱韶山的红杜鹃"，把单句改为复句，有利于突出中心，读起来语气舒缓，有助于抒发缅怀、喜爱、颂扬之情。

12. 原文：多少人喊着你，

扑向灵车；
多少人跑向你，
献上花束和敬礼；
……

（李瑛《一月的哀思》，见《光明日报》1977年1月7日）

改文：多少人喊着你，
扑向灵车；
多少人跑向你，
献上花束，表达由衷的敬意；
……（见《高中语文》第二册）

原文"献上花束和敬礼"读起来有些别扭，"献上花束"合理，但"献上敬礼"不自然。改文调整了句子结构，增加了一个分句，把原来的单句改为复句有利于出中心，读起来语气舒缓自然，表意也更加明确。

13. 原文：我喷出一口一口的烟雾，遮了我的眼睛。（巴金《雨》，见《巴金短篇小说集》）

改文：我喷出一口一口的烟雾，烟雾遮了我的眼睛。（见《巴金选集》上卷）

原句是复句，包含两个分句，这两个分句不是同一个主语，为了结构、表意的完美，改句在后一分句开头增添主语"烟雾"，使句子表意更加明确，改复句为两个单句。

14. 原文：老鼠先是丝毫不动，后来才有一点呼吸；又许多时，四只脚运动了，一翻身，仿佛要站起来。（鲁迅《眉间尺》，见《鲁迅手稿选集》）

改文：……又许多时，四只脚运动了，一翻身，似乎要站起来逃走。（同原句）

15. 原文："进化论嘛！"鲁迅先生微笑着说。（唐弢《琐忆》，

见《1959—1961散文特写选》）

改文:"进化论嘛!"鲁迅先生微笑着打趣说。(见《回忆·书简·散记》)

例14原句最后一个分句的谓语"要站（起来）",是一般的动词谓语句;改句增添谓词"逃走",使整个分句成为以"要站起来逃走"为谓语的连动式句子。改后使描写的内容更加全面完整。例15原句的谓语为两个动词构成的连动短语"微笑着说",改句增添"打趣",使谓语变成为一个三个动词的连谓短语。

16. 原文:……这时,天色已接近黎明,寒冷的风吹着折断的电线。(刘白羽《在朝鲜的第一夜》,见《火炬与太阳》)

改文:……这时,天色已接近黎明,寒冷的风吹着折断的电线<u>呼呼作响</u>。(《刘白羽散文选》)

上例第二个分句,原句用"吹着折断的电线"作谓语,改句增添谓词"呼呼作响",改变句式,是一般谓语句变成兼语式句子,更能显现寒风凛冽。

2. 常式句和变式句方面的

(1) 汉语的常式句。汉语语法学明示汉语句子在语法结构上是由句法成分按照一定的语序组合而成的。汉语的句法成分,主要有主语与谓语、动语与宾语,定语与主语中心、宾语中心、状语、补语与谓语中心等。在语言思维方式的规约下,汉语常规句子句法成分一般这样排列:

主语在前,谓语在后,例如:

17. 他的话‖很有道理。

动语在前,宾语在后,例如:

18. 我‖无法控制<u>蓝色大海对我的诱惑</u>。

修饰语在前,中心语在后。例如:

19. 她‖一手提着竹筐。内‖有一个空的破碗。
         ( )( )~~~
20. 老人背部的佝偻‖不是无因的。它‖为灰茫茫的生活、为
            [
失踪的儿媳、为战死的儿子,载负着|人生过重的苦痛。
       ]

偏句在前,正句在后。例如:

21. 总之,无论它在岸上或在水中,倘若咬人之狗,我觉得都
     偏 句   正 句
在可打之列。

  以上就是所谓的常式句。这些句子的句法语序生成是按照常规思维方式进行的,是人们遣词造句成章过程中的主体句式,是一种正常的表达法。
  (2)汉语的变式句。由于汉语语序的灵活性,有时候人们为了在修辞上突出强调某一个句法成分所承载的语义,就可以采用变换句法成分语序,使它从原有的句法位置上调动到其他位置上,于是,就形成了所谓的变式句。汉语的变式句与相应的常式句及其变换情况如下:
  ① 由主前谓后句(常式句)转化为谓前主后句(变式句)。例如:

22. A:他的话‖很有道理。
  B:很有道理,‖他的话。

  B句为了强调"很有道理",把它从主语后面调到到主语前面,从而使语义更加强烈。

② 由动前宾后句（常式句）转化为宾前动后句（变式句）。例如：

23. A：我‖无法控制|<u>蓝色大海对我的诱惑</u>。
    B：<u>蓝色大海对我的诱惑</u>，‖我无法控制。

B 句把动语"无法控制"的宾语"蓝色大海对我的诱惑"倒置到"我无法控制"之前，成为全句的主语，从而突出强调了"我"对"蓝色大海"的热爱之情。

③ 由定语前置句（常式句）转化为定语后置句（变式句）。例如：

24. A：他‖一手提着竹筐。内‖有|一个<u>空的</u>破碗。
    　　　　　　　　　　　　（　）（　）～～
    B：他‖一手提着竹筐。内‖有|一个破碗。<u>空的</u>。
    　　　　　　　　　　　　（　）～～（　）

B 句把定语"空的"倒置在宾语中心"破碗"后，突出了定语"空的"，强调了祥林嫂的"破碗"里什么也没有，从而具体展现了祥林嫂的悲惨遭遇。

④ 由状语前置句（常式句）转化为状语后置句（变式句）。例如：

25. A：老人背部的佝偻‖ 是无因的。它‖<u>为灰茫茫的生活、</u>
    　　　　　　　　　　　　　　　　　[
    <u>为失踪的儿媳、为战死的儿子</u>，载负着|人生过重的苦痛。
    　　　　　　　　　　　]　　　　　――
    B：老人背部的佝偻‖ 不是无因的。它‖ 载负着|人生过
    　　　　　　　　　　　　　　　　　　　　　　――
    重的苦痛。<u>为灰茫茫的生活、为失踪的儿媳、为战死的儿子</u>。
    　　　　　[　　　　　　　　　　　　　　　　　　　]

B 句把状语"为灰茫茫的生活、为失踪的儿媳、为战死的儿子"倒置在谓语中心"负载"后,成为后置状语。突出了状语"为灰茫茫的生活、为失踪的儿媳、为战死的儿子",强调了造成"老人背部的佝偻"的原因。

⑤ 由前偏后正句(常式句)转化为前正后偏句(变式句)。例如:

26. A:总之,<u>无论它在岸上或在水中</u>,<u>倘若咬人之狗,我觉得都在可打之列</u>。
　　　　　　　　偏　句　　　　　　　　正　句

B:总之,<u>倘若咬人之狗,我觉得都在可打之列</u>,<u>无论它在岸上或在水中</u>。
　　　　　正　句　　　　　　　　　　偏　句

B 句把偏句"<u>无论它在岸上或在水中</u>"倒置在正句"<u>倘若咬人之狗,我觉得都在可打之列</u>"后,补充说明了"打咬人之狗"的条件。

(3) 变式句的修辞功用。可见,变式句对于常式句而言,能保留常式句的基本句义,因此,是一对同义句式。与此同时,变式句又能在保留常式句基本句义基础上,通过语序的变化,衍生出了一些常式句所没有的语义,因此,其就具有修辞的功能。这个功能就是:当人们在一定的语体、语境、情景中需要突出、强调句子某一个句法成分时,就可以在汉语句法运作的机制的基础上,将这个句法成分调离原来的位置,同时按照汉语的句法规则,将之置于可以出现的位置上,从而达到突出、强调这个句法成分所负载的语义的作用。以下是作家的改笔:

27. 原文:怎么侯妹妹也来了呢? (郭沫若《虎符》,见《郭沫若选集》下卷开明版)

改文:侯妹妹怎么也来了呢? (见《沫若剧作选》)

原句状语"怎么"放在主语"侯妹妹"前边,实际上就是放在句首,可以看成一种变式句。这样疑问语气加强了;而改文把"怎么"移到主语"侯妹妹"后边,谓语"也来了"前边,变成了一个常式句,但这样的改动在语义上可以突出主语"侯妹妹",更符合上下文的意思。

28. 原文:他难道在这个时候还会像小孩那样去相信并不存在的东西吗?(巴金《电椅》,见《巴金小说集》)

改文:难道他在这个时候还会像小孩那样去相信并不存在的东西吗?(见《巴金选集》上卷)

29. 原文:另一部分战士们,为了节省国家的开支,放下还在发热的枪筒,拿起十字镐,走上了荒山野岭……(魏巍《这里是今天的东方》,见《1953.9—1955.12散文特写选》)

改文:为了节省国家的开支,另一部分战士们,放下还在发热的枪筒,拿起十字镐,走上了荒山野岭……(见《谁是最可爱的人》1973年版)

30. 原文:它为哥儿和哥儿的姊妹兄弟们不休不歇地唱歌。

改文:它接连不断地唱,为哥儿,和哥儿的姊妹。(见《谁是最可爱的人》1973年版)

上面三例改文均把原来在谓语前边的状语移到主语前边,使主语跟谓语中心靠近,结构紧凑,语气加强,更加突出了状语承载的感情。

3. **长句和短句方面的**

31. 原文:联系到解放后,周总理以自己的工资抚养过不少革命先烈子弟,但被抚养者直到长大成人,都只知道是国家托养的事实,周伯伯的这种崇高品质,使我深受感动。(《深情忆记周伯伯》,见《北京师范大学学报》)

改文:解放后,周总理用自己的工资抚养过不少革命烈士子弟,而受抚养着直到长大成人,却只知道是国家抚养的。周伯伯的这种崇高品质，是多么使人感动啊！

原文的"联系到事实"中间有一个由复句形式充当的定语，读起来吃力不顺口。改文把原来的长句变成了两句，删去多余的词语，简洁明快，突出了表达的对象。另外，原文末"使我深受感动"，只从个人感受来说，改为"使人感动"后，语义更深刻广泛，改文字数减少了，句子的容量反而增加了。

长句和短句的选择，主要还是要考虑语体的问题。一般来说，演讲、报告、广播稿、朗诵诗、文艺作品中的对话，儿童文学作品等要求多用短句。因为演讲、报告、广播稿、朗诵诗靠言传，句子太长就无法让人听清楚；文艺作品中的对话应当采用口语，口语比较简洁；儿童文学作品是儿童生活的反映，儿童说话使用的语句也不会长。至于政论语体的政治论文，科技语体的专门科技语体和事务语体中的外交文件等则长句用得比较多，因为政治、科学论文要求语言的严密精确，外交语言要求庄重典雅，长句正有这样的修辞作用。

4. 散句和整句方面的

32. 原文：度过了讨饭的童年生活，少年时在马房里睡觉，青年时代他又在秦岭荒山里混日子，他不知道世界上有什么可以叫"困难"。

改文：他童年时候讨过饭，少年时候在财东马房里睡过觉，青年时候又在秦岭荒山里混日子。……

原文是一个散句，前三个分句是由动宾短语、偏正短语、主谓短语构成，结构比较松散。改文是一个整句，由三个结构相似、语气一致的语句构成。句式比较整齐，也更有条理。

（二）句子不简练

句子不简练，可以通过删节句子即删去一些表意上可有可无的句子，或调整句子结构的方式实现。例如：

33. 原文：那些年轻人有的完全是小孩，不过十五六岁的光景，年纪最大的也只有二十左右。(巴金《能言树》，见《巴金短篇小说选集》)

改文：那些年轻人不过十五六岁的光景，年纪最大的也只有二十左右。(见《巴金选集》上卷)

34. 原文：你们在不可能做事的环境中做出了许多事情，你们在中国撒遍了文艺的种子，不，可以说，放遍了文艺的光辉。(巴金《一封未寄的信》，见《新声集》)

改文：你们在不可能做事的环境中做出了许多事情，你们在中国撒遍了文艺的种子。(见《爝火集》)

35. 原文：翌晨，李树元老头子吃了几口饭，感觉到一点都不想吃，尝味道似的吃了一点就赶到村公所去了。(柳青《地雷》，见1942年4月10日《文艺阵地》第6卷第4期)

改文：翌晨，李树元老头子尝味道似的吃了一点就赶到村公所去了。(见《柳青小说散文集》)

例 33 改句删去"有的完全是小孩"一分句，因为这一分句不但是多余的，而且与前面的"年轻人"意义搭配不拢。例 34 改句删去"不，可以说，放遍了文艺的光辉"两个分句("不"作独立语看待)，因为这两分句跟前面的分句意义上、结构上都不连贯。"你们在中国撒遍了文艺的种子"是对前面"做出了许多事情"的比喻性的补充说明，跟前面的分句一样都是从"你们"的角度来陈述的；而"放遍了文艺的光辉"却换了个角度，不以"你们"为陈述对象了，显得不连贯。另外，"放遍……光辉"这一说法本身欠稳妥，所以改句干脆删去后面两个分句。例 35 改句删去"吃了几口饭，感觉到一点都不想吃"分句也完全是为了简练。

删节句子，有的时候是通过调整句子的结构来实现的。调整句子结构，使之"合二为一"，往往可以达到"减少句子而不减少表达的内容"的目的。例如：

36. 原文：最后有一个人出的主意提醒了我。那是宋老爹，他

说:"把粮食藏到木柴里去不就送上去了?"(王愿坚《粮食的故事》,见1956年《短篇小说集》)

改文:最后宋老爹出的主意提醒了我。他说:"把粮食藏到木柴里去不就送上去了?"(见《普通劳动者》)

37. 原文:她已经跑上岸,就沿着岸边跑,忽然叫起了根生的名字,声音里带着哭。(巴金《月夜》,见《巴金短篇小说选集》)

改文:她已经跑上岸,就沿着岸边跑,忽然带哭声叫起了根生的名字。(见《巴金选集》上卷)

38. 原文:……他为了下午吃晚饭时,有人给妻送了几封信,问了她几句话。他装出无心的样子向她发问。他想慢慢引出她真实的回答。可是他一开口就惹怒了她。(巴金《寒夜》,见晨光出版公司1953年版)

改文:他因为今天吃晚饭时有人给妻送来一封信,便向妻子问起这件事,想不到惹怒了她。(见上海文艺出版社1980年版)

例36改句把"最后有一个人出的主意提醒了我。那是宋老爹"两个分句进行了调整,改为"最后宋老爹出的主意提醒了我",变成一个单句,表意没有减少,字数减少了,经改语句更加精炼。例37改句把"忽然叫起了根生的名字,声音里带着哭"两个分句进行了调整,改为"忽然带哭声叫起了根生的名字",变成一个连动式谓语单句,表意没有减少,字数减少了,经改语句更加精炼。例38调整了句子结构和删减了可有可无的句子,达到了表达精炼的目的。

(三) 对应题旨不突出

这里说的题旨,是指写说者的主旨和目的。表达同一个意思,如果题旨不同,便会影响到不同句式的选择。例如:

39. 原文:大王,可否容许我申诉?
改文:大王,请容许我申诉!(郭沫若《屈原》)

上例两句基本意思相同,但句型不同,语气也有别。原句是疑问句,带商量的语气,比较舒缓;改句是祈使句,是请求的语气,比较坚决。为了表示屈原深受冤屈,迫切要求申诉的心愿,无疑改动后的句式更切合题旨。

有人讲《说岳全传》的故事,讲到奸臣张邦昌假托圣旨,把岳飞从抗金前线召回京城,骗进宫中;岳飞道旁参见高宗,被诬陷行刺皇帝,马上五花大绑,推出午门正要斩首。讲到这里,播讲人说:"岳飞有没有危险呢?明天再讲。"岳飞绑出午门斩首,已经十分危险了,怎么还说岳飞有没有危险呢?可见选用这一句式并没有很好地对应题旨,若改为"岳飞有没有生命危险呢?"虽然显出了"生命"危险,但还强调得不够。若是换成"岳飞生死如何呢?明天再讲",便合乎表达的题旨了。

突出句子题旨还可以通过"把"字句的变换、"被"字句的变换、"使"字句的变换以及肯定句和否定句的变换等方式来实现。

此外,突出句子题旨也可以通过句子的移动来实现,即变换句子或分句的排列次序以实现改换叙述重点,突出句子焦点。例如:

40. 原文:张乔治——干什么?
陈白露——我要吸一点新鲜空气。这屋子忽然酸得厉害。(曹禺《日出》,见《曹禺剧本集》)
改文:张乔治——干什么?
陈白露——这屋子忽然酸得厉害。我要吸一点新鲜空气。(见《曹禺选集》)

41. 原文:一块青,一块黑,一种猝发的疾病临到他的身上。他休克,他眩晕,一个倒栽葱,从上空摔倒在地。(徐迟《哥德巴赫猜想》见《人民文学》1978年第1期)
改文:一块青,一块黑,一种猝发的疾病临到他的身上。他眩晕,他休克,一个倒栽葱,从上空摔倒在地。(见同名报告文学集)

42. 原文:一支宏大的战船停泊到了安全的海港,
狂暴的雷雨渐渐地快要镇定的时候,
有希微的希望底晨光,破露在那天上,

斜射着波涛还在汹涌的血底海洋。(郭沫若《和平之光——罗曼·罗兰挽歌》)

改文:有希微的希望底晨光,破露在那天上,

斜射着波涛还在汹涌的血底海洋。

狂暴的雷雨渐渐地快要镇定的时候,

一支宏大的战船停泊到了安全的海港。(《郭沫若文集》第2卷)

例40改句把"这屋子忽然酸得厉害"提到"我要吸一点新鲜空气"前面,是为了突出"酸"字,暗讽两个男子为她流露出来的醋意。例41改句把"他眩晕"调整到"他休克"前面,是因为休克比眩晕情况更严重,表示他由眩晕而休克,由休克而摔倒在地上,情况一步一步加重。例42原文四个诗行,三个分句,排列的次序是:第一行讲事情(战船停泊),第二行讲时间(狂暴的雷雨渐渐地快要镇定的时候),第三行、第四行讲背景(晨光破露天上,晨光斜射海洋);改文变换了诗行的次序:原诗第一行,改诗移到第四行,原诗第二行改诗移到第三行,原诗第三行、第四行改诗移到第一行、第二行。两相对比,改诗比原诗焦点更突出,结构更顺当。

(四)句子衔接不顺畅

在具体的言语作品中,任何一个句子,都要受上下文的制约。因此,选择同义句式,还要考虑上下文的递接关系。如果前头的句式定下来了,接下去就要与之相适应;要是后头的句式结构改变了,前面的句式也往往要随之进行调整。这样才能使前后句式衔接自然,文气贯通。例如:"前进农场有平地,也有山坡",接下去说"地里种满庄稼,山上绿树成林"便很顺畅。如果起句是"前进农场农林并重,全面发展",接下去用"地里种满庄稼,山上绿树成林",便显得不协调了。因为前面提到"农林并重",后面就要告诉人家农怎么样、林怎么样,故后面说成"庄稼遍地、绿树满山"便衔接顺畅自然了。

我们来看看名家改笔中是怎样根据上下文的递接关系调整句式的:

43. 原文：周繁漪——他厌恶我，你的父亲；他知道我明白他的底细，他怕我。

改文：周繁漪——你的父亲，他厌恶我；他知道我明白他的底细，他怕我。（曹禺《雷雨》）

44. 原文：你想段阿奴是那样的爱我，他现在死了，而且死得那样的悲惨，我还能够有心肠吃什么东西吗？（郭沫若《孔雀胆》1950年版）

改文：你想段阿奴是那样的爱我，他现在死了，死得那样的悲惨，我还能够有心肠吃什么东西吗？（郭沫若《孔雀胆》1957年版）

例43"你的父亲"本是陈述对象，原文让它作独立成分，改文把它移前，与"他"构成同位语，一起做主语，与后面两句构成排比，显然比原文衔接更顺畅。例44改文删去"而且"，让后分句开头是"死"，与前分句末尾的"死了"以顶真形式相接，前后词语蝉联，结构紧凑、语势顺畅。

在选用句式的时候，如果不注意上下文之间的递接关系，那么不仅会造成文气不贯通，而且会令人产生误解。例如：

45. 市歌舞团来我们学校演出，我们不仅看到了他们的精彩表演，还是大家得到了美的享受。

上例第二个分句的主语是"我们"，第三个分句的主语是"他们的精彩表演"承前省略了，而这个主语在第二分句中处于宾语位置，这样便衔接不连贯了。第三个分句改成"得到了美的享受"，让主语"我们"承前省略，就衔接自然顺畅了。

46. 由于树木茂密，我们的骑兵队伍起初没有被发现，直到听到了马蹄声，山上的敌军才鸣枪报警。

47. 许多青年同志喜欢读诗。不管为了读诗或写诗，都不应该忘记我国诗歌的优良传统，我们自然会想起唐诗，寻找这个诗歌的艺术宝藏。

例46有四个分句,第二分句是以"我们骑兵队"为主语的被动句,后两个分句是以敌军为主语的主动句,前后文意脱节,不连贯。第二个分句可以改为"敌军没有发现我们的骑兵队伍",删去第四分句的"山上的敌军"。例47"……优良传统"与"我们自然会……"中间衔接不上。如果加"如果一谈到诗"这一连接性的语句,文气就流畅了。

48. 他敏感、机灵,脑子反应很快。无论遇到什么事情,都能随机应变,化被动为主动。在政治运动中,他表现得更为突出,每次都当上积极分子。人们称他"一贯正确"。

这个句群有四个句子,孤立地看,前三句都是褒义句,后一句是反语句。前后连起来看,句意悖谬,不衔接,语气很不协调,应当改写。

第五节 修辞格的使用偏误

由于各种原因,有些辞格在运用当中常会出现错误。这些辞格主要是比喻、比拟、借代、夸张、对偶、排比、仿词等。

一、比喻偏误

用与本体(X)本质不同但有相似性的喻体(Y)来描写或说明本体,从而更形象、生动地表现喻体的特征或作用,这种辞格叫比喻。

从结构上说,比喻的辞面应该由四个要素构成:本体、喻体、喻词、相似点。本体是被描写或说明的对象,喻体是用来作比的对象,喻词是用来联结本体和喻体的动词,相似点则是将本体与喻体联系起来的要素。要说明的是,相似点是比喻形成的关键要素,从结构上讲,它应该出现。如:

1. 许多女人的大眼睛(本体)只像(喻词)政治家讲的大话(喻体)，大而无当(相似点)。(钱钟书《围城》)

但实际上，相似点多不表现出来，而是以隐蔽的方式存在的，从而给想象留下更多的空间。因此，从表层看，比喻辞面多由三个要素构成的。如：

2. 幽默(本体)是(喻词)人类心灵的花朵(喻体)。

（一）比喻的类型

根据表达功能及形式特征，比喻主要可以分为明喻、暗喻和借喻这三种类型。

1. 明　喻

直接明白地用喻体来描写或说明本体的比喻类型，形式上常以"像"、"似"、"如"、"宛如（然）"、"仿佛"等动词来联结本体和喻体。结构式是：X 像 Y。如：

3. 所谓韧，就是不要像前清做八股文的"敲门砖"似的办法。(鲁迅《对左翼作家联盟的意见》)

2. 暗　喻

直接将本体等同于喻体以描写或说明本体的比喻类型。常用"是"、"成为"、"等于"等动词联结本体和喻体。结构式是：X 是 Y。如：

4. 建筑是凝固的音乐。
5. 知识就是力量。

暗喻除了以上形式外，还有一些具有同样表达功能的变式。它们没有喻词，而是通过特殊的结构或形式来直接联结本体和喻体，实现想象的飞跃。

有的借助于偏正结构（X的Y），如：

6. <u>感情</u>的<u>激流</u>已在胸中奔腾多日，眼看就要破堤而出了。

有的借助于同位结构（XY），如：

7. 随着归期的临近，我的心更紧张了，常在心里呼喊：<u>祖国母亲</u>，我就要回来了。

有的则借助于标点符号如破折号（X——Y），如：

8. 想想个人的未来，也为我的<u>朋友</u>——<u>窗台上的那盆君子兰</u>担一份心。

3. 借　喻

不出现本体也没有喻词，直接用喻体替代性描写或说明本体的比喻类型。结构式为：Y（以宾语等成分出现）。如：

9. <u>人生终点站的服务员</u>——访八宝山殡仪馆整容工刘瑞安

10. 傅家杰是体贴的。他在屋里拉起一块绿色的塑料布，把三屉桌挪到布幔后，希望能在这瓶瓶罐罐、哭哭啼啼的世界里，为妻子另辟一块安定的<u>绿洲</u>，使她能像以前一样夜夜攻读。（谌容《人到中年》）

（二）比喻运用偏误

恰当地运用比喻，可以使被描写对象更加形象、生动，可以使抽象的对象或说理更加浅显、可感，可以揭示事物的本质，表现作者的感情、态度。

运用比喻要注意：① 好的比喻要求本体与喻体是本质不同的两个事物，而且类差越远，接受效果越好。如"孙小姐给她的旅伴们恭维得脸像初升的太阳"。而下面这个例子只能是估测，不是比喻：女儿长得很漂亮，像她妈妈一样。② 相对于本体来说，喻体应是为人们更熟悉或更具体生动的事物，否则，比喻的可接受性就差了，如：他心情紧张，就像坐在飞船上的宇航员一样。当然，由于喻体的多面性，仅出现喻体不能明白地显示其相似性，也可以采用补出相似点的办法解决。如：一切机关的首长的办公室，本来像隆冬的太阳或一生里的好运气，来得很迟，去得很早。另外，喻体应为人们所"熟悉"，但不一定是真实或确实有或发生过的事物，只要符合常理，有可想象的空间，也可以用来描写或说明本体，如：叶子和花仿佛在牛乳中洗过一样，又像笼着轻纱的梦。③ 构拟比喻还要注意所运用的语境及情感色彩。在构拟比喻时，由于本体与喻体的对应并不是单一的，要求所选择的喻体在语境或情感色彩等方面与本体相适应。

下面的例子在比喻的运用上有偏误：

11. 看球赛的人越来越多，里三层外三层，围得个水泄不通。站在后面的人都踮起了脚，脖子伸得老长，仿佛许多鸭子要抢盆里的食，拼命地往前挤。

"仿佛许多鸭子……"的比喻欠妥。作者以此作比，可能仿自鲁迅小说《药》。鲁迅那样比喻是有用意的。反动统治者杀害革命青年，而一些小市民却挤在刑场上围观，鲁迅是讽刺他们的麻木、冷漠。这里用于比喻观看球赛的观众，显然不很恰当，尽管他们不够注意文明礼貌。

12. 已经是深秋了，未名湖一派肃杀气氛。湖边垂柳叶子稀稀拉拉，像是病后女人的头发。

"像是病后女人的头发"，欠妥。此比喻对女性不够尊重，感情色彩也显得消沉。

13. 这里山峦起伏，群峰耸立，河流坡度陡，落差大，降水多，因此出现了好几条瑰丽的瀑布。站在远处丘陵上，俯瞰滚滚如云的瀑布,真是美不胜收。

"瀑布",指从山壁上或河身突然降落的地方流下的水,远看好像挂着的白布。而"滚滚"是形容急速地滚动或翻腾。把"像挂着的白布"用"滚滚如云"来比喻,不够贴切。此外,"站在远处丘陵上"看,用"俯瞰"也有语病。

14. 傍晚6时10分左右,一辆红色夏利出租车停在龙湫商场门口。四个男子下了车,被配合民警行动的佟小姐认出,民警们恶虎扑食般冲了上去,三人被按倒在地,一人向南鼠窜。民警随即鸣枪示警,正在商场南边设伏的副分局长李雪明冲了上去,将逃跑的绑匪抓获。

民警擒拿罪犯的雄姿用"恶虎扑食"比喻,很不妥当,感情色彩不对。可改成"像猛虎(般冲了上去)"。

二、比拟偏误

直接用描写或陈述乙的词语来描述或陈述甲,从而实现将人当作物或将物当作人来写的表达目的,这就是比拟辞格。比拟的辞面应该由三个因素构成:本体(甲)即描写对象,拟体(乙)即用来描写本体的对象;拟词即本用以描写拟体的陈述或判断。但是,辞面的表层因素只有两个,即本体与拟词。从形式上看,"甲+乙"构成的结构主要为主谓关系;但语义上,"甲"与"乙"的组合是违反常规的。如:

15. 因为公演的地方,恰巧是孔夫子的故乡,在那地方,<u>圣裔们繁殖得非常多</u>,成着使释家牟尼和苏格拉底都自愧弗如的特权阶级。(鲁迅《在现代中国的孔夫子》)

16. <u>路旁的树枝不断地切割着夕阳,把光的碎屑不断地洒向他的全身</u>,这给他一种捉摸不定的行进的感觉。(王蒙《蝴蝶》)

17. 告诉你，祥子，搁在兜里，一个子，永远是一个子，放出去呢，钱就会下钱。（老舍《骆驼祥子》）

既然是"圣裔"肯定是人，并且是圣人的后裔，他们的代代相传怎能用只有一般动物才能用的词——"繁殖"来说呢？但例15中，鲁迅大胆地将这些所谓"圣裔"们当成了并无头脑但有特权的动物来写，以此来表达对他们的憎恶。例16将"路旁的树枝"当作有运动能力的人来看，并赋予它们"切割"夕阳并把"光的碎屑"洒向人的能力。为我们描绘了一个拟人化的动感画面。例17把"钱"当作另一种动物，把贷钱所生出利息说成"下钱"，这将一个精于算计的人物心理刻画得更加生动。

下面例子中比拟辞格使用有偏误：

18. 谷穗已经黄了，沉甸甸地垂着。我们一镰刀一镰刀地割着，大片大片的稻子倒下了。田野里一片丰收的景象。剩下的田头一小块没割的稻子，都低下头，愁眉苦脸、忧心忡忡。

19. 秋雨跳着欢快的舞，一下就是几天，什么活也干不了，真闷死人。

这两例用了拟人的手法，但是拟人与环境气氛不协调。例18是"丰收景象"的环境，而用拟人的方法描写"一小块没割的稻子，都低下头，愁眉苦脸、忧心忡忡"，这很不相宜。例19是秋雨连绵，闲待着没事干，使人烦闷，这里却用拟人手法给"秋雨"以欢乐的动作和感情，这和人物的心情是很不协调的。

20. 天气虽然不暖，蒲公英却已经开了，柔弱的茎上顶着小黄花，雄赳赳地站在路旁。

这一例没有注意被拟事物本身的特点："蒲公英"既然是"柔弱"，这就很难使人想象它会"雄赳赳地站在路旁"。

三、借代偏误

借代就是不直接把所要说的事物名称说出来,而用跟它有关系的另一种事物名称代替它。被代替的事物称本体,用来代替的事物称借体。

我国古代的文学作品中,借代用得很多。例如:"皓首"代老人,"红颜"代少女,"长缨"代贵人,"短褐"代贫苦人,"管弦"代音乐,"杜康"代酒,等等。现代用得更为广泛。

(一)借代的类型

1. 以部分代全体

21. 不拿群众一针一线,群众对我拥护又喜欢。(红军歌曲《三大纪律 八项注意》)

例中的"一针一线"原本指某种东西,这里用指一般的东西。

2. 以专称代通称

22. "三个臭皮匠,合成一个诸葛亮",这就是说,群众有伟大的创造力。中国人民中间,实在有成千成万的"诸葛亮",每个乡村,每个市镇,都有那里的"诸葛亮"。(毛泽东《组织起来》)

例中的"诸葛亮"是家喻户晓的三国时期的著名军事家,在民间传说中,他料事如神,被视为智慧的化身。这里代指充满智慧的人物。

3. 以特征代本体

23. "老栓,你有些不舒服么?——你生病了?"一个花白胡子说。(鲁迅《药》)

例中以"花白胡子"这一特征,代指"花白胡子的人"。

4. 以具体代抽象

24. 搞好菜园子　丰富菜篮子（《北京晚报》）

例中"菜园子"指副食品生产基地，"菜篮子"指居民能购买到的副食品品种。

（二）借代运用偏误

恰当地使用借代，可以突出事物特征，加深读者印象，可以使表达富有变化，避免行文呆板，可以使文字简洁。

运用借代需注意：① 代体必须有代表性，能够反应本体的本质或主要特点；② 语体要适应，借代一般不用于科技、事务语体。

下面例子中借代辞格使用有偏误：

25. 三十多颗心，就在这块新耕耘的土地上踏出了一条新路，不到一个小时，把堆积在路边的一堆粪肥担到了大车进不去的地块。

这一例用"心"借代"人"，缺乏明确性和代表性，很容易让人误解。

26. 月光里，一个披黑香云纱褂子的中年男子显得满脸不高兴……张参谋已经跨进门槛，越过天井，往堂屋里走去。短褂子跟着。

该例中上文没有交代清楚谁穿着"短褂子"，这里就用"短褂子"来称代人，使读者感到突然、费解。

四、夸张偏误

夸张是出于表情达意的需要，对描述的客观事物故意"言过其实"，加以夸大或缩小。夸张是我国古典诗文中常用的修辞方式，例如："北冥（通"溟"，海）有鱼，其名为鲲（传说中的大鱼），鲲之大不知其几千里也。化而为鸟，其名为鹏（传说中的大鸟）。鹏之背

第四章 修辞偏误分析

不知其几千里也,怒(奋发的样子)而飞,其翼若垂天(挂在天空)之云。"(庄子《逍遥游》)"白发三千丈,缘(因)愁似个(这般)长?不知明镜里,何处得秋霜(像秋霜一样)!"(李白《秋浦歌十七首》之十五)民谚中也很多,例如:"丈二和尚摸不着头脑"、"汗珠子掉地摔成八瓣"、"怕树叶掉下来打破头"、"笑掉大牙"、"一朝被蛇咬,三年怕草绳",等等。夸张的事物虽然不是生活真实,却源于生活真实,超出生活真实,能提高语言表达的力度,取得突出的修辞效果。

(一)夸张的类型

1. 扩大夸张

即把事物的某种属性加以放大。例如:

27. 前面隐隐有人影,玛金更加小心了。她站在暗处不动,满身是耳朵,满身是眼睛。(茅盾《子夜》)

28. 穷人要是遇到不痛快的事就哭鼻子,那真要淹死在泪水里了。(周立波《暴风骤雨》)

2. 缩小夸张

即把事物的某种属性加以缩小。例如:

29. 小王没念过书,在部队里学习了八个来月,现在呢?他说:"能识半拉字了。"(周立波《暴风骤雨》)

30. 但是那些隐蔽在荷叶下面的战士们,正在聚精会神瞄着敌人射击,半眼也没有看他们。(孙犁《荷花淀——白洋淀记事之二》)

(二)夸张运用偏误

恰当地运用夸张,可以突出事物、行为的属性,给接受者深刻的印象;可以表达强烈的感情态度,增强表达的感染力。

运用夸张应注意:① 语体要适应。夸张不能用于科技、事务以及政论等语体,多用于文艺语体,日常轻松交际活动中也可见。② 表述要明确。夸张要求超出客观事物、行为的可能允许值，能让人立刻知道是在进行修辞表达，否则只能是不切实际的浮夸，产生不了夸张所应有的审美效果，下面这个句子就不合适了：……简直要把凳子碰倒了。③ 预设须真实。夸张要有合理真实的预设，否则会使夸张失去存在的前提，所以"广州雪花大如席"被鲁迅批评（见鲁迅《漫谈"漫画"》，《鲁迅全集》第六卷，186 页），就是因为其预设"广州有（下）雪"是不真实的。

下面的例子夸张使用有偏误：

31. 她蹲下身来，问道："你们为什么住在这里，你们的家呢？"哪料到，这一问，所有的孩子们都仰起几乎看不见肤色的小脸，齐声道："我们没有家！""你们吃饭了吗？"这一次娃娃们更是回答得山呼海啸，包括那位正抱着捡来的剩饭盒的男孩也加入行列："我们没吃——"

前面曾讲到孩子共五六人。"这一次娃娃们更是回答得山呼海啸"——这么几个人的声音竟然有如"山呼海啸"，夸张失实了。

32. 话还没出口，那车猛地向右一拐，"吱"的一声停在了路边，幸亏我反应快车闸灵，否则非让它别倒不可。我倒吸了一口冷气，心腾地一下窜到了嗓子眼儿，要不是有舌头挡着非蹦出来不可。还没等我回过神来，车上的售票员又对着扩音器发出了炸雷般的揽客声："张庄李店小马场，两块一位两块一位！"这声音直刺耳膜，惊得我头皮发炸。

"心腾地一下窜到了嗓子眼儿"，这是感觉的夸张，并非实写，所以下面说"要不是有舌头挡着非蹦出来不可"，不自然，属于画蛇添足之笔。"这声音直刺耳膜，惊得我头皮发炸"，炸，表示突然破裂、爆破轰炸、因愤怒而激烈发作、因受惊而四处乱逃等意思，此处这样用于夸张不合适。

33. 那年黄梅季节,呼和浩特一带足有五六十天阴雨不断,谷子、高粱都霉烂,连人也发霉了。

例中的夸张是违背现实的。呼和浩特一带终年雨量稀少,说"足有五六十天阴雨不断"甚至于"连人也发霉了"。这种夸张缺乏真实基础,成了假话。

34. 坚强的李刚视死如归,然而他受尽了折磨,身体已像草秆一般瘦。

例中的夸张与思想感情不协调。"身体已像草秆一般瘦",它是通过比喻来夸张的,给人以脆弱的感觉,它同"坚强的李刚"的思想感情很不协调。

五、对偶偏误

对偶就是用一对结构相同或相近、字数相等的句子(或短语),并列起来表达相联、相对或相反的意思的修辞手法。对偶要求:对偶结构字数相同,结构关系相类,意义相关,平仄相协。

(一)对偶的类型

从语义关联角度来看,对偶有以下几种类型:

1. 正对

前后相对部分从不同的侧面描写某一个事物、行为,两个部分在意义上有补充的关系。如:

35. 书山有路勤为径,学海无涯苦作舟。
36. 可是做工是昼夜无休息的:清早担水晚烧饭,上午跑街夜磨面,晴洗衣裳雨张伞,冬烧汽炉夏打扇。(鲁迅《聪明人和傻子和奴才》)
37. 为公忙,为私忙,忙里偷闲,且喝二两酒去;

劳心苦,劳力苦,苦中有乐,再炒一盘菜来。(某酒店门联)

2. 反　对

前后相对部分从正反两个方面描写两个事物、行为或一个事物、行为的两个侧面,以获得对比映衬的效果。如:

38. 死者长已矣! 死而能伸民志,伸国权,死犹不死;生者为何乎? 生而成为奴隶,为牛马,生亦徒生。
39. 总之,在任何工作中,都要记住:"虚心使人进步,骄傲使人落后。"

3. 串　对

前后相对部分之间具有先后关联或因果、假设等关系,并通过这种逻辑关系描写或陈述某个事实、道理等。如:

40. 为有牺牲多壮志,敢教日月换新天。
41. 增加绿化意识,改善生存环境。

对偶这种修辞手法主要用于诗歌、对联等较为严肃庄重的语言表达,但也可用于民间谣谚的构造。当然,这时对偶的作用主要在于结构整体、朗朗上口而易于传唱,其形式本身要求较松。如:

42. 人心齐,泰山移。

(二) 对偶运用偏误

使用对偶辞格常出现的偏误类型有:

1. 用词不当

主要是词性不同、词对词组、专有名词与普通名词相对和某个字词在一首诗中重复出现等。现举几例:

43. 物阜众眉扬,春来草木芳。
花兴三代表,鸟乐万民康。

烽火伊拉克，涛声战恶狼。
惟须求发展，何惧逞威强。（贺志庄《春思》）

该诗两联中的对仗皆因词性不对出现问题。颔联中的"三代表"为自造名词，而"万民康"是主谓结构的短语；颈联中"伊拉克"为名词，而"战恶狼"是述宾结构的短语。两联中名词与短语相对实属不当。

44. 夏日炎炎梦不成，趋车漫步泰州城。
凉风习习吹衣爽，灯海晶晶耀眼明。
购物中心人语沸，广场一片笑声盈。
高歌旧貌新颜变，开拓沿江再启程。（姜敬贤《夏夜逛泰州》）

该诗颈联出句中的"购物中心"为词组，对句中的"广场"是词。根据对仗"字数相等"原则，二者根本无法相对。加上"一片"虽可凑足音节，仍属用词不当。

45. 公园里，人群喧闹，小孩嬉笑；百花争艳，桃李争妍，一派春意盎然的景象。

该例中有些词语的意义有包容关系，对偶不当。这里的"人群"包括了"小孩"，"百花"包括了"桃李"，因而"人群喧闹"和"小孩嬉笑"，"百花争艳"和"桃李争妍"各是两个相对的表意范围大小不同的语句，不宜构成对偶。

46. 花明柳媚春光好　大江南北庆丰收

该例中上下两句的结构和词性都不相对，因而它们构不成对偶。粗看其结构都是四三式，但从句法结构上来剖析："花明"、"柳媚"、"春光好"都是主谓结构，"大江"是偏正结构，"南北"是联合结构，"庆丰收"是动宾结构，又是一二式。

2. 用字不当

用字不当主要指对仗中的用字问题。对仗中用字主要避开两个方面：一是同字相对。古体诗中没有这种避忌，但格律诗中通常避免，甚至于避免同一个字见于出句与对句。二是同一类字在诗中反复出现，会冲淡使用该类字的效果，如方位词"东西南北中"、数量词"一二三四五六七十千万"等。当代格律诗词的创作中，对仗时使用重复字和重复意义的字是经常出现的偏误。例：

47. 时逢盛世人添寿，敬老园中笑声扬。
一日三餐茶饭热，一年四季乐舒康。
单身无靠宽心度，益寿长庚福气祥。
上下山溪滋百姓，东乡一市谱华章。(徐钦学《咏横路乡敬老院》)

同字相对是对仗的毛病，故古人非常注意。该诗出句和对句的第一字都用了"一"字，没有必要。

48. 期颐岁月福绵绵，五代同堂开寿筵。
千载灵椿春不老，四色美景色尤鲜。
三千珠履贺华诞，八百文章拜尊前。
堪慰阶前频点额，寿如南山亿万年。(帅秋蕃《贺岳父冷府杏林先生百岁华诞》)

数量词在诗里常能起到较好修饰作用，但该诗用得太多太乱。首联尾联用了"五"、"亿"和"万"，中间两联用了"千"、"四"、"三"、"千"、"八"和"百"，显得太刻意为之，弄巧成拙。

3. 为对而对

对仗的质量如何影响到诗作的艺术效果。如："大漠孤烟直，长河落日圆"就是因其对仗工整而为世人传诵。由于对仗的重要性，古人为求精益求精，下工夫炼字、炼意、炼句，但我们反对为对而对。欧阳修在《六一诗话》中指出："诗人贪求好句，而理有不通，亦语病也。"现举一例：

49. 朝发黄山下，笑登入紫霞。
趁晴观美景，傍晚宿农家。
冷洗温泉水，热冲云雾茶。
深宵添好梦，梦笔又生花。(梁上泉《宿汤口农家》)

该诗中出句"冷洗"和对句"热冲"明显为对而对。洗温泉无所谓"冷"，水不"热"又如何冲茶？看上去似乎很巧妙，"冷"与"热"正好相对，但纵观全诗，便觉不通，明显牵强。

六、排比偏误

用三个以上字数大体相等、结构相似、语气一致的短语或小句，表达相关意义，以获得形式整齐、增强语言气势等表达效果，这种辞格叫排比。

恰当地使用排比：可以使表达语句结构整齐，突出语言的节奏美和音乐美；可以增强语言表达的气势，抒发内心的强烈感受，加强表达的感染力量。例如：

50. 时间就是生命，时间就是速度，时间就是金钱，时间就是力量。

这里用四个比喻性的句子并列，整齐地排列起来，强调了时间的重要，也加强了表达语气。

下面的例子排比使用有偏误：

51. 为了严防敌人进犯，我们要坚决保护好海防线！我们的海，是人民的海；我们的防，是人民的防；我们的线，是人民的线！

上例中为了使用排比，故意乱拆词语，导致"我们的防……"和"我们的线……"两部分意思含糊，表达生硬。

52. 为革命刻苦钻研技术，连续三年不出次布的阿珍师傅，是我们学习的榜样，是我们学习的表率，是我们学习的模范！

上例为了凑成整齐的句子，硬生生把重复的意思组成排比，使人感到空洞、啰唆，莫名其妙。其实，"榜样"、"表率"、"模范"在这里意义上大致相同，选用一个可以了。

53. 走进大门一看，这里的一切多么优美！高大的楼房，黄墙灰瓦，广阔的操场，碧绿的草坪，平平整整，挺拔的松树……真使人心胸为之一畅！

上例中，表面看上似乎用了排比辞格，实际上并不符合排比的要求。其中"高大的楼房"与"广阔的操场"、"碧绿的草坪"、"挺拔的松树"结构一样，都是偏正短语，若是把它们组成排比，就可以提高表达效果。但是中间画蛇添足，插入了"黄墙灰瓦"和"平平整整"，破坏了句子结构、语气的一致性，不符合排比的要求，也影响了表达效果。

七、仿词偏误

在一定语境中，根据已有的词语，相对应地仿照出一个词语，以取得讽刺、幽默等效果，这种修辞手法叫仿词。被仿的词可能不在话语中对应地出现，但一定是较为大家所熟悉的。仿照出的新词从规范的角度上看，一般是不符合词语结构或意义常规的，脱离具体语境不会被普遍理解和接受。

（一）仿词的类型

1. 相类仿词

即临时仿造的词语和原有词语的某个成分在意义上类似或有关。例如：

54. 高考落榜不落志　回乡务农作贡献（《光明日报》）

55. "民意测验"岂能"名义测验"(《工人日报》)

2. 相反仿词

即临时仿造的词语和原有词语的某个成分在意义上相反或相对。例如:

56. 所以当天从大伯父家吃晚饭回来,他醉眼迷离,翻了三五本历史教科书,凑满了一千多字的讲稿,插穿了两个笑话。这种预备,并不费心血,身血倒赔了些,因为蚊子多。(钱钟书《围城》)

57. "对嘛,文化革命就是改造人的大革命。那几年,我不就被改造成家庭妇男了吗?不信,你们问文婷,我什么不干?什么不会?(谌容《人到中年》)

(二) 仿词运用偏误

下面的例子仿词使用有偏误:

58. 这项工作的意义不是很渺小,而是很渺大。

这一例的"渺"本身是"微小"的意思,与"小"搭配是合理的,与"大"搭配,"又小又大",自相矛盾,这是生造词。

59. ……老周惨死在日本鬼子监工的棍棒之下。老人回想着,眼眶里淤满一层潮湿的泪雾。

这里仿照"雨雾"、"烟雾"生造了"泪雾"一词。"雾"在较大的空间形成,眼眶里的间隙太小,很难形成"泪雾",另外,"雾"是不能淤满的。

第五章 语用推理偏误分析

第一节 语用推理偏误分析概说

语用推理是指在思维实践和语言实践中结合具体的语言材料,综合交流信息的表层意义、传递信息的主观意图、语境的时空特点和特定背景,以及信息交流双方或者多方的情感因素、理解程度等,进行合情合理的推导或合情但不合理、或合情却不完全合理的推导。语用推理得出的结论可以是必然性的,也可以是或然性的。

语用推理的非规范形式的合理或合情推理区别于形式逻辑推理。合理推理指符合思维形式和思维规律能够获得必然性结论的逻辑推理;合情推理指在特定语境中的推理结果并非包含必然性结论,而是适用于需要特定交际对象相互之间合情或合理的语言信息交流。语用推理的本质是把推理建立在交际双方对交际话语、交际情景和交际意图相互意会相互明了的基础上,且发出信息、接收信息和理解信息都离不开推理。语用推理实际上就是一个明示推理过程,即语言信息交流的双方相互之间都能够运用具体的合理或者合情推理方式,包括搜寻、激活或补充语境信息,来理解对方的思想或意图。语用推理在语言实践活动中往往运用于特定语境的一时一事,并非追求普遍性的科学结论。语用推理的结论可以是符合逻辑推理规则的必然性结论,也可以是特殊语义场的或然性结论。所以,它可以是合情合理的,也可以是合情但不一定是合理的。例如,谚语"金钱如粪土,朋友值千金",如果以"谚语"为前提进行逻辑推理,追求的是单一的必然性结论,最后得出"朋友是粪土"的结论。而语用推理注重情境、形象等合情要素,信息交流的双方存在相互意会和明了两个独立的形象画面,两组形象画面各自形成对比,然后多元信息交叉构成了谚语的表意焦点——朋友重于金钱。当然，这个案例比较特殊。

所谓思维，是指人脑对于客观世界间接、概括的反映，是人们在社会实践认识过程中借助概念、命题、判断和推理等形式反映现实的过程，所反映的是一类事物共同、内在的本质属性以及事物之间的必然联系，属于人类特有的理性认识活动，具有规范、严密、确定和可重复的特点。

思维活动通过概念、命题、判断、推理等形式运用抽象、概括、比较、分析、综合等方法，以感性材料为基础上升为理性认识。而掌握和运用这些思维形式和方法的程度，就是逻辑思维的能力。逻辑推理是以一个或几个命题为依据，并遵循推理规则进行科学推导得出正确可靠的必然性结论的思维形式。结论和前提体现的是内在的本质联系，即前提必然蕴涵结论，注重科学性、可靠性和有效性。所以，语用推理与逻辑推理有相似之处，又存在明显差异。

一、辨析词语信息，理解概念本质

在特定语境中的合情推理，并非强调按照语句理解字面的意思，而需要进一步推导语言信息的语用蕴涵。接收信息缺乏辨析而产生偏误的现象并不少见。

小说《堂吉诃德》中跟随主人公堂吉诃德游侠的桑丘·潘沙，在作品中以他离不开柴米油盐的逗趣和西班牙式农民的幽默时常让人捧腹，讨人喜爱。他的理想之一是希望有朝一日能当上海岛总督。一个偶然的机会，桑丘·潘沙真当上了海岛（其实就是一个小渔村）总督。农民总督管辖海岛的行为方式颇具民本思想特征。在他的治理下，海岛居民生活井井有条。一天，有人向他请教一个问题："……那条河上有一座桥，桥的一块有一具绞架和一间公堂。河、桥和封地的主人制定一条法律：'谁要过桥，先得发誓声明到哪里去，去干什么。如果说的是真话，就让他过去；如果撒谎，就判处死刑，在桥堍绞架上处决，绝不饶赦。'……可是有个人发誓声明他跑来没别的事，只要求死在那座绞架上。几位判官商量了一番说：'要是让他过桥呢，他要是死在那绞架上的誓言就是真话，按同一条法律，应当让他过桥。'总督大人，请问您，法官该把那人怎么办？"桑丘说：

"……那过客又该处死，又该活着过桥，理由是一样的。把他处死呢，他就是该活；让他活着过桥呢，他就该死。"怎么办呢？总督先生陷入两难。

当然，小说中的桑丘·潘沙凭借他机智灵活，巧妙地解答了这个难题。桑丘·潘沙遇到的问题其实并不复杂。焦点在于海岛法律中的"死"与过桥者的"死"字面含义相同，但语境信息不尽相同。向桑丘·潘沙请教问题者接受信息仅仅明白了字面含义，却不清楚两个概念蕴涵的本质差别，所以在接受语句信息、理解语用含义时产生了理解偏误，问题无法解决。如果进一步分析二者的语境信息和思想意图，就会明白：那位过桥者只求死在绞架上的"死"的概念信息蕴涵同"如果撒谎，就判处死刑，在桥堍绞架上处决"的"死"的信息蕴涵完全是两个概念。前者是自己"求死"，后者是"被判决处死"，实质上是完全两个不同特有属性的概念，如同法院判决罪犯的"枪毙"跟死者"开枪自杀"的区别。语用推理分辨出相同词语的不同的语境信息和语用蕴涵，既避免了理解偏误，又解决了实际问题。

二、理清事物关系，明确语句内容

在思维实践中使用相同素材的简单命题，不能自相矛盾，否则难以自圆其说。法律条文的语言表述应该准确、明晰、严谨。我国某法律第二条与第九条之间有逻辑矛盾：

第二条 居住在中华人民共和国境内的年满十六周岁的中国公民，应当依照本法的规定申请领取居民身份证；未满十六周岁的中国公民，可以依照本法的规定申请领取居民身份证。

第九条 香港同胞、澳门同胞、台湾同胞迁入内地定居的,华侨回国定居的,以及外国人、无国籍人在中华人民共和国境内定居并被批准加入或者恢复中华人民共和国国籍的,在办理常住户口登记时,应当依照本法规定申请领取居民身份证。

第二条与第九条的逻辑关系和逻辑错误说明如下:

第二条全称肯定命题:凡居住在中国境内年满十六周岁的中国公民,都应当申请领取居民身份证。

第九条隐含的特称否定命题:居住在中国境内的年满十六周岁的中国公民,如不迁入内地定居的香港同胞、澳门同胞、台湾同胞可以不申请领取居民身份证。

思维形式规律表明,相同素材的全称肯定命题和特称否定命题属矛盾关系,不能同时为真,也不能同时为假,必定一真一假。第二条与第九条相矛盾,到底哪一条真哪一条假?

香港、澳门是中国的特别行政区,实行区别于内地的户籍管理制度,台湾至今还未回归祖国,中华人民共和国《居民身份证法》在这三个地区目前暂时还未实行。《居民身份证法》只需在第二条"居住在中华人民共和国境内"的"境内"前面加"内地"或"大陆"二字,也可在"境内"后面加括弧注明"香港、澳门和台湾地区实行不同的户籍管理制度,除外"。

气温骤降,负责学生工作的领导赶紧叮嘱辅导员:

天气变冷了,你们要下到各个班级给学生打招呼,早晨不要贪睡,起床晚了影响上课学习。如果工作不到位,迟到现象会越来越严重。

这种预测具体事物发展变化的思维形式本身就包含了三段论推理:

大前提:如果天气寒冷,就会有纪律意识不强的学生早晨恋床而上课迟到;

小前提：连续几天降温（天气寒冷）；

结论：所以，有纪律意识不强的学生因早晨恋床而上课迟到。

以上推理形式为（p→q）∧p）→p。而语用推理从"天气降温"出发，根据以往的实践经验得出"会有纪律意识不强的学生早晨恋床而上课迟到"的合理结论，并且把信息传递给对方。当然，信息的可靠程度一般依据信息发出者对事物的认识程度，其科学性和确定性还有待检验。就这个大前提而言，内容的真实性并不完全可靠，没有学生迟到的可能性也是存在的。

第二节　与概念相对应的词语偏误分析

概念反映事物以类为单位。概念是反映事物特有属性的思维形式。外延和内涵是概念的逻辑特征，任何概念都包括外延和内涵，外延和内涵则是概念有机的完整统一。简言之，内涵说明所反映事物具有什么样的特有属性，表明此类事物与其他事物的本质区别；而外延指概念的使用范围，说明概念反映的对象是哪些事物。概念的语言载体是词或者短语。

概念的产生和存在依赖于词语。词语能够表示事物，一方面是因为人们头脑里有了概念；另一方面，词语的产生、存在和运用与概念密切相关。词语是概念的语言形式，概念是词语的思想内容。根据内涵或外延的一般特征，从不同角度可将概念区分为不同种类，不同种类的概念之间存在着特定关系。根据词的语法区别性特征，汉语的词可以分为若干种类，不同的词语组合能力、造句功用各不相同，相互之间的关系比较复杂。在不可分割的思维实践和语言实践当中，如果对概念或者词语的理解不够准确，容易出现偏误。

一、明确概念属性

概念是反映事物本质属性的思维形式，包括外延和内涵。概念的内涵概括抽象反映某一类事物内在的、特有的,并且区别于其他事物的本质属性。概念的语言形式可以是单个的词,也可以是词的组合短语。

鱼生,一种别样的肉欲

无独有偶,一篇题为《看猪》的文章,开篇就说:

在人类的肉欲还没有消失前,猪的存在还是合理的。

以上两篇文章的作者赋予"肉欲"的意义是:吃肉(或美食)的欲望。

肉欲是造句单位,也是思维活动中的概念,其本质属性就是《现代汉语词典》的五字释义:性欲(含贬义)。

尽管汉语的词大多具有多义性,但每一个词都是独立的个体。汉语双音节词的词义并非两个汉字表面意义的简单相加,而是在语素意义基础上构成造句单位——词的基本意义。每个词都有一个相对固定的词义范围。汉语词的基本意义和引申意义之间必定存在某种内在联系,如果使用者按照自己主观想象随意给某一个词增加与基本义缺乏逻辑联系的新词义,违反了语言发展的基本规律,如何行得通?以上两例望文生义,在"吃肉的欲望"意义上使用语义敏感并含贬义的词语"肉欲",概念混乱,语义不分,选择语言材料严重偏误,实属不当。

一家报纸的头版广告如下:

秋色多姿 魅妆无限 百盛秋季化妆品节绝美绽放。

估计是广告设计者不知"魅"为何物,模仿词语"魅力"的结构生造一个"魅妆"来吸引消费者。魅是个形声字,从鬼,未声,指古代传说中的鬼怪,现用以喻指各种各样的坏人。如鲍照的《芜城赋》有"木魅山鬼,野鼠城狐,风嗥雨啸,昏见晨趋"。"魅"单独用于造句极为少见,一般与意义相近的语素构成双音节或四音节词出现在文句当中。经查阅资料,"魅"可能最早见于《左传·宣公三年》:"魑魅魍魉,莫能逢之。"《三国志·吴书·诸葛恪传》也有记载:"藜蓧稂莠,化为善草,魑魅魍魉,更成虎士。"

"魅妆"什么意思?查看《现代汉语词典》、《辞海》等工具书均不见"魅妆"踪影。

作为一种语言现象,"魅妆"传递给我们什么样的信息?双音节词"魅妆",偏正结构,语素"魅"修饰限制中心语素"妆"。"妆"容易理解,关键是语素"魅"的意思,以及"魅"与"妆"组合之后作为造句单位所表达的语义。"魅"的基本义是鬼怪,即使出现引申义、比喻义、转移义,也离不开基本义的源头信息,修饰限制"妆",与之组合成一个词,只能理解为"鬼妆"、"鬼怪妆",或"坏人妆"。"魅"作为构词元素无论如何都不能表示词语"魅力"的语义"吸引人的力量"。

权且把"魅妆"看成一个概念,概念必须落实具体的内涵和外延。"魅妆"概念内涵特有的属性,或许是某种特殊的化成鬼怪模样的妆,外延就是按照内涵所表明的特点化好的妆。说白了,"魅妆"就是"鬼妆",跟"鬼事"、鬼话"一样,贬义倾向明显。

广告还有一个错误。即使"魅妆"作为词语可以用来造句,表示的是某种"妆"的名称,也一般不宜使用表示时间、空间无边无际的副词"无限"作陈述性谓语。如同样类型的"新娘妆无限"、"浓妆无限""舞台妆无限"等,表意都不明晰。

二、理解概念特征

事物都有各自的本质属性,特征非常明显。有些语境中的词语让人感到别扭。如某杂志刊登一封名为《拼爹》的读者来信说:

有一单位与附近的重点中学建立共建关系:学校每年给该单位职工的直系子女一些升学指标,共建单位要向学校交一笔捐资助教款。

第五章 语用推理偏误分析

何谓"直系子女"？莫非还有"旁系子女"不成？

"直系子女"是一个由短语表示的概念，它区别于其他事物（别的类型的子女）的特有属性是什么？亲属关系有直系、旁系之分。词典释义：所谓直系亲属，指和自己有直接血缘关系或婚姻关系的人，如父母、夫妻、子女等。所谓旁系亲属，指直系亲属以外，在血缘上与自己同出一源的人及其配偶，如兄弟、姐妹、伯父、叔父、伯母、婶母等。另外，收养的子女适用于法律关于子女与父母的近亲属关系的规定。无论是家庭内部还是法律关系，子女并无"直系"和"旁系"之分。上述"直系子女"中的"直系"在短语中起限制作用，人为添加实践中并不存在的语言信息，如同画蛇添足，模糊了词义，导致概念的本质属性也无从体现。

一地方报纸转载据新华社消息：

蚂蚁能通过声音进行交谈。

首先肯定"交谈"词语使用错误。交谈特指人类群体相互之间通过口头语言进行陈述、表达情感、交换信息等社会交际活动。关键词是交谈的载体——语言。蚂蚁是否能通过声音进行交谈，涉及一个命题——蚂蚁群体有自己的语言——是否能够成立。辨析或者争论这个命题成立与否，必须首先明晰语言概念。语言的实质是，由语音、词汇和语法组成的，具有承载民族文化和传递信息功能以及用于社会交际的复杂系统。在人类世界，不同语系、不同民族的语言分别具有各自的语系特点、地域特征和特有的民族情感表达方式。如此看来，蚂蚁等动物怎么可能拥有各自的语言系统呢？

文章说，几十年前的研究就已经发现，蚂蚁可以通过声音发出警报。其实这种现象在动物中十分常见。动物群体内部一般都有简单的信息传递方式。如猴群活动，负责放哨的猴子发现有遭受攻击的可能，立刻发出一种特殊的尖叫声，向猴群传递危险信号。其他的如羚羊、梅花鹿等动物群体大多如此。那么我们怎么认识这一类现象呢？其实这些都是动物几千年、几万年生存、繁衍的进化过程中经过无数次条件反射逐渐形成的，可以说是真正的动物本能。再如央视"科技博览"栏目曾播过一条新闻：几位科技人员在野外工作突然遇上狼群，他们赶紧爬到树上躲避。事后接受记者采访，他们回忆当时的情况说："看见狼群并未走远，而是聚成一团，可把我们吓坏了。大家都说，那是狼群在开会，一起商量想办法搭狼梯上树攻击我们。""狼群开会"，只是使用比喻方式地形象描绘。随着生存环境的变化，大多数动物都是群体活动，自然延续祖辈的信息交流和传递方式。狼嚎、虎啸、熊吼、猴叫、鹿鸣等都是最初级的、适用范围很小、信息含量极少的简单信息传递。所谓蚂蚁的"声音"、"话语"和"曲调"同样如此。除了人类，地球上其他任何动物种类、动物群体不可能有自己的，由语音、词汇和语法系统构成的语言体系。

由此可见，没有语言不能叫作"交谈"。故此，新华社消息的标题只需将"交谈"改成"交流"。

交流是双向或多向的群体活动。信息的交流有多种方式，人与人之间可以话语交谈，可公开发布信息；个人的眼神、形体动作、一声咳嗽都可传递信息；部队的各种号声就是群体内部的特殊信息。此外，还可利用颜色、图案传递信息。而动物群体则主要是靠简单的声音、形体动作等方式传递信息，进行交流。

三、确定概念外延

内涵和外延的有机统一是概念的逻辑特征。外延指具有概念所反映的特有属性的事物。词语有语素构成。词语传递的信息是构词语素的集合表义。成语的特征尤其突出。

某体育电视节目现场直播，当 85 公斤级别运动员稳稳抓举起 160 公斤杠铃，在观众热烈的掌声响起的同时，解说员激情横溢，说：

哎呀，真不容易啊！功败垂成啦！

明明是亮了三盏白灯，裁判判定有效。现场解说员为什么说"功败垂成"呢？原来是解说员以为成语"功败垂成"先出现一个"败"字，后出现一个"成"字，于是望文生义把理解成"先失败后成功"的意思了。成语"功败垂成"不是成功而是失败，而且是接近成功的时候却遭到失败。"垂"，意为近于、快要。眼看着事情就要成功了，最终却失败了，成语含惋惜之意。

概念反映事物以类为单位，是内涵和外延的统一。概念的内涵反映一类事物特有的本质属性，外延则有具体所指。如礼物概念，内涵是为表示尊重、友好或庆贺而赠送给对方的物品，也可泛指赠送的物品。而送给对方的物品就是具体外延。

思维形式概念的载体是语言单位——词语或短语。不同地域、不同民族的社会群体使用各自语系的民族语言或地域语言，表现形态和表现方式大相径庭；尤其是十几亿人口使用的汉语，语音和词汇地方变体繁杂，再加上同义词、近义词数量很多，在语言实践中有时还会产生几个词语表述一个概念的"链接"现象。

一个名叫大卫的美国青年"不需说明理由"地痴迷中国文化，他独自一人来到北京求学。校园学习之余，大卫还拜京城的相声名家黄老先生为师学习相声表演。黄老先生的七十寿辰，大卫送给师傅一张手绘的生日贺卡。大师兄不客气了，说："师傅七十寿辰就送这么个玩意儿。"大卫接着抽出一支高档派克金笔，送给师傅做生日礼物。"嗯，这东西不错。"大师兄总算露出一点笑容。

"我的礼物一下子变成玩意儿，现在又变成东西。我真搞不懂。"

洋弟子感到不解和委屈。黄老先生上前拍拍大卫的肩膀："你大师兄说话急了点，不过也没说错。东西这个词是个替代称呼。在汉语里面，凡是以前的现在的，人们知道的不知道的，见过的没见过的，喜欢的讨厌的，抽象的具体的对象都可以用东西这个词代替。"

"人可不可以叫东西？"大卫到底年轻，脑子反应快。

"一般不能代称人。"师傅回答。

"哦——"大卫若有所思，"那——师傅不是东西，我也不是东西，大师兄也不是东西。"大伙儿都笑了。

洋弟子大卫对中国传统文化缺乏深入了解，与大师兄对话出现偏误实属正常。中国人表示尊重、友好或庆贺而赠送给对方的礼物，在特定语境中，因交际对象和交谈内容的特殊指向，语义没有改变，表现形态却变化多姿。"礼物"概念的词语表达因大卫送给师傅黄老先生的寿辰礼品在特定语境的人物对话中而产生了词语"链接"：礼物——玩意儿——东西。

概念之间的矛盾关系逻辑特征非常明显，不能同真不能同假，一个为真另一个必然为假，一个为假，另一个必然为真，它们的外延相加等于属概念的外延。往往由一组反义词表示。例如，以是否成年为界限，人可以分为成年人和未成年人，以是否具有机动性能为区别，车辆可分为机动车辆和非机动车辆。

可以这样解读：具有矛盾关系的两个概念不能同时为真，也不能同时为假，于具体思维实践中表现出非真即假、非假即真，二者必居其一的突出特征。比如按照年龄划分，任何人不是成年人就是非成年人；按照机动性能划分，任何车辆不是机动车辆就是非机动车辆，没有第三种可能。

现在遇到这样一些问题：

半真半假到底是真还是假？
诸如充耳不闻、视而不见之类的成语如何解释？
电动车属于机动车还非机动车？
按照概念之间矛盾关系理论，导体和非导体应该是矛盾关系，那么半导体与这两个概念又是什么关系？

其实，半真半假是一种状态的形象描绘，是人们对事物认识程度的主观反映，并非揭示概念的本质属性，不存在概念之间的关系问题。充耳与不闻表面互相矛盾，但信息交流的双方都会理解这个成语强调的是主观意识的表达，明明是听到了，而词语的真正意思表示听到了但没进去。另一类语言形式属于一种特殊的非常态逻辑语言，"视而不见"同理。车辆以是否具有机动性能属性为依据，或机动、或人力，分为机动车辆和非机动车辆。电动车排除人力属性，而且电动机驱动与内燃机驱动属性类似，所以电动车应该属于机动车辆。当然，在社会实践中还须交通管理部门认定。

导体、非导体和半导体，按照逻辑学肯定概念与否定概念的关系特点，导体与非导体属于矛盾关系。就某一类事物而言，不可能存在如介于成年人、非成年人之间的半成年人，或者机动车辆、非机动车辆之外的半机动车辆之类的概念。先明确半导体概念。半导体指具有单项导电特点，导电能力介于导体和绝缘体之间的物质，如锗、硅、硒和很多氧化物、硫化物等，确实是一种特殊现象。人类发现半导体之前，以物体导电能力为依据，将物体一分为二——导体和非导体，两个概念属于矛盾关系。当人们发现锗、硅、硒以及许多氧化物、硫化物等物体的导电能力介于导体和非导体之间，并且明显区别于导体和非导体，于是第三类导电能力物体——半导体概念出现了。三个概念的特殊性在于，他们共同拥有一个属概念，而且它们三个概念的外延相加等于属概念的外延。从概念之间关系本质特征而言，这类一个属概念内部包含的三个种概念相互之间的关系不具备矛盾关系特点，而属于反对关系。

第三节 与简单命题相对应的单句偏误分析

命题是一种思维形式，简单命题是人们对事物是否具有某种属性的认识反映。命题的主要特征是两可，即可能真可能假。人们对命题加以断定就成了判断。判断包含人们对事物认识理解的观意识。在思维活动和语言实践当中，人们因主观认识和思想观念的差异，对事物属性的认识自然产生差异。

一、辨析命题蕴涵

简单性质命题反映某事物具有或不具有某种属性，同时表明某

事物与属性的关系,一般用单句表述,如:

好男不跟女斗。

由此引申出一个问题:"非好男""跟女斗"吗?这实质上是回答原命题的主项由肯定概念改变为否定概念后,是否具有原命题的属性。必须从原命题主项同谓项两类事物之间条件与结果的联系进行考察分析。根据事物之间条件与结果关系的逻辑原理,再结合具体的思维实践材料,寻求科学、可靠的正确答案。

俗话说,好男不跟女斗,那么,"非好男"会不会"跟女斗"呢?

一男一女两位老师因为购房选择标准发生争执。男性老师挂起免战牌说:"好男不跟女斗。好了,我不说了。"女性老师得势不饶人,说:"你说自己是好男人,好在哪儿,讲给大家听听。"男老师连忙摆手:"不争了,不争了。我是非好男,行了吧。"女老师说:"你是非好男,那就斗呗。"

男老师开始说自己好男不跟女斗。后来抵挡不住女老师语言攻势。改口说自己是非好男。女老师乘机引申,非好男就跟女斗。女老师的说法属于把事物之间关系的或然性结果当成必然性结果的认识偏误。

根据命题"好男"与"不跟女斗"之间的逻辑联系,引申出"非好男"是否会"跟女斗"?命题"好男不跟女斗"属简单性质命题,表明主项"好男"具有"不跟女斗"的属性。要回答由此引申的"好男"是否"跟女斗",实质上是回答原命题的主项由肯定概念改变为否定概念后,是否具有原命题的属性。问题有点复杂,必须从原命题主项同谓项两类事物之间条件与结果的联系进行考察分析。有两种可能:

(1)充分条件:如果是好男就不跟女斗;如果不是好男,可能会跟女斗,也可能不跟女斗。

(2)必要条件:只有好男才不跟女斗,不是好男一定跟女斗。

假如认定命题中的"好男"与"不跟女斗"具有充分条件关系,

那么"非好男"可能"跟女斗"也可能"不跟女斗"。假如认定"好男"与"不跟女斗"存在必要条件关系,"非好男"一定"跟女斗"。认知和理解这一类语言现象,要求语言信息交流的双方相互之间都能够运用相同的合理或者合情推理方式,搜寻、激活和补充语境信息,来理解对方的思想或意图。

二、确定陈述主体

语句内部词语之间的逻辑停顿以思维形式的命题为基本单位,以概念与属性的关系为有效分析手段,保证思想内容的正确表述和准确理解。而习惯性语音停顿因偏重词语的口语节奏,难免会出现差错。

有一则新闻标题:

起诉小泉违反宪法

谁违反宪法遭起诉?标题是一个省略了主语的单句,没说清楚谁违反宪法、谁遭到起诉。到底"起诉小泉"者违反宪法,还是"小泉违反宪法"被起诉?两种理解的逻辑停顿分别为:

起诉小泉/违反宪法
起诉/小泉违反宪法

再看正文,原来是日本众多社会团体联合向法院提起诉讼,指控当时的日本国首相小泉纯一郎参拜靖国神社的行为违反了日本国宪法。一则简单的新闻不应引起读者疑问,不清楚到底是谁违反宪法。问题就出在产生歧义的标题。

新闻标题是省略了主语的陈述句,问题出在语句当中的关键词——表示动作行为的动词"起诉"所涉及的对象和范围不清楚,也就是说动词"起诉"的语义指向的范围界限在哪不明晰。读者可以有两种理解:①"起诉"行为涉及的对象范围仅仅是"小泉",则起诉的主体违反宪法；②"起诉"行为涉及的对象范围是"小泉违反宪法"，则小泉违反宪法。

　　汉语的单句如果出现两个或两个以上的动词就会显得复杂一些，如连动句、兼语句、主谓谓语句，等等。如果句子里面的动词涉及的对象或者事物界限不清楚往往会产生歧义，如上述标题。所以，复杂单句内部的动词语义指向范围界限必须清晰。

　　语句是命题的载体。汉语单句反映在思维形式中，与之相对应的一般是简单性质命题。命题表明主项具有或不具有谓项的属性。在思维实践中，语句是表达命题思想内容的物质形式。如果语句产生歧义，命题同样会表述不清晰。命题拒绝歧义，关键取决于语句拒绝歧义。以"起诉小泉违反宪法"为例，作者表示的本意是省略的主语（主体）为命题主项。在这个简单性质命题中，"主项"具有"起诉小泉违反宪法"的属性。

　　要明确表述这个命题的思想内容，此标题语句可调整为"小泉违反宪法被起诉"，命题主项是"小泉"，且具有"违反宪法被起诉"的属性。思维载体的形式语句表达规范了，命题思想内容的表述也就清晰了。

　　上海的一处有线电视收费处挂了一条横幅，上面写着：

一次性交 150 元，全年 96 套任你用。

　　有特定的言语背景，有具体的交际语境，交费者一般不会产生错误理解；来收费处就是交费的，一次交 150 元，一年内可以观赏 96 套有线电视节目。但是，只需对横幅内容的语言表述作简要客观分析，就会发现问题，焦点还是这个"性"。先作语句内部停顿节奏分解：

1. 一次性/交/150 元，全年/96 套/任你用。
2. 一次/性交/150 元，全年/96 套/任你用。

　　前面分句存在两种停顿节奏形态，内容表述大相径庭；后面的分句表意暧昧,可以延续前面分句两种停顿节奏形态各自表述的内容。收费处如此宣传不合适。

如何调整词语搭配或语句形式才能消除歧义呢?第一,不造歧义句;第二,遭遇歧义句,把它置入更大的语境中作具体分析,不要急着下结论;第三,修改或调整歧义句,须理解准确之后,用最经济的词语表达原句的意思。现在试调整以上句子:

一次交清150元,全年96套节目任你观赏。

通过以上两个案例的解析,我们可以发现语句内部逻辑停顿与习惯性语音停顿的区别功能差异,前者强调分析方法的科学意义,明晰语句内部概念与属性的关系,注重对对命题的的全面理解;后者偏重感知表象,在语音自然流向中按照各自口语习惯分解停顿节奏,难免出现偏误。

三、辨明事物性质

凡事物皆有属性,凡属性都附属于一定的事物,二者难以分割。同时,还必须认识到事物和属性的关系如果不清晰容易产生歧义,难以避免出现不同理解。

人们常说的"女大十八变"的"十八"是指"女孩子长到十八岁时会有变化"还是指"女孩子长大后会有十八种变化"呢?

我们接受、理解一个语句所传递的信息,如果含义丰富,则必须从形式和内容两个方面进行考察和分析,这样才能有正确、完整的理解。

先分析语句表达形式。这是一个陈述句,由主语和谓语两部分组成,但主语跟谓语的分界线却不明晰,可以解释为:

(1)主谓短语"女大"为主语,是语句的陈述主体;"十八变"作谓语,陈述主语怎么样。意思是,女孩长大了,有十八种变化。

(2)主谓短语"女大十八"为主语,其中"十八"补充说明"大"的具体年龄;"变"作谓语,陈述主语"女大十八"会怎么样。

两种不同的理解,焦点在于"十八"的语义指向不明确,第(1)句"十八"修饰"变",第(2)句补充说明"大",于是产生了以上歧义。规范的语言要求之一就是尽量不使用容易产生歧义的词语和句子。但是,"女大十八变"已经是流传多年的结构成熟句型,几乎没有调整或改动的可能,不同的人有不同的理解属正常现象。

此处的"十八"并非确定数字。胡朴安《俗语典》称:"凡事物之多变者,俗并以十八言之"。在中国数字文化里,"十八"是三、六、九的倍数;而三十六洞天、三十六计、七十二变、一百零八将、三百六十行等等又是"十八"倍数。许多语境都可用"十八"表示虚义"多",如"十八坡"、"十八滩"、"十八罗汉"、和"十八般武艺"、"胡笳十八拍",等等。

据考证,"女大十八变"目前能看到的最早文字记载源自宋·释道原《景德传灯录·幽州谭空和尚》:有一女尼想开堂说法,就去问师父。师父答道:"尼女家不用开堂。"女尼反问道:"龙女八岁成佛,又怎讲?"师父说:"龙女有十八变,你与老僧试一变看一看。"

分析"女大十八变"的语言形态特征,结合对歧义的不同理解,再加上本句源头的具体意义以及发展变化至今广大使用者的认识和使用习惯,片面理解为"女孩子长到十八岁时会有变化"或者"女孩子长大后会有十八种变化"都是偏误。"女大十八变"的准确信息指女孩在发育成长过程中,容貌、体型等生理特征有较大变化,当然是越变越美丽了;思想意识也在发生变化。

看一个课堂教学案例:

第二届全国性文化开放论坛

教师把这个会议名称写在黑板上,请三名同学朗读,要求读出逻辑停顿节奏。结果,学生口语区分会议名称的节奏点均为:

第二届/全国性/文化/开放论坛。

接着,一位来自北方普通话语音标准的女同学按照老师事先的安排,拿出一张报纸读了一段文字:

最近,在广州举办的第二届全国性文化开放论坛上,专家们指出,虽然安全套已在我国推广多年,但大多数人对它的认识仍有不足。

结合报纸内容,同学们清楚了会议名称语句的逻辑停顿应该是:

第二届/全国/性文化/开放论坛

分析理解一个会议的名称标题,因为逻辑停顿的错误而曲解了会议内容,为什么?

汉语的词是造句单位;逆向理解,也可说句子是词(包括短语)与词的组合。我们在日常生活、学习和工作中造句、读句以及区分句子的停顿节奏,自然会以词为自然停顿的节奏单位,口语实践表现为词与词之间的语音停顿;加之汉语双音节词占汉语词汇总量当中数量上的绝对优势,双音节词和双音节词的组合频率最高,语句内部单音节、三音节或多音节语音停顿现象很少。还有一个重要原因,在课堂上同学们也许是不愿意也许是不敢相信有全国的"性文化"论坛,"性"的话题较敏感了。于是,三名站起来朗读会议名称的同学在分析"性"与其他词语的组合以及语音停顿时,不约而同选择了"全国性",而忽视了全句的陈述主体"性文化"。

可见,产生歧义引发同学误读会议名称的焦点集中于语句中的"性"。它如果是一个意义较虚语素附在"全国"后面,可构成造句单位"全国性";它如果是一个意义实在的名词,可以和"文化"共同构成短语而成为造句单位。"性"出现在"全国"后面、"文化"的前面,歧义产生了。一旦进入社会交际语境,会议名称提供了两种选择:"全国性"或"性文化"。上述三名中文系学生因为不了解会议内容,以致选择了"全国性"。

语句内部词语之间的逻辑停顿可以保证思想内容的正确表述和准确理解。相比较而言，习惯性语音停顿不仅会产生以上"误读"现象，有时因为语音停顿习惯的感性导向，没能清楚地认识语句的陈述主体，以致误解整体信息。缺乏明确陈述主体的意识，造句也会犯相同的错误。

第四节　与复合命题、推理相对应的复句偏误分析

思维形式之一的复合命题由两个或更多的简单命题构成，表述多个事物之间的联系，逻辑联结词表明事物关系的本质特征。复合命题的语言载体是复句，但复合命题与复句的对应关系不是绝对的，因为二者分属于两个不同的学科。

现代汉语的复句有多种类型。人们针对复句所承载的信息，根据自己主观的认识、理解和分析对复句的类属作出认定和判断，结论自然不同。

其实，人们在日常生活中运用推理形式进行思维活动是再自然不过的事。

一、补充潜在信息

结合语句内容的表层意义、信息的主观意图、语境的时空特点、信息交流的特定背景和信息交流双方或者多方的情感因素，然后激活潜在的信息，这样所构成的语用推理、语句形态相对要复杂一些。

抗日战争期间江南小镇沙家浜，在这养伤的新四军伤病员和当地老百姓鱼水情深。为避开日本鬼子扫荡，新四军伤病员在阳澄湖里的芦苇荡里隐蔽起来。谁料到日本人刚走，就来了不知"到底姓蒋还是姓汪"的由司令胡传魁和本地刁老财的公子参谋长刁德一带

领的"忠义救国军"。

刁德一召集镇里百姓,强逼老百姓下阳澄湖捕鱼捉蟹,并冠冕堂皇宣称"按市价收买"。渔民提出:"湖面上有鬼子的汽艇,我们不去"。刁德一神气十足,"每条船上派两个弟兄保护你们。""我们还是不敢去。"渔民回答。胡传魁拔出手枪:"不去?统统抓起来,枪毙。"

老奸巨猾的刁德一,意在一箭三雕:老百姓下湖则可骗得新四军伤病员出芦苇荡;二来刺激、试探怀疑对象阿庆嫂,看她下一步有何动作;三则可将局势变化的主动权掌握在自己手中。

春来茶馆的老板娘阿庆嫂是中共地下党联络员,又是小镇党的群众工作组织者。之前的戏剧经典片段"智斗"中经过与胡传魁刁德一的一番相互试探,阿庆嫂已经清楚忠义救国军投靠了日本人。眼见刁德一强迫镇上的老百姓下湖捕鱼,阿庆嫂心急如焚:"急得我浑身冒火无主张"。如有人下湖,刁德一"安下钩丝布下网","只恐亲人难提防,顷刻之间要起祸殃";如百姓不下湖,"乡亲们若是来抵抗,定要流血把命伤。""怎么办?怎么办?事到此间好为难。"

阿庆嫂面临的"难",是进退两难、左右为难的"两难"。阿庆嫂此时的语用推理,包括了乡亲们是否下湖捕鱼并将引发什么样的后果的全部信息:

如果老百姓下湖,"只恐亲人难提防,顷刻之间要起祸殃";
如果老百姓不下湖,则"定要流血把命伤";
不论老百姓下湖或者不下湖,或者"亲人难提防","顷刻之间要起祸殃";或者"定要流血把命伤"。

剧中的阿庆嫂临危不惧,她坚定信心:"我岂能遇危难一筹莫展。毛主席,有您的教导,有群众的智慧,我定能战胜顽敌渡难关。"要战胜顽敌光有积极的精神状态和战略上的藐视还不够,必须尽快拿出有效战术措施,"风声鹤唳,引诱敌人来打枪"。一顶裹着石头的草帽从阿庆嫂手中扔进湖里。"有人跳水",立刻引来一阵枪声。啪——啪——"枪声报警芦苇荡,亲人们定知镇里有情况"。瞬间,沙家浜镇上有敌人的信息由忠义救国军的枪声传递给了"芦苇深处"的新四军伤病员，刁德一阴谋诡计破产。

《智取威虎山》中的侦察排长杨子荣"穿林海，跨雪原"，打虎上山，在巧妙应答了"座山雕"及"八大金刚"的"天王盖地虎"、"脸红什么"等土匪黑话的多方盘问之后，利用座山雕急于扩充实力、扩展地盘的心理，献上从敌匪手中缴来的"地下先遣军联络图"，初步取得了"座山雕"的信任，被封为威虎山排在"八大金刚"之后的"老九"。奶头山许大马棒的"饲马副官胡彪"成了威虎山的"上校团副"。

"老九"身份逐渐得到威虎山大小土匪的认可，杨子荣与他们打交道的话题也就逐渐多了起来。一天，几个"金刚"缠着"胡彪"，说想听听奶头山老板娘"蝴蝶迷"的故事。

"说起蝴蝶迷，那可是三天三夜也讲不完。今天先给各位说一段'太太枪下风流情'，好不好？"金刚们拍手，杨子荣当即进入角色开讲了。

说的是奶头山弄到一张虎皮，分给谁呢？许大马棒一时拿不定主意。许大马棒和太太蝴蝶迷已经有了虎皮，按奶头山众多弟兄军衔和职位排序，这张老虎皮应该分给郑三炮，可是许大马棒的儿子明确表示也想要这张虎皮。也难怪，冰天雪地深山老林，要说御寒还能有比老虎皮更好的吗？怎么办呢？别急，许大马棒有自己的主意，各个山头都有自己的规矩。于是，一根绳子穿过老虎皮，挂在树上，十丈开外，谁能一枪击中绳子，打下的虎皮就归他了。

各位老大都知道，谁先开枪肯定占便宜。在这关键时刻，"蝴蝶迷"抢在许大公子和郑三炮开口之前说话，我算许家人，打第一枪。这两人都不吱声，同意了。为啥？

许大公子心里明白，"蝴蝶迷"名义上是许大马棒的太太，自己应该叫她做妈，娘说的话儿子能不听吗？再说，"蝴蝶迷"从小喜好玩枪，练过日击飞鸟、夜打香火的功夫，平日里枪不离手，双枪姑娘早就扬名江湖。今天有"蝴蝶迷"出手，看来挂在十丈开外树上的老虎皮是锅里煮熟的鸭子——飞不掉了。

第五章 语用推理偏误分析

许大公子不反对"蝴蝶迷"代表许家先打虎皮,郑三炮同样没有第二选择,只有点头。这里头要说起来名堂就多了。奶头山的人都知晓,郑三炮和"蝴蝶迷"早就有一腿。"蝴蝶迷"提出打第一枪,他没办法争啊。本来郑三炮想抢先开枪,打下虎皮那是十拿九稳啦。你们肯定听说过,郑三炮手上功夫那是了不得。这家伙生来就是玩枪的好手,一杆枪,指哪打哪,百步穿杨是小菜一碟,奶头山没人敢跟他比。

现在就看"蝴蝶迷"的了。许大公子和郑三炮都瞪大了眼睛,只见双枪姑娘嘴角一撇,吐掉烟屁股,面朝十丈开外的老虎皮,拔枪,甩手,枪响。怎么样?老虎皮掉落地上了吗?没有。机关就在这里,双枪姑娘"蝴蝶迷"争先开枪,居然不给自己面子,虎皮仍然挂在树上。

按规矩,郑三炮接着打第二枪。不用说大伙也知道,应枪声落地的虎皮自然归他了。郑三炮那个是心里美滋滋的,老相好还是念旧情啊。

事情到此,许大公子再生气也没用,他气鼓鼓横了"蝴蝶迷"一眼,大声嚷嚷:

太太枪下有私。

杨子荣故事讲得精彩,借许大公子之口一句"太太枪下有私"结尾。这句话实际上蕴涵着一个三段论推理:

"蝴蝶迷"枪法准,如果一枪打下虎皮,属正常;如果一枪没打下虎皮,是故意把虎皮让给郑三炮;
"蝴蝶迷"一枪没打下虎皮;
所以,"蝴蝶迷"是故意把虎皮让给郑三炮(太太枪下有私)。

杨子荣说的故事,借用许大马棒儿子的话语,蕴涵一个推理过程,即讲故事的人和听故事的人双方都能够运用具体使用的合理合情的推理方式,包括搜寻、激活或补充语境信息,来理解对方的思想或意图。这种在语言实践活动中运用于特定语境的一时一事,并非追求普遍性的科学结论,而是满足于当事人的信息发布和接收需求。

二、考察事物关系

金庸小说《笑傲江湖》中的青城派掌门余沧海认定江湖上传说的《辟邪剑谱》就在福州福威镖局总镖头林震南手中,于是不择手段,志在必得。林震南到底有没有《辟邪剑谱》?真的是有了江湖上盛传的《辟邪剑谱》就一定能练成绝世武功吗?

从思维形式考察,拥有《辟邪剑谱》的人和练成无敌于世的辟邪剑法属于两个事物,二者之间的关系呈多元化态势。那么,本质特性又是什么呢?

福威镖局惨遭灭门之祸后,华山派掌门岳不群对福威镖局的少镖头林平之说:

"我原不信另有什么辟邪剑谱,否则的话,余沧海就不是你爹爹的对手,这件事再明白也没有了。"

令狐冲后来也说:

"林总镖头要是真有这么一部神妙剑谱,他自己该当无敌于世了。怎么连几个青城派的弟子也敌不过,竟然为他们所擒?"

岳不群的假言逆转句式和令狐冲的假设句式代表了部分江湖练武之人的认识和推论。其逻辑意义为:

前提 1:如果林震南有《辟邪剑谱》定能练成最上乘的避邪剑法,别人就不可能抢到他的《辟邪剑谱》。

前提 2:如果林震南没有《辟邪剑谱》就练不成上乘的避邪剑法,别人就没必要想方设法强占豪夺他并没有的《辟邪剑谱》。

结论是:如果林震南有《辟邪剑谱》,练成了最上乘的避邪剑法,别人抢不走《避邪剑谱》;如果林震南没有《辟邪剑谱》,也练不成上乘的避邪剑法,别人就没必要去抢他自己也没有的《辟邪剑谱》。

总之,按照岳不群等人的分析和推论,任何人都不该去抢夺林镖头手中存在或不存在的《辟邪剑谱》。但是,小说中青城派掌门余沧海就是认定江湖上传说的《辟邪剑谱》在福州福威镖局总镖头林震南手中,而且志在必得。福威镖局的林总镖头到底有没有《辟邪剑谱》?真的是有了江湖上盛传的《辟邪剑谱》就一定能练成绝世武功吗?一系列的疑问实际上是金庸先生吊起读者胃口的"诱饵"。

大千世界各类事物之间的关系纷繁复杂。应把拥有《辟邪剑谱》的人和练成天下无敌的辟邪剑法看成两个事物,来理清二者之间的关系,可能出现以下几种情况:

(1)没有《辟邪剑谱》,短时期内必定无法练成辟邪剑法,因为剑法是几代人的武学研究成果。

(2)获得《辟邪剑谱》,认真钻研,终于成功,练了天下无敌的辟邪剑法。

(3)获得《辟邪剑谱》,尽管勤学苦练,但由于种种客观原因,或先天条件不够,或外部因素干扰,没能练成。

(4)获得《辟邪剑谱》,但自己压根不练,肯定不具有天下无敌的辟邪剑法。

归根结底,拥有《劈邪剑谱》是练成天下无敌的辟邪剑法的必要条件,即没有《辟邪剑谱》则练不成天下无敌的辟邪剑法;而获得《辟邪剑谱》,可能练成天下无敌的辟邪剑法,也可能练不成天下无敌的辟邪剑法。这才是二者之间多元关系的最重要的本质特性:没有条件则没有结果,有了条件可能有结果也可能没有结果。

小说中所描写的岳不群和令狐冲的江湖推论,仅仅表述了拥有《辟邪剑谱》的人和练成辟邪剑法两个事物之间多元关系的部分内容,但未能说明可能出现的另外几种情况,包括事物之间多元关系中的本质特性。属于没有激活话语蕴涵的认识偏误。

现代汉语学科划分复句类型的主要依据之一是分句之间的关系,再就是利用联结分句的标志联结词从语法上对复句的类属作出明确的判断和认定。语言表述的内容是人们的认识对象,而社会实践中人们对复句内部分句之间关系的分析判断自然含有明显的主观意识。看三个例句:

1. 我们不但善于破坏一个旧世界,而且还将善于建设一个新世界。

这是一个递进复句,前后两个分句表示的思想通过联结词"不但……而且……"从句型和语气突出后面分句表示的意义更进一层。

2. 如果不推翻压在中国人民头上的三座大山,我们就不能建立一个人民当家作主的新社会。

联结词成套使用的假设复句,句子内部的联结词"如果……就……"传递的信息是,前面的分句以某种情况为假定的前提,然后引出相关的结论,强调假设,也注重假设情况成立之后出现的结果。

3. 我们要砸碎旧的国家机器,然后建立一个全新的人民民主国家。

"然后"是个联结词,表示两类事物变化发展的时间顺序。两个分句陈述相同主体的主观愿望。"然后"表示的是主语"我们"要做的两件事情时间上有先后次序。

有教师在课堂上做过实验,让学生根据自己的认识和理解,给三个复句省略了联结词的复句添加联结分句的联结词。删去联结词的三个句子如下:

1. 我们善于破坏一个旧世界,还将善于建设一个新世界。
2. 不推翻压在中国人民头上的三座大山,我们不能建立一个人民当家作主的新社会。
3. 我们要砸碎旧的国家机器,建立一个全新的人民民主国家。

以学生练习时使用的联结词为单位,出现频率由高至低测试结果统计如下:

递进关系：不但……而且……
因果关系：因为……所以……
假设关系：如果……就……
因果推断关系：既然……就……
目的关系：……以便……
条件关系：只有……才……

课堂讨论环节，许多同学都认为自己选择添加的关联词合理规范。他们引经据典，陈述理由，各不相让。最后，同学们提出一个问题，这种练习有标准答案吗？按理，标准答案只有一个。

三个省略了联结词的复句所承载的信息是客观的，而人们各自根据自己主观的认识、理解和分析对语言素材作出判断和认定，出现差异不足为奇。

如果换一个视角，从全人类同一的思维形式角度考察，情况就不一样了。三个复句内部分句所反映的两个事物之间的关系本质上属于一种"破"与"立"的关系，即破旧立新，不破不立。"破"是破坏、破除，"立"是建立、建设；"破"是必要条件，"立"是必要条件产生的结果。两个事物之间关系的本质特点是：没有条件就没有结果，有了条件可能有结果也可能没有结果。这就是三个复句内部分句所反映的两个事物之间共同的逻辑蕴涵。

现在对以上三个省略了联结词的复句作检验：

一、我们善于破坏一个旧世界（A，条件），还将善于建设一个新世界（B，结果）。逻辑蕴涵：没有 A 条件就没有 B 结果；有了 A 条件，可能有 B 结果，也可能没有 B 结果。语言表达为：没有"我们善于破坏一个旧世界"的条件，就没有"还将善于建设一个新世界"的结果；有了"我们善于破坏一个旧世界"的条件，可能有"还将善于建设一个新世界"的结果，也可能没有"还将善于建设一个新世界"的结果（逻辑原理表述下同）。

二、不推翻压在中国人民头上的三座大山（A，条件），我们不能建立一个人民当家作主的新社会（B，结果）。逻辑蕴涵：没有 A 就没有 B；有了 A，可能有 B，也可能没有 B。

三、我们要砸碎旧的国家机器（A，条件），建立一个全新的人民民主国家（B，结果）。逻辑蕴涵：没有 A 就没有 B；有了 A，可能有 B，也可能没有 B。

事物之间的关系多种多样，当人们的语言表述在语义层次与客观世界的层次不协调时，关系将呈现多元化状态，属性也随之产生变化。通过对语言形态的逻辑蕴涵及其特征分析，可以帮助我们认识和了解事物在发展运动变化过程中各种"质的规定"的必要性和重要性，以使语言表达的主观与客观更趋向协调和一致。

现在讨论一个很有意思的三段论推理：

书是人类进步的阶梯；

淫秽的书也是书；

所以淫秽的书也是人类进步的阶梯。

分析这个三段论是否正确并说明理由。

看法之一：结论毫无疑问为假。如果淫秽的书也是人类进步的阶梯，导向成问题。

看法之二：符合三段论推理各项规则，也体现了三段论公理，正确有效。

看法之三：淫秽的书是精神毒药，前提虚假必然导致结论虚假。

看法之四：淫秽的书不是书，那又是什么呢？

淫秽的书算不算"书"成了焦点。

学习三段论，就是学习三段论推理的构成形态、逻辑特征、推导方法和推理规则。至于三段论内容真假衡量标准的制定，是人们在世界观价值观指导下的意识形态产物，必然包涵着个人或群体的主观思想，不可能具有全人类性。就针对某一具体事物进行评价，中国自古以来就是仁者见仁智者见智，涉及意识形态更加复杂。再看一个命题是真是假：

《金瓶梅》是淫秽的书。

《金瓶梅》图书馆有,中文系资料室也有,如果是淫书,即使出版社敢出版,新华书店敢卖吗?《金瓶梅》算不算淫书,看法从来没有统一过。结合前面三段论小前提"淫秽的书也是书"内容的真假。其主观衡量标准各人不一实属正常。考察分析一个三段论,就是分析它的思维形式和推导过程是否符合思维规律,可以舍弃具体某一个命题内容的真假。这样才能体现了思维形式全人类性同一和思维规律客观性的本质特征。"淫秽的书"算不算书,不同的人可以有不同的主观判断,答案就在自己手中。这样的语句表述不能说存在偏误。

三、借助思维形式

语言交流实践中常见一种"按照你的逻辑"现象,可以看成是合情推理。特定的交际对象相互之间的语言信息交流建立在交际双方对交际话语、交际情景和交际意图相互意会相互明了的基础上,交流的双方发出信息、接收信息和理解信息都运用了相同或相似的思维形式进行推理。语言实践中的信息交流和正式文书的书面语言,此类现象屡见不鲜。

改革开放初期,作家刘绍棠出国访问。在一次记者招待会上,一个外国记者突然点名提问:

刘先生,听说贵国现在实行改革开放,要学习资本主义国家的先进技术和管理经验。这样一来,你们的社会主义不是要变成资本主义了吗?

或许是刻意刁难,也可能是对中国的改革开放不了解,该记者提出的问题确实非常刁钻。双方思想观念不同,主观认识存在差异,刘绍棠如果正面回答,容易引起争论,弄不好招待会就要变成辩论会,事后必然会招致外国新闻界的批评指责,还有可能遭到媒体的攻击。刘绍棠才思敏捷,针锋相对,回答说:

按照你的逻辑,贵国人是习惯喝牛奶的,不就要都变成牛了吗?

刘绍棠所言"按照你的逻辑"是什么"逻辑"呢?

外国记者的提问形式是一个省略的三段论,思维缜密,形式挑不出毛病:

大前提:凡学习资本主义国家的先进技术和管理经验要变成资本主义;

小前提:贵国实行改革开放学习资本主义国家的先进技术和管理经验;

结论:贵国要变成资本主义。

针对记者的提问,如果刘绍棠正面回答解释,长篇大论也难以解说清楚,何况是改革开放初期,国内的经济改革正处于"摸石头过河"的阶段,不少问题我们自己理论上认识还不够清晰;更何况又是在国外,在场的大多是思想观念不同而且对中国国情了解不全面的外国人。刘绍棠的回答采用的是和外国记者相同的省略三段论形式:

大前提:凡习惯喝牛奶的会变成牛;
小前提:贵国人习惯喝牛奶;
结论:贵国人会变成牛。

与外国记者的提问如出一辙,刘绍棠的回答大前提内容真假值有问题,但整个三段论推理思维形式正确有效,无懈可击。如果外国记者否定刘绍棠的回答同时也就否定了自己的提问。现在看来,针对特定语境的一时一事,运用语用推理获得特殊语义场的或然性结论,能收到意想不到的交际效果。刘绍棠回答记者提出的尖锐问题,只用了一个"按照你的逻辑"构成的省略三段论,词语最经济,效果最理想,有理,有利,有节,堪称外交语言的经典。

萧伯纳是英国现代杰出的现实主义戏剧作家、擅长幽默与讽刺的语言大师。他的艺术创作语言尖锐泼辣,充满机智,妙语警句屡见不鲜。一次,萧伯纳为宣传一部新作品举办餐会。期间,一个资本家想借这个机会当众羞辱。资本家大声宣告:

人们说,戏剧家都是白痴。

萧伯纳以他惯有的超脱和镇静,机智风趣而不失幽默诙谐地笑着回答:

先生,我看此时此刻你就是最伟大的戏剧家。

结果辱人者自取其辱,要埋怨的话也只有回家埋怨自己了。资本家在特定语境中羞辱萧伯纳的言论是一个不多见的仅有大前提而省略了小前提和结论的三段论:

大前提:戏剧家都是白痴;
小前提:萧伯纳是戏剧家;
结论:所以,萧伯纳是白痴。

资本家利用公众场合语境,面向参加餐会的众多客人——交际环境中的公众对象,其中包含所省略的小前提和结论的特指对象——戏剧家萧伯纳,矛头所指不言而喻。大庭广众之下,而且是在自己举办的餐会这样一个特殊的场合,竟然遭受赤裸裸的言论攻击羞辱,萧伯纳的回应闪耀着智者思想品质和艺术才华的光辉。他照样用了一个省略三段论毫不客气回敬妄图攻击羞辱自己的人:

大前提:戏剧家都是白痴;
小前提:此时此刻你就是最伟大的戏剧家;
结论:所以,你就是最伟大的白痴。

萧伯纳以对方的言论为大前提,添加了一个明确具体对象的小前提,却省略了结论。两个省略三段论是在同一时间、思维对象、人物关系的相同思维环境中使用相同概念,而且都是省略形式的三段论推理,包括搜寻、激活和补充语境信息,前后联系和思想观念的表达清晰明了。

第六章 汉字偏误分析

汉字是书写汉语的工具，掌握汉字是掌握汉语书面语的必经之路，汉字教学是汉语教学的重要组成部分。汉字体系庞大，形体众多，结构复杂，读音、意义也很复杂。近年来，社会上使用汉字混乱的现象日益严重，汉字教学和汉字研究一直是汉语教学领域的一个薄弱环节。所以，很多专家学者不断呼吁加强汉字和汉字教学的研究。偏误分析不失为一个很好的研究汉字教学的入口，从理论上说，偏误分析可以发现语言习得规律并深化我们的认识；从实践上说，可以帮助我们预测和避免偏误，指导教学。汉字偏误分析的具体研究成果有利于汉字教学实践的改进与提高。

第一节 汉字偏误概说

一、什么是汉字偏误

汉字偏误是指字形上的不规范、有错误的汉字，一般称为错别字。错别字可分为错字和别字。错字是指笔画、部件有误的字，一般上是不成汉字的字；别字是指该写甲字而误写成乙字的汉字。

偏误分析要区分"失误"和"偏误"这两个概念。失误是在特殊情境下产生的偶然现象。比如说话时临时改变主意，注意力不集中或疲劳、紧张等，都会造成失误。失误是不成系统的，它不反映说话人的语言能力，一旦出现这种错误，说话人就有能力改正它。偏误是指中介语与目的语之间有规律的差距，是语言习得过程中所产生的中介语的有机的组成部分，偏误与偏误之间是成系统、有规律地联系着的。无论是说本族语的人或者学习外语的外族人，他们在学习语言的过程中经常会出现各类的偏误，这是一种自然且无法避免的正常现象。

二、造成汉字偏误的原因

汉字偏误的现象极为普遍，不仅见于中小学作文、大学生信件、街道招贴、报章广告、路边标示，各类的出版物上也随处可见。造成汉字偏误的原因很多，主要的原因有以下几方面。

1. 汉字自身的复杂性

汉字数量多，汉字是记录语素的，它要为数以千计的语素构造形状各异的符号。这就使汉字的数量膨胀，通用的有六七千，常用的也有一两千，这么多汉字，对于学生来说是很重的负担。

汉字字形结构复杂。多数汉字，既要记录语音信息，又要记录语义信息。这种记录语言的模式从一开始就决定了多数汉字字形结构的复杂性。现代汉字的笔画种类多，构成汉字的笔画数也较多。据统计，现代常用汉字平均笔画数是十画左右，大部分汉字的笔画是在六至十二画之间。不少笔形的区别度很小，找不到理解这些差别的依据，因而很难分辨，很难记忆。在汉字体系中，笔画与笔画之间的不同关系是区别字形的手段之一，如"入"与"人"，在字形上的唯一区别就是两个笔画的相互关系不同。学生在阅读和书写汉字时不明白为什么此处该连、为什么此处该分、为什么此处又该交叉，稍有不慎把该连的分离了，把该分的交叉了，就写成另外一个字了。他们在理解上找不到根据，只能死记，而死记对于学生来说是沉重的负担。现代汉字的基本构件是由笔画组成的部件，无论是成字的还是不成字的，很难分清。如"土"与"士"、"己"与"已"。由于两个以上部件组成的汉字占大多数，部件与部件之间就有一个搭配关系的问题，在部件与部件的组合上也很难找到可以充分理解的规律。阅读和书写汉字的时候，学生很容易张冠李戴。

汉字形音义关系复杂。从记录汉字的特点来看，汉字是形音义为一体来记录汉语语素的符号，学习汉字不仅要知音、知义，还要知形。汉字形音义关系复杂,有不少形近字、同音字、多音多义字,使人难认、难写、难记。这些特点都是造成汉字偏误的原因。早期的汉字字形多从表形表意入手,但经过几千年的形体演变,这些字早就失去了象形表意的功能,大多成为既不能表意又不能表音的记号。于是,这些字成为学生最难学习的汉字符号,在学生眼里,这些字就是由一堆各种笔画毫无规律地组合成的记号。而这些汉字大多又是常用字和构字能力很强的部件。

汉字没有专用的记音符号。在汉字中,记录同一音节的音符往往不止一个。如:记录同一个音节"yī",可以用好几个声符去记录它,我们也很难记清哪一个字用哪一个声符。标注同一义类的意符往往不止一个,如"同属使视线接触事物"这个义类,"瞧"用"目"作意符,"视"用"见"作意符,很难准确梳理、总结并充分利用义类来确定意符的规律。

除了认读、书写之外,还有个正确使用的问题。如"维、惟、唯","维持、维护"只能写"维",不能写"惟";而"思维",也可以写成"思惟",难以分辨。汉字原先记录的字义或语素义,在现代汉字中,有的已经弃用,有的罕用,记录这一类字义或语素义的字搭配成词时,从字面上很难找到理解词义的阶梯,极易用错写错。如"刻苦",为什么不是克苦(克服痛苦)?"提纲",为什么不是"题纲"(题目的纲要)?

2. 学习方法失衡

学习方法失衡主要来自被动的学习心态和不当的学习策略。学生对汉字的畏难情绪造成了学生以被动的心态学习汉字。很多学生开始学习汉字之前就有一种先入为主的印象:汉字难读、难记、难写。很多学生练习汉字不充分,造成书写时出现错字或别字。

不当的学习策略是造成学生书写汉字偏误的原因之一。学生在学习汉字最常用的策略是记忆整体字形和机械重复,由于人们重视字形轮廓而忽视细部,而影响字的完整提取,对整字和部件形体的不熟悉,以及对形音、形义关系了解不够,造成错字或别字的现象。

3. 教学方法单一

教学因素也是学生书写汉字偏误的重要原因。教学内容的无序性和教学方法的单一性也是造成学生汉字偏误的原因之一。长期以来，汉字教学法一直停留在板书示范、逐字教写、领读正音的水平上。反复听写、多练多写、死记硬背成为学生掌握汉字的主要途径。随着学习汉字的不断增加，要记的汉字越来越多，对于那些区别性不明显的笔画和部件就容易记混。在三个层面的偏误字中笔画变形、部件改换、整字同音替代的偏误率都是最高的。这不得不使我们从教学中寻找原因。

尽管汉字的字形因字而异，但并非一盘散沙。汉字发展到现在，符号性越来越强，内部构造越来越有规律，形成一个完整的文字体系。汉字形体结构一般分为三个层次：笔画、部件、整字。笔画是汉字最小的结构单位，部件是汉字基本的结构单位。现代汉字是由笔画构成的，笔画组成部件，部件再构成整字。汉字偏误也可以分成笔画偏误、部件偏误和整字偏误三大类。

第二节 汉字笔画偏误

笔画偏误是指由于笔画的变形增减引起的偏误。在分析笔画偏误前，认识笔画本身的性质非常必要。笔画是构成现代汉字字形的最小结构单位，也是构成部件的基本单位，掌握现代汉字的笔画是掌握部件和整字的基础。笔画是构成汉字字形的各种特定的点和线，根据楷书书写的要求，在书写中从落笔到提笔叫"一笔"或"一画"，合称笔画。具体来说，汉字笔画层次的形体特征是通过汉字各个笔画的笔形、笔画数目、笔画起讫的位置、组合关系以及笔顺等几个方面来体现的。笔形即笔画的基本形状，即笔画的形式或样式。基本笔形就是由简单的点或线构成的笔画，派生笔形则是由两个或两个以上的基本笔形联结而成的笔画。根据《印刷通用汉字字形表》，汉字最基本的笔形有五种，为横、竖、撇、点、折，"捺"归入"点"，可用"札"字代表。这五种基本笔形构字量非常庞大，而它们起笔和落笔的位置情况千变万化，不同笔形间的差异又很微小。

现代汉字存在大量的形似字，字形和笔画都十分相似相近，字形区别微细，有的仅仅在于是笔画长短，有的仅仅在于运笔方向是向左或是向右。此外，还有很多字极为相似，差别就在于一两笔，如"风"和"冈"、"犬"和"尤"，等等。大量普遍存在的形似字为学生识记笔形带来困难。学生对汉字笔画的区别特征不够敏感，常常会混淆相似的笔画，常常会"点"、"捺"不分，"撇"、"提"混用。他们觉得形状上非常相似，书写时不会细究，混写混用非常普遍，以致形成错别字。

现行汉字的字形规范的确定依据是《印刷通用汉字字形表》和《现代汉语通用字表》所拟定的标准。1965年1月，文化部和文字改革委员会公布了《印刷通用汉字字形表》，规定了6196个汉字的标准印刷字体，确立了汉字印刷体字形的标准。《印刷通用汉字字形表》对汉字的笔画数目、笔画形状、笔画顺序、结构方式都作了说明。1988年3月，国家语言文字工作委员会与中华人民共和国新闻出版署联合公布了《现代汉语通用字表》，字表收录汉字7000个，不但规定了现代通用汉字的数量，而且规定了每个汉字的规范字形，包括笔画数和笔形，是一个规范汉字字形的字表。笔画偏误类型主要包括笔画变形、笔画增减、笔画误断误连、笔画配合偏误、笔顺书写偏误等。

一、笔画变形

笔画变形指具体的笔画形态改变，变成其他笔画或完全走样。如"七"的首笔是横，不少人误以为是撇。折笔的走向变化多端，类型多样，折笔容易混淆。例如"练"右边部件的第三笔是横折钩，不少人误以为是竖钩。有人不清楚汉字笔画的书写原则，笔形完全走样，如把"口"一笔连书成一个圈，把"弓"、"己"一笔连书成来来回回的曲线，字的形状被扭曲了。汉字笔画的基本原则是，在同一笔画上,笔尖只能走一次,不能走回头路,写横只能由左向右,不能由右向左。根据这条书写原则,横折后面只能另起一笔写横。

在笔形偏误中,发现有的汉字整体上正确,细究其字却又发现了偏误。这是因为楷书汉字笔画有一定的变形规律,汉字笔画有时受邻接笔画或形体结构的影响和制约,在特定的场合要改变笔形,即使是同一种笔画,也会出现各种不同的形态。要书写正确规范的汉字,必须了解楷书汉字结体时笔画的变形规律。如"月"字在别的部件的下面时起笔的撇要改为竖,如"青"、"肯"等,不少人将"月"字的起笔仍误以为是撇;"几"字的横折弯钩在部件的上面时要去掉钩,如"朵"、"船"等,不少人没有去掉钩,等等。这样不仅不能正确书写汉字,也不利于汉字的正确查检。楷书汉字笔画的变形规律大致有:

(1)横改为提。左旁末笔的横要变作提,如"巧、政、野、孔"。

(2)竖改为撇。"丰、半、羊、辛"作左偏旁时末笔的竖要改为撇,如"邦、判、翔、辣"。

(3)撇改为竖。"月"在别的部件的下面时起笔的撇要改为竖,如"有、青、肯、能、肖"。"萌、霸、赢"例外。

(4)撇改为横。左旁含有撇的偏旁部首很多,但只有"匕"作左旁时需变撇为横,如"比、顷"。

(5)捺改为点。字的左旁有捺画时,为了"让右",使左右两个部件紧凑,捺一般都要变捺点,如从、劝、刘、利。当一个字的临近笔画有两个或两个以上的捺笔时,为了摆稳全字的重心,使字形富于变化,只保留一个捺,其余的捺要改为点,如"这、述、秦、餐"。

(6)横折钩改为横折。"羽、甫"处于别的部件的上面时要去掉钩,如"翠、翼、博、傅"。

(7)竖钩改为撇。字的左旁有竖钩时,只有手字旁需变竖钩为撇,如"拜、掰、辩"。

(8)竖钩改为竖。"小、可"处在别的部件的上面时,竖要去掉钩,如"尖、尘、省、哥"。

（9）竖弯钩改为竖提。字的左旁有竖弯钩画时，绝大多数需将竖弯钩变作竖提，只有极少数的字不变，如"切、顾、改、顽"。

（10）横折弯钩改为横折提。字的左旁有横折弯钩时，一般都把横折弯钩变作横折提，其目的是为了"让右"，使左右两部分紧凑，如"鸠、颈、颓、微"等字。

（11）横折弯钩改为横折弯。"几"处在别的部件的上面时要去掉钩，如"朵、没、船、段"。

二、笔画增减

笔画增减是指在原本正确的汉字上增加多余的笔画或者减少应有的笔画。这种现象一方面是由于汉字的平均笔画数量较大，汉字中的笔画可以向上下左右四面延展，笔画间的接触位置也是多种多样，不易掌握；另一方面，是由于学生辨认汉字时，遵循的是"先整体特性、后局部特征"的过程，学生往往容易掌握整个汉字的字形轮廓，对不太明显的局部信息不大留意，容易出现笔画增减的现象。

笔画减少的偏误数量很大，横笔成为减笔偏误中被减数量最多的笔画，从汉字系统内部来看，横笔是笔画中出现频率最高的笔形，常会在一个汉字中多次出现横笔，又常常平行排列，横笔本身特征不明显，又不像竖笔那样在一个字中起到骨架作用，学生书写时容易遗忘横笔。如"真"字，容易把中间的三横写成两横。点笔误增误减的频率也很高，这一方面是因为点笔在现代汉字中的出现频率比较高；另一方面是因为点笔比较隐秘，如"葵"、"蔡"中的点笔多笔同现，不能够准确记忆便容易出错。

受形似部件类推的影响也容易出现笔画增减现象，如受"低"、"底"、"抵"等字的影响，"纸"字下面会多加一点；受"弋""戈""戈"字的影响，会把"尧"、"烧"、"浇"这一系列字的上面多加一点。常见的还有"步"字受"少"字的影响，下面的部件多加一点，"武"字受"戈"字的影响多加一撇，"展"字受"表"字的影响多加一撇，等等。

三、笔画误断误连

笔画误断误连是指一字中本来是一个笔画被断开书写，或不同笔画因靠近而被连写。笔画误断会增加笔画数，笔画误连则会减少笔画数，笔画误断会使整字看上去不紧凑，呈拼接状态，破坏整体感，有的还会改变整字的结构。如将独体字"象"、"鬼"的长撇错误断写，变成上下结构，将"里"、"果"中间长竖错误断开，写成了"田"、"土"相叠，"田"、"木"相叠，变成上下结构。相接或相邻的笔画书写走向相同，容易造成笔画误连，如"了"的两笔误连为一笔。笔画的误连一般不改变整字的字形，不影响整字的辨认，但笔画误连的偏误减少了汉字中的笔画数，也不利于汉字的查检。

四、笔画配合偏误

笔画配合偏误是指组成一字的笔画相离、相接、相交的关系改变，或笔画之间因相对位置的不同而分出的长短比例关系、上下内外关系的改变。

笔画配合可以分为几种。第一种是根据笔画与笔画之间是否接触，分为相离关系、相接关系、相交关系。汉字中笔画间的相离、相接、相交非常普遍，各种笔形之间都可能形成以上三种关系，这些关系复杂多变，不易掌握。组成一字的笔画相离、相接、相交的关系改变，交点或切点位置改变都会造成字形偏误。如"黄"中间的部件是"由"字，中间一竖要出头，与横折构成相交关系，而不少人把中间一竖与横折写成相接关系，写成了"田"字。第二种是根据笔画之间相对位置的不同，分出长短比例关系、上下内外关系等。每一个汉字笔画的长短虽然没有绝对的要求，却有相对要求，哪一笔和另一笔长度相当，哪一笔必须长于另一笔，长到什么程度，是否要与另一笔并齐、相接或相交，这些都有一定的讲究。如"粹"

的末笔竖,上端不能与"从"的上端并齐;"坐"的第六笔竖,上端则必须与"从"的上端并齐。又如"例"的第三笔横,不能长得盖住立刀旁;而"死"的首笔横,却必须长得盖住"匕"。混淆笔画之间的长短比例关系,也会写成错字。例如,把"壶"、"吉"等字的"士"部写作"土"部,没有区别"士"、"土"两字中两横的长短比例关系,"己"和"已"混淆,是不懂得两字中的竖弯钩的长短不同。还有的是笔画的内外或上下位置改变,如"辄"的长横必须长得盖过竖弯钩,右边形成半包围关系,不少人写"辄"没有把横笔拉长,右边写成"耳"字和竖弯钩并列的左右关系。

五、笔顺书写偏误

笔顺书写偏误是指书写汉字时笔画的先后顺序不合笔顺规范。笔顺书写偏误一般不改变整字的字形,但是不依笔顺写字,很难将字写得正确、美观,且书写时感到不方便和不自然,也影响汉字的正确查检。国家语言文字工作委员会标准工作委员会编了《现代汉语通用笔顺规范》,1997年8月由语文出版社发行。该规范给出了1988年3月由国家语委和新闻出版署发布的《现代汉语通用字表》中7000个通用汉字的笔顺。

汉字笔顺的基本规则是:先横后竖,先撇后捺,先上后下,先左后右,先外后内,先中间后两边,先进入后关门。多数字的写法是书写顺序规则的综合运用。有少数字结构特殊,笔顺不易弄清,因此除了掌握上面的基本规则外,还要注意一些补充规则,因为基本的东西人们往往都能掌握,却常常在一些细节上失误。这些补充规则有时是推行汉字笔顺规范的难点甚至是关键。补充规则有:

(1)后写右上点,汉字中一些带有右上点的字或部件,一般后写右上点,如"犬、术、戌、书、发、尤、求、代、戒、找"等。

(2)后写内部点:内部点是字主形内部的点,一般后写,如"叉、凡、为、勺、瓦、丽、兔、雨、玉"。但有些字如"义、丹、母、戍、卵、逐"等例外,必须加以注意。

（3）先内后外：下包上结构的字，先写上内，后写外包，如"凶、函、幽、山、鬯"。

（4）先撇后折：有撇、折组成的部件和字，多数先写撇，后写折，如"匕、九、句"。但有些部件和字例外，要先写折，后写撇，如"刀、力、乃、万、皮、女、方、虎、发"等。含上述字或部件的字，也是如此。这些字须特别留心，不能与先撇后折混淆。

（5）先竖后横：长竖与短横相接，先竖后横，如"北字旁"、"非字旁"。含这些部件的字都是如此。

（6）含建字底、走之儿半包围结构的字，一律先写右上，后写建字底或走之儿，如"延、廷、建、过、远"等。

（7）从"匚"与"丁"半包围结构的字与部件笔顺较为特殊。既非先内后外，也非先外后内，而是内外交错进行。"匚"属于上左下包围结构，先写上内，后写左下，如"匹、医、匠、區"等。"丁"属于上、右下包围结构，先写上内，后写右下，如"可"。

（8）一些特殊的偏旁，不是先左后右，而是先右后左，含有这些部件的字如"陈、阳、陂、郊、都、耶、即、叩"等，就是如此。

（9）"火、肃、脊"，它们的笔顺不是先中间后两边，而是相反。根据《现代汉语通用字笔顺规范》的规定，"火"：点、短撇、长撇、捺。（丶丷少火）。"肃"：最后四笔的书写顺序是"先两边，后中间"，全字书写笔顺是：横折、横、横、竖、长撇、竖、撇、点。"脊"：先写"人"字两边的"点、提、撇、点"，次写中间的"人"字。

以上这些规则是汉字笔顺的常见规则，但还不能覆盖所有规则。由于汉字是结构形式复杂的平面文字，每个字都有其独特的形体特征，掌握了这些规则并不一定就能正确书写全部汉字的笔顺。汉字复杂，有的字确实很难按笔顺的一般规则书写，要特别注意诸如"方、爽、幽、凹、凸"等字特殊笔顺的写法：

"方"：点、横、横折钩、撇。

"爽"：先写"横"，次写两边的"爻"，最后写中间的"人"字。

"幽"：先内后外先写中间的一竖，然后写两个"幺"字，最后写最外面的，先是竖折，最后是右边的那一竖。

"凹"：先写竖，再写横折横，再写一竖，再写横折，最后写横。
"凸"：先写竖，再写横，再写竖，再写横折折折，最后写横。

第三节　汉字部件偏误

部件偏误是指由于汉字的构字部件的增减、变形、替代、变位等引起的汉字偏误。部件是由笔画构成的具有组配汉字功能的构字单位，从构成汉字的三个结构层次来说，部件介于笔画和整字之间，它大于或等于笔画，小于或等于整字。在合体字中，部件小于整字，在独体字中，部件等于整字。部件是由笔画组成的，部件一般大于笔画。但是个别特殊的单笔画也能够单独充当部件，例如"一"和"乙"。部件是汉字的构形单位，笔画是汉字的书写单位，部件比笔画更高一个层次。部件层面的偏误可分为部件增减、部件改换、部件组合偏误三类。

一、部件增减

部件增减是指在原本正确的汉字上增加多余的部件或者减少应有的部件。汉字中存在大量音同形近字，书写时增加多余的部件或者减少应有的部件而写成别字。

（1）他正在按（安）装飞机模型。

"安"在用作动词时，有装的意思，故"安"和"装"可以联合成词。"按"，"下也，从手，安声。"（说文），段玉裁注："下"是"以手抑之使下也"，即用手往下撤。"安装"，是按照一定的程序、规格把机械或器材固定在一定的位置上，必须运用一定的技术手段施工，当然不是用手撤一下便能解决问题的，因此，不能写作"按装"。

（2）这部剧在六月份演出的时候，场场暴（爆）满，盛况空前。

"爆满"是形容影院、剧院等公共场所里人多到没有空位的程度。"爆满"是正确的,并没有"暴满"一词。另外还要注意"爆发"和"暴发"的区别。"爆发"和"暴发"都有突然、迅速地发生的意思。"爆发"是指因爆炸而发生,如"火山爆发",比喻像弹药爆炸一样突然发生。在用于社会事物时,"爆发"是指多用于抽象事物,如革命、起义、运动等,还表示个人力量、情绪等的突然发作或表现。"暴发"多用于山洪、大水、疾病等。另外,"暴发"还指用不正当手段突然得势或发财,多含贬义,"爆发"没有这种用法。

(3) 这几天,王晓曼神彩(采)飞扬,得意地有点忘形了。

"采"是个会意字,从爪从木,本义是摘取,表示用手去采摘树上的果实的意思;引申为搜集、开发,如"采风、采矿"。常用于人,用来表示人的神态和精神面貌等抽象意义,如"神采奕奕、无精打采、兴高采烈"。"彩"是个形声字,左边的"采"是个声符,右边的"彡"是意符。"彡"读音为 shān(山),其义除了和毛发有关外,常跟色彩有关。比如,"虎"指老虎身上的花纹,"彤"指用红色涂饰器物等。"彩"的本义是华美的颜色,常用于物,用来表示物体的多种颜色以及色彩缤纷的物体,如"光彩夺目、五彩缤纷、剪彩、张灯结彩",还能表示称赞的欢呼声、赌博或游戏中赢得的财物,如"喝彩、彩票、中彩"。

(4) 一走进渡(度)假村的大门,只见两排挺拔的白杨迎风站立,仿佛在夹道欢迎来宾似的。

"度"的本义是"计量标准",古人曾以手作为丈量工具,"度"下部的"又"便是手的象形。如"尺度、广度、深度"等,丈量通常是由此点到彼点,故"度"又有由此达彼的意思,"渡"则由"度"派生而来。"度、渡"二字,都有"由此及彼"的含义,但具体含义有区别:度,义为"由此时及彼时"(时间);渡,义为"由此岸及彼岸"(空间)。例如:"度假、欢度春节、度过一生",都是表示"时间"的,所以都用"度";"渡江、渡过难关"都是表示"空间"的,所以都用"渡"。"度假"显然和时间有关,不应写成"渡假"。

(5)他是位老老实实的本份(分)人。

"分、份"是常用字,使用频率甚高,但容易混淆。"分"表示成分,即构成事物的因素,如"盐分、水分、养分";又指职责和权利的限度,如"恰如其分、安分守己"。"本分"是指安于所处的地位、环境,没有过多的想法和追求,与此同义的"成分、缘分"等。"份"指整体里的一部分,如"每人一份、股份、份额"。表示划分的单位,如"省份、县份、年份、月份"。用作量词,如"一份礼物、两份文件、这份材料、那份报纸"。还有个别约定俗成的用法,如"身份"。从理据方面讲,"身分"确实要比"身份"更说得过去,但是在实际的使用中,"身份"出现的频率则远高于"身分"。"身份证"已为群众普遍接受。《现代汉语词典》按约定俗成的原则,收入了"身份"这个词。

(6)首长们还给我讲了不少贺妈妈在井岗(冈)山和长征途中的英雄事迹,夸她是井岗(冈)山第一名女红军战士。

"冈"指较低而平的山脊,构词有"井冈山、山冈、黄冈、云冈石窟"。"岗"指低矮的小山或高起的土坡,如"黄土岗儿",后引申为守卫的地方,如"门岗",表示岗位、岗哨要用"岗"。

(7)解放前,劳动人民终年辛勤劳作,但仍然过着衣不蔽体、食不裹(果)腹的生活。

"果",本指树木结的果实。大凡果实,皆饱满而圆胀,庄子便用"果"来形容人饱足的样子。"适莽苍者,三餐而反,腹犹果然。"(庄子《逍遥游》),"腹犹果然"意思是肚子像果实一样圆。"食不果腹",指吃不饱肚子,形容生活贫困。"裹"的意思是在外部包扎、缠绕,"食不裹腹"搭配不当。

(8)每个人都应有自尊心,人家不给你,你不要死皮癞(赖)脸地去要。

"赖",形声字,从贝,剌(là)声。本义是得益、赢利。"贝"即经济,是人的立身之本,故"赖"有依靠义。一旦失去依靠,人会铤而走险,故"无赖"一词可指品行恶劣的人。"死皮赖脸"极言人的不顾廉耻。"癞",形声字。从疒(chuáng),表示与疾病有关,赖声。本义是病名,指麻风病或癣疥等皮肤病。"赖、癞"两字的区别是:一为品行判断,一为病理判断,不能混为一谈。

(9)亚运会上,中国健儿们再接再励(厉),一举拿下了数百枚金牌,再创佳绩,赛出了中国风采。

"厉","旱石也。"(《说文解字》)"旱石"就是磨刀石,后来因此加上形符"石",造了一个今字"砺"。"再接再厉"虽然常用于鼓励的场合,但"厉"并不是鼓励的意思。"再接再厉"出自韩愈、孟郊的《斗鸡联句》:"一喷一醒然,再接再砺乃。""接",接战;"砺",磨砺。意即公鸡每次交锋前,都要先磨一下嘴。后用"再接再砺"比喻继续努力,再加一把劲。因"厉"可通"砺",通常写作"再接再厉"。"励",形声字,以"力"为形符,表示"勉励、鼓励、激励"的意义。人们常说"奖励"就是颁发奖品、给以鼓励的意思。

(10)小俩(两)口没啥,老人的自尊心却受了伤害。

"两"跟"俩"在理解和实际应用中经常混淆。"俩"在表示数字时读"liǎ",是两个的意思,如"他们俩、咱俩",也表示不多、几个的意思。如"仨瓜俩枣"。"俩"作为数字用字,已包含量词,后面不再接"个"字或其他量词,如果出现"俩",后面就不能再跟

"口、人"之类的字。所以正确的写法应该是"小两口",而不是"小俩口"。类似的还有"我俩"不能写成"我俩人"。

(11)这幅现代画中的建筑美仑(轮)美奂,颜色搭配合理,可为精品中的精品。

"美轮美奂"出自《礼记·檀弓下》:"晋献文子成室,晋大夫发焉。张老曰:'美哉轮焉,美哉奂焉'。""轮",指轮囷,古代的一种圆形高大的仓库建筑,此处指高大;"奂",众多,盛大。"美轮美奂"的意思便是"美哉,高啊!美哉,大啊!",后来用"美轮美奂"形容新屋高大美观,也形容装饰、布置等美好漂亮。

(12)两国间的友好交往可以追朔(溯)到明初。

"朔",本义是农历每月初一。"月一日始苏也。"(《说文》)意思是每逢农历初一,月亮"复苏",由暗转明,故字形从月。"溯",本义是逆流而上,故从水,后引申为追求根源。比喻回首往事、探寻渊源。"追溯"一词就是由此引申而来,因此正确的写法是"追溯"。

(13)一旦情绪无法自然渲(宣)泄,人就开始感到焦虑和压力。

"宣","天子宣室也。"(《说文》)段玉裁注"宣室"即"大室"。后引申指广、大,或使之广、使之大。"宣泄"则是通过"宣"让情绪从里向外吐露、发泄,以达到精神调节的目的。"渲"即渲染,画国画时用水墨或淡色涂抹画面以加强艺术效果,和情绪无关。

(14)歌声在亿万中国人民的心中引起了共鸣,歌声迅速响遍神洲(州)大地。

"神州"是中国的别称。"州"和"洲"写法相近,读音相同,又都可做地名用,但是两者仍有明显区别,不可随意多加或省略"氵"。"州"是中国古代户籍编制单位,"州"一般用作行政单位。

另外，中国许多城市，如"福州、苏州、杭州"中都是"州"，而非"洲"。"洲"有水字偏旁，是水中之地的意思，如"绿洲、沙洲"。"亚洲、欧洲、非洲、美洲……"中的"洲"仍然是水中大陆的意思。有的地名是要写成"洲"的，它们是湖南的"株洲市"和湖北武汉的"新洲区"，它们不是历史上行政区演变而来。其他重要地名，一般是行政区演变而来，写作"州"。

二、部件改换

部件改换是指构成正字的原部件被写成其他部件。原部件和改换部件本身在汉字系统中都存在，由于原部件与替换部件之间或形体相似、或意义相近、或读音相近，书写时出现部件改换，可以理解为是将正确的部件写在了错误的位置上。部件改换造成的偏误是部件偏误形式中最主要的形式。这类偏误又可以细分为：形近改换、意近改换、音近改换和类化替代。

（一）形近改换

形近改换是指由于部件的形近而引起的部件改换。意符或声符由于形体近似，都可能引起部件的改换。一些常见意符之间虽然在意义上没有什么联系，但是由于形体相似，学习者在书写中往往换用。反映的是书写者对这些意符的表意功能或者说对它们表示什么义类还不是很清楚。如"礻"部和"衤"部形体近似，极易写错，应该从字义上分辨该用哪一个意符。凡是与迷信神事有关系的，都用"礻"部，如"神、祝、社、祈"，凡是与衣饰有关系的，都用"衤"部，如"衫、被、裸、初"。"初"字的本义表示裁衣服的开始，所以从刀从衣。

有的声符虽然读音不同，但因声符形体近似，也会引起形近改换。如"沛"字右边的部件是"市"，和"肺"、"芾"字一致，和"柿"字的声符不同，由于声符形体近似，不少人把"沛"字右边的部件误写作形体相近的"市"。形近的声符之所以常出现混用，与其形体上非常相似，视觉区分度较小有关。其实，完全可以运用形声字的特点来进行识记，形声字的声符有表音的作用，相似的声符其表音不同。如："仑—仓"，在用作部件时常被用错，如果知道它们都是声符，有表音的作用，从仑的字，多读"lun"音，如"论、伦、轮、抡"，从"仓"的字多读"cang"音，如"舱、苍、沧、伧"，还有的从"仓"的字尽管不读"cang"，但韵母为"ang"韵，如"抢、枪、呛"等。利用形声字声旁读音的特点来区分形近部件，就可以避免上面的类似错误，完全可以利用形声字的声符来区分形体相近的声符。

双音节词有不少是由字义相近、偏旁相同的两个字组成，有人写双音节词时不自觉地进行偏旁类推，把某一字的偏旁改换成和另一字相同的偏旁，如"跋涉"中的"涉"字，把"氵"部改换成"𧾷"部，"狭隘"中的"隘"字，把"阝"部改换成"犭"部。

（1）骏马疾驰（驰）在绿色的草原上。
悠扬悦耳的乐曲声，使同学们紧张的神经顿时得到松驰（弛）、舒缓。

"驰"，从马，其本义指（车、马）快跑，快跑，如"驰骋、风驰电掣"，后引申为向往、快速传播，如"心驰神往、驰名"。"弛"，从弓，本义是放松弓弦，后引申为放松、解除，如"松弛、张弛有度"。辨别这两个字的方法是："弓"部的"弛"与弓箭有关，表示放松；"马"部的"驰"与车马有关，多用于指速度、距离等。认清意符是辨别"弛、驰"的一条捷径。

（2）北部边疆地区，一进腊月，就是寒气贬（砭）骨。

"砭"本义是指古代治病的石头针，因与石有联系，所以意符是"石"。"针砭"是古代的一种针刺疗法，凡是表示针刺的意思都用"砭"。"寒气砭骨"是指寒气刺骨，"针砭时弊"是指针对当前的不良现象进行批评。词语"贬"的意符是"贝"，古时曾经用贝壳当货币,本义与钱财有联系的,意符都用"贝"。"贬"引申为减损和不好的评价。

(3)丕平急欲篡(纂)位称王。

"篡、纂"都是形声字,声符相同,意符不同。"篡",本义是非法夺取,古代多指臣子夺取君位,如"篡夺、篡位";也可指为了一己之私用作假的手段改动或曲解文件或典籍。"纂",意符为"糸(丝)",本义指赤色的丝带。凡丝带皆按一定的规则纺织而成,由此引申出编排整理的意思。所谓"编纂",既可指出版意义上的编辑,也可指写作意义上的撰修。

(4)我被这里的人民所震憾(撼),我被他们的精神所震憾(撼)。

"撼、憾"二字皆为形声字。"撼"义为摇,即以手晃物,故意符从手。"憾"字从心,《玉篇》的释义是:"憾,恨也。"此处的"恨"字是心中有所缺失,即遗憾的意思。可见,"撼"是外动于物,"憾"是内感于心。《现代汉语词典》第5版收"震撼"一词,解释为"震动、摇撼"。"震憾"一词的出现是没有依据的,不但古代典籍中没有记载,现代社会生活实践也没有创造出这个新词汇。所以,在我国现有的大型辞书中都是没有"震憾"一词的,《现代汉语词典》、《辞海》、《辞通》只收"震撼"而不收"震憾",在训诂材料最全的《故训汇纂》中也是找不到根据的。多数情况下,使用者在"望文生义"的习惯下更喜欢写成"憾"以强调心情,所以这个词语很容易写错成"震憾"。

(5)官吏贪赃枉法、草管(菅)人命的事,时有所闻。

"菅"的本义是茅草,意符为"艹(草)","草菅人命"是指把杀人看得像割草一样的意思,形容视杀人如同儿戏。"草菅人命"里的"草菅"是指草,不能用"管"。"管"的本义是竹管,意符为"竹

（竹）"，意为竹管或竹管制成的物品，也可泛指管状物。两字的意符不同。"管、菅"二字字形十分相似，但音、义迥然有别。

（6）岳飞是我国历史上著名的抗金英雄，他身上的男儿气慨（概）令我深深折服。

"概"，形声字，从木，既声。本义是量谷物时刮平斗斛（hú）用的木板。量米粟时，放在斗斛上刮平，不使过满。"气概"表示正直、豪迈的气度。"慨"，音"kǎi"，"忼慨，壮士不得志也。"（《说文》）"忼慨"即"慷慨"，"慨"指激昂、愤慨的样子，是一种精神状态，故以"忄（心）"为意符。应作"气概"。

（7）心理学家认为老年人有两大危险性心理因素，一是过分沉缅（湎）于过去……

"湎"，从水，"沉于酒也。"（《说文》）"湎"本义为沉于酒，引申为沉溺、迷恋，比喻潜心于某事物或处于某种境界或思维活动中。凡沉溺、沉迷之义都用"湎"字。"沉、湎"为同义语素，皆有含溺于其中的意思。而"缅"的本义是细丝，由丝的细长引申为绵延、遥远，"缅怀"的意思是"遥远地思念"。这里应该写作"沉湎"而不是"沉缅"，注意区别。

（8）他要辞职的消息在公司内部不径（胫）而走。

"不胫而走"，出自汉·孔融《论盛孝章书》："珠玉无胫而自至者，以人好之也，况贤者之有足乎？""不胫而走"意思是没有腿却能跑，比喻事物无需推行，就已迅速地传播开去。成语"不胫而走"是固定结构，不宜随意改动。

（9）这条铁路不满四年就全线峻（竣）工了，比原来的计划提早两年。

"竣",从立,立者,不动也,这个"立"和事情做完有关。"竣"的本义即停止,"竣"又引申出完成、结束的义项。"竣工"就是工程完工,和山势高低无关。"峻"从"山",形容山势高而陡。

(10)曹雪芹经过多年努力终于写出了烩(脍)炙人口的作品——《红楼梦》。

"脍",切细的肉;"炙",烤熟的肉。脍和炙都是人们爱吃的食物。"脍炙人口"指美味人人爱吃,比喻好的诗文受到人们的称赞和传诵。"烩"字从火,指烹饪方法,把饭和各种菜混合在一起烹煮,比喻把不相关的人或事拉扯在一起。

(11)他们输了比赛,所以看上去都萎糜(靡)不振的。

"靡",意为"分散下垂之貌"。分散下垂有相违意,故其字从"非"。"萎靡不振"即精神状态不好,形容情绪低沉,精神颓废。"糜","粥之稀者曰糜。"(《尔雅·释言》郭注)其是指煮米至烂的产物,故其字从米。由此引申出糜烂之意。

(12)周总理沤(呕)心沥血,为人民的幸福奋斗了终生,人民永远不会忘记。

"呕",吐;"沥",一滴一滴。"呕心沥血"意思是差点吐出心来,滴下血来,多形容为事业、工作、文艺创作等用心良苦,费尽心血。"沤"从水,"久渍也。"(《说文》)指物体在水中长时间地浸泡。

(13)恶霸地主罪行累累,磬(罄)竹难书。

"磬、罄"二字读音均为"qìng","磬"从石,"乐石也。"(《说文》)古代石制的一种打击乐器。"罄"从缶,瓦罐也。"器中空也。"(《说文》)引申指尽、完。成语"罄竹难书",贬义词,意思是把竹子用完了都写不完(古人写字用竹简,竹子是制竹简的材料),形容事实（多指罪恶）很多，难以说完。见《旧唐书·李密传》："罄南山之竹，书罪无穷；决东海之波，流恶难尽。"意思是说，用尽南山的竹子作竹简，也写不完他的罪行；决开东海的水，也洗不尽他的罪恶。

（14）本书是后现代文学思想的一部发韧（轫）之作。

这个词比较偏，正确的写法是"发轫"而不是"发韧"。"韧"从韦，"韦"指皮革，以坚韧为特征，成语有"韦编三绝"。"韧"便是柔软而坚固的意思。"轫"从车，指支住车轮不让它转动的木头。车子要启动，第一件事就是要搬掉这块木头，这便是"发轫"。后用来比喻新事物或某种局面开始出现。古代的车的"闸"是通过一根被绳索拉着的横木和轮子外缘的摩擦实现制动的。绳索的拉力同样由牲口提供，正常行驶的情况下"闸"是松开的，而紧急刹车则绳索张紧，牲口感到猛然吃力就停下来了。这里的横木叫做"轫"，所谓的"发轫期"，就是"闸"已经松开了。形容某些事物的束缚被解脱，从此一发而不可收。有兴起、发源、开始等意义，也形容不可遏制的势头。

（15）此药可治疗浑身搔（瘙）痒症。

"瘙痒症"是一种自觉瘙痒而临床上无原发损害的皮肤病。"瘙"字从疒（病），指一种病，而不是搔。"搔"是动词，抓挠的意思，"搔痒"则是止痒的一种动作。

（16）网上流行起"非主流"来了，大伙儿趋之若鹜（鹜）。

"趋"，快走；"鹜"，从鸟，野鸭。所谓"趋之若鹜"，就是像鸭子一样成群跑过去，比喻很多人争着赶去。"骛"，从马，"骛，驰也，奔也，驱也。"（《广韵·遇韵》)，本义指马的纵横奔驰，引申指追求、致力、从事，如成语"好高骛远"，比喻不切实际地追求过高过远的目标。

（17）莲花像白皙透明的珍珠，又像洁白无暇（瑕）的白玉，一朵朵地铺满了池塘。

"瑕"，从玉，"玉，小赤也。"(《说文》) 其本义是指带有赤色的玉石，后专指玉上的斑点。"洁白无瑕"说的是玉石上没有任何斑点，形容人的纯洁或物的纯洁。由玉上的斑点比喻人或物的缺陷，如"白璧微瑕、瑕不掩瑜"。"暇"，从日，"闲也。"(《说文》)，即"空闲"。"无暇"即没有时间。

（18）他一见到香烟，早把自己戒烟的誓言抛到九宵（霄）云外，立刻抽起来。

"霄"，"寸霰为霄。"(《说文》) "霄"即霰，一种落地即化的小冰粒，又引申指云、天。如"云霄、重霄"。"九霄"即九天，极言天高处，所谓九霄云外，即在九重天的外面，比喻无限远的地方或远得无影无踪。"宵"，"夜也。"(《说文》) 如成语"通宵达旦"。写作"九宵"，则变成了九个晚上。

（19）他怀着侥幸心理打算滥芋（竽）充数，结果被老师批评了。

"竽"，从"𥫗（竹）"，为一种竹制乐器。成语"滥竽充数"，见于《韩非子·内储说上》："齐宣王使人吹竽，必三百人。南郭处士请为王吹竽，宣王说之，廪食以数百人。宣王死，湣王立，好一一听之，处士逃。"不会吹竽的人混在吹竽的队伍里充数，比喻没有真才实学的人混在行家里面充数，或者拿不好的东西混在好的里面充数。"芋"，从"艹（草）"，指一种多年生草本植物，其地下茎富含淀粉，即日常食用的芋头。南郭先生吹的是"竽"而不是"芋"。

（20）中学的生活就是一本永远也记不完的流水帐（账）。

"帐、账"均为形声字,声符相同,意符不同。"帐"指用布、纱、绸子等制成的遮蔽物,意符为"巾",如"蚊帐、帐篷"。"账"指关于货币流通的记载,古时曾以贝为钱币,意符为"贝",凡表示财务及与财务有关的都用"账"。另外,词语"流水账"中"账"是指账目的意思,"流水账"是指以日记的形式逐日记载白天交易细目的账本,比喻不加分析罗列现象的叙述或记载。正确的写法是"记流水账"。

(二)意近改换

意近改换是指由于部件的意义相近相通而引起部件的改换。汉字的意符所表示的只是概括的义类,许多意符所表示的义类往往是相近的,也就是说,相同或相近的义类往往可以用不同的意符来表示,如"彳"与"走、辶、足","月(肉)"与"页、骨","木"与"缶","木"与"禾","火"与"金","金"与"刀","目"与"见"。这些意符所表的义类相近,在书写汉字时就可能会改换意近的意符,造成错字或别字,如"脸颊"的"颊"字,把"颊"字的"页"部换成"月(肉)"部,等等。

(三)音近改换

音近改换是指换用音近音同的声符,一般是用形体简易的声符改换形体繁复的声符,如将"遭遇"的"遇"的声符换用形体简易的声符而写成"迂"字,"来源"的"源"的声符换用而写成"沅"字。

(四)类化改换

类化改换是指受临近相关字的部件影响而错误地采用了与之同类的部件。双音节词有不少是由字义相近、偏旁相同的两个字组成,有人写双音节词时不自觉地进行偏旁类推,把某字的偏旁类化改换成和另一字相同的偏旁,如"跋涉"中的"涉"字,把"氵"部改换成"𧾷"部,"狭隘"中的"隘"字,把"阝"部改换成"犭"部。"脉搏"中的"搏"字,把"扌(手)"部改换成"月(肉)"部。

三、部件组合偏误

部件组合偏误是指组成一字的部件间位置关系或结构关系改变。一种是部件的位置调换,将左右结构的汉字的部件镜像变位,把应该在左边的部件写在右边,把应该在右边的部件写在左边,这种错误发生的次数如此之多,以至于形成了有系统的偏误。如:"够"字写成"夠",两个部件的形体不变,但是互换位置。一种是部件组合结构改变,改变了原字的结构。如"满、潇"字是左右结构,有人书写时把三点水下移,把左右结构写成了上下结构,"范、落"字是上下结构,有人书写时把三点水上移,把上下结构写成了左右结构。"愿、唇"字是半包围结构,有人书写时写成上下结构,等等。

第四节 汉字整字偏误

整字偏误是指把甲字当作乙字。整字层面的字形偏误属于别字的错误使用。错字和别字本身具有不同的性质,错字是不成字的,错字是不能够正确书写一个字而形成的,它错误的根源不是在使用上而是在书写上。别字是成字的,是汉字系统中存在的汉字,它自身在形、音、义上都具有正确性,但是在用字过程中,由于不了解字形与字音、字义间的联系,记不清字形,将形、音、义错误地组合,无法准确书写,于是形成了别字。它出现的根源不是不会书写,而是错误使用,错误使用的原因包括字形相近,字音相同相近,字义相近,在这样的情况下,使用者很容易混淆二者,把甲字当作乙字,写成别字。

一、形近替代

形近替代是指两字包含相同或相似的部件,或两字整体上的形体相近相似而将甲字写成乙字。汉字存在大量的形近字,不易准确辨认，常常出现因字形相似而替代的情况，如"磬"和"磬"两个字都较生僻，字形近似，只有一个部件"舟"和"声"的差异，书写时容易互相代替。

1. 只要交 20 元钱，就可以到头等侯（候）车室里等车。

"侯、候"二字仅一小竖之差。"候"，形声字，从人，矦声。"候，伺望也。"（《说文》）本义指守望、放哨，后引申出等待、探望等义。"候车室"是指火车站、长途汽车站等为方便旅客等车所设的房屋。"候"是"等候"的意思，应该写成"候车室"而不是"侯车室"。"侯"字只有两个义项：① 姓；② 古代贵族的一种爵位，如"诸侯、封侯"。除此之外一般都用"候"。

2. 两军交战，残忍的杀戳（戮）是不可避免的。

"戳、戮"都是形声字，意符都是"戈"，声符不同。"戮"，本义为杀也；"戳"，本义为以枪刺物。"戳"音"chuō"，"戮"音"lù"。"杀戮"为同义语素联合词，"杀戳"没有这种说法。

3. 那座老房子修茸（葺）后焕然一新。

"葺"，音"qì"，从"艹（草）"，本义是指用茅草覆盖房屋，引申义泛指修理建筑物。"茸"音"róng"，本义为草初生时柔软纤细的样子。正确的写法是"修葺"。

4. 午夜十二点，我察觉有人鬼鬼崇崇（祟祟）蹲在地上，原来他在偷井盖。

"祟"是会意字，从示，"示"代表鬼神，多用于和祭祀、鬼怪等有关的事物，"祟，神祸也。"（《说文》）"祟"本义指鬼神作怪害人或带来的灾祸。"崇"是形声字，从山，本义指高大，由高大又引申出崇敬、崇拜义。辨别这两个字的方法是："崇"上面是"山"，下面是"宗",常用来表示山的高大,如"崇山峻岭";"祟"上面是"出",下面是"示","祟"字和"鬼"字有内在的逻辑联系,常重叠连用,如"鬼鬼祟祟"。

5. 农民运动如火如茶(荼)地开展起来。

"荼",指古书上说的一种苦菜,又指茅、芦之类的白花。"如火如荼"中的"荼"是白色,"火"是赤色,本指古时阵容中将士装备的不同颜色,后用"荼火"形容军容壮盛,现常用"如火如荼"形容声势浩大。

6. 只要一发现栖息之所不安全,它们就迁徒(徙)异地。

"徙",会意字,表示两只脚在路上走动,意为迁移。"迁徙"是同义语素联合成词。"徒","步行也。"(《说文》)步行无所凭借,引申指空的,如"徒手搏斗";又引申为白白地,如"徒劳无益"。

7. 这幅画,几十年来一直被怀疑是膺(赝)品。

"膺",从月(肉),其本义指胸,如"义愤填膺"。"赝",从贝,本义指火色。古代陶器以火色别优劣,弄虚作假者往往通过改变火色以次充好,故"赝"引申指伪造的东西。从月(肉)的"膺"和肉体有关,从贝的"赝"和价值有关。正确的写法是"赝品"。

8. 他不断地自责,几乎到了不能自己(已)的程度。

"已,止也。"(《广韵·止韵》)"自已"的"已"是停止的意思,"自已"是控制自己,或使其停止,不能"自己",是指自己不能控制自己,无法让激动的情绪平静下来。

9. 这些青蛙蜇(蛰)伏在潮湿安全的地方。

"蜇",即海蜇,海里的一种生物。"蛰",本义指动物冬眠,藏在一处不吃不动。"蛰伏"本意形容虫子冬眠的一种状态,也可引申指像冬眠一样巧妙隐身,尽力不引人注意,引申义就是安静地躲避、潜伏,"蛰"有藏起来、静的意思。正确的写法是"蛰伏",不要错写成"蜇伏"。

10. 我们现在毫无计划地滥采自然资源,无异于饮鸠(鸩)止渴,最终必然遭到自然界的报复。

"鸩",传说中的一种毒鸟,据说用这种鸟的羽毛浸过的酒喝了能毒死人。成语"饮鸩止渴"中的"鸩"便是指这种毒酒。用它的羽毛喝毒酒解渴,比喻用错误的办法来解决眼前的困难而不顾致命的严重后果。

11. 小王现在可是领导面前灸(炙)手可热的人物,威信很高。

"灸",形声字,从火,久声,本义是中医的一种治疗方法。"灸,灼也。"(《说文》)即用艾熏灼人体的穴位。"炙",会意字,上面是肉,下面是火,本义是把肉放在火上烤。成语"炙手可热"意思是把手靠上去,手立即可以烧热,此处形容小王权势逼人。

12. 西方有法谚,公权力不能侵入床第(笫)之私。

"笫"字较为冷僻,字形和"第"字十分相似,稍不留神,便会混淆,注意辨别。"笫",和兄弟姊妹的"姊"、湖北秭归的"秭'为同一声符,从竹,本义为床上竹编的席子,所以又可作床的代称。"床"和"笫"联合构成"床笫"一词,用来指闺房之内或夫妻之间的隐秘。"第"本为"弟",指"以韦束物,因为"束之不一,则有次弟也。""次弟",即"次第","弟"后被借用为兄弟的"弟",一借不还,古人便另造出个"第"字。

二、同音替代

同音替代是指两字发音相同相近而将甲字当成乙字。因为不了解字形与字义间的联系，记不清字形，无法准确书写，所以用同音字来代替。汉字存在大量的音同音近字，容易出现因字音相同相近而同音代替的情况，如"食不果腹"误为"食不裹腹"、"提纲"误为"题纲"，"墨守成规"误为"默守成规"，"委曲求全"误为"委屈求全"等。

1. 班长的学习成绩很好，让我不得不甘败（拜）下风。

"甘"，甘愿，乐意；"下风"，风向的下方，比喻劣势地位。"甘拜下风"即自愿迎风站到不利地位、劣势地位，向对方行礼参拜，表示真心佩服对方，承认自己不如对方。这里的"拜"是一种礼节，通过"拜"表明自己的态度。"甘拜下风"常误写为"甘败下风"，应注意。

2. 妄自菲薄的人往往自抱（暴）自弃，难有成就。

出自《孟子·离娄上》："自暴者，不可与有言也；自弃者，不可与有为也。言非礼义，谓之自暴也；吾身不能居仁由义，谓之自弃也。""暴"，糟蹋、损害；"弃"，鄙弃。自己糟蹋自己，抛弃自己，甘于落后或堕落。"抱"和"暴"同音，但意思不同。

3. 我流落在一个陌生的城市里，身无分文，一愁（筹）莫展。

"筹"，"算也。"(《玉篇》)古代用于计数的算筹，通常以竹片或木片制成，故其字从竹。"筹"的功用主要是计数，由此可引申为计策。"一筹莫展"，一点计策也施展不出，一点办法也想不出来。

4. 长安街上，小汽车和自行车穿（川）流不息。

成语"川流不息",从《论语·子罕》演化而来。原文是:"子在川上,曰:'逝者如斯夫,不舍昼夜。'"孔子站在河边,说:"消失的如这河水一样,昼夜不停。"孔子以"川流不息"感叹时光的飞速流逝,后多用来比喻连续不断。"川流不息"是形容行人、车马等像水流一样连续不断,"川"指河流,不是穿通、透过的意思,不能用"穿"字。

5. 我们用瓦片盖房顶,有时也用磁(瓷)砖铺地面和墙面。

"瓷"是指用高岭土等纯净的黏土烧成的一种材料,质地坚硬细致,多为白色。例如:"瓷器、瓷都景德镇"。"磁"是指能吸引铁等金属的性能。例如:"磁铁、磁悬浮列车"。"瓷砖"是用瓷土烧制的建筑材料,所以写成"磁砖"是错误的。

6. 程雨来经济犯罪情节严重,在老娘的苦苦劝导下,决定向公安部门投案自首。他反复表示,自己要"认罪伏(服)法"。

"伏",有倒下、趴下的意思。常见有"(庄稼)倒伏"、"伏案(工作)"这样的词语用法。"伏法"也就是"伏于法",即"倒在法律惩处的枪口(或者刀刃)之下"。新闻媒体提到的"伏法",指被执行死刑。服法是指认识到自己的行为已经触犯了法律,从内心里自觉地认罪,而且自愿地为自己的行为接受处罚。《老娘泪》中的程雨来,说的意思是"认罪服法",也就是承认自己所犯下的罪行,服从法律的裁决和惩处。

7. 这几天丁丁准备考试,没功(工)夫看电视了。
舞蹈班的同学正在练工(功)夫。

"工夫"是指时间,在表示占用的时间或空闲时,习惯用"工夫"。口语中的"下工夫"是指为了达到某种目的而花费很多时间,付出很多精力,写成"下工夫"比较妥当。人们常说的"费工夫、花工夫",都指耗费时间,其中应写"工夫"。谚语"只要工夫深,铁杵磨成针。"是说,只要在某件事上花费时间和精力,且持之以恒,就能获得成功。这一谚语宜根据《现代汉语词典》的写法,写"工夫",不写"功夫"。表示本领和造诣等义项时,用"功夫"。另外,"功夫茶"是福建、广东一带的一种饮茶习俗,要写"功夫",不能写"工夫"。"功夫片儿"是指以武打为主的故事影片,其中也要写"功夫",不能写"工夫"。

8. 悬梁刺骨(股)挺吓人的,其实并不可取。

"悬梁锥股",形容发愤苦读。"锥股"出自西汉·刘向《战国策·秦策一》:"(苏秦)读书欲睡,引锥自刺其股,血流至足。""悬梁"出自东汉·班固《汉书》:"孙敬字文宝,好学,晨夕不休。及至眠睡疲寝,以绳系头,悬屋梁。""股",大腿,从胯至膝盖部分。这里锥刺的是股(大腿),不是骨头,不能用"骨"。

9. 虽然时间过去了这么多年,老红军对故乡的向往还是一如继(既)往。

"既往"意为过去、以往。"一如既往",态度或做法没有任何变化,完全和过去一样。这里的"既"是已经的意思;"继往"见于成语"继往开来",意为继承前人,继承传统,这里的"继"是接续、连续的意思。"一如继往"这一误例,是成语"一如既往"和"继往开来"相互干扰、相互拼接的产物。

10. 电视台和两大赛事之间的挖墙角(脚)大战,愈演愈烈。

"墙脚",指墙根,是支撑整幢建筑的基础部分。"挖墙脚",本意是指将墙的下半部挖掉,以至墙的整体的倒塌。比喻拆台、暗中伤害别人。现今是指为了自己谋取利益,而在暗地里不择手段地从对方挖取相关的人员、技术。注意常常误写为"挖墙角","墙角",指两堵墙相接而形成的角落;"挖墙角"虽然对建筑物产生影响,但只有"挖墙脚"才会使墙的整体倒塌,产生极其危险的破坏后果。

11. 该作品无处不融汇这位乡土作家的乡土情节(结)。

"情节"是指文学作品(如小说、剧本、短篇故事或诗)的事件或主要故事的策划或设计。"情结"是心理学术语,指一群重要的无意识组合,或是一种藏在人心理状态中强烈而无意识的冲动,如"恋母情结、处女情结、文学情结"等。"乡土情结"的"情结"是指内心的某种情感纠葛,不应写作"情节"。

12. 幸福是一生永远的承诺,幸福是一诺千斤(金)的相伴。

"一诺千金",许下的一个诺言有千金的价值,比喻说话算数,极有信用。出自西汉·司马迁《史记·季布栾布列传》:"得黄金百,不如得季布诺。"常被误写为"一诺千斤"。

13. 问卷收集成功,非常感谢大家鼎立(力)相助。

鼎为古代的一种烹饪器。鼎可供"煮牲",容积巨大,是日用器具中的"庞然大物","鼎力"指能够扛(gāng)鼎的巨大力气、能力。"鼎力相助",指别人对自己的大力帮助,属敬辞。误为"鼎立"便无从索解。

14. 他规划的远景不过是黄梁(粱)美梦而已。

"黄粱美梦",煮一锅小米饭的时间,做了一场好梦。以虚幻梦境比喻空欢喜一场。出自唐沈既济的《枕中记》。卢生枕着道士吕翁的青瓷枕睡觉,在梦中享尽荣华富贵,待他一觉醒来,店家的小米饭尚未煮熟。此处之"粱"指黄米饭,故"粱"从米。"梁"从木,指桥梁或屋梁,"黄梁"不能用来做饭。

15. 深圳湾大桥深圳段与香港段合拢(龙)。

"合龙"是堤坝、围堰及桥梁修筑中的专门术语。修筑堤坝、围堰或桥梁,都从两端开始施工,最后在中间对接。自古以来,中间的对接口都称"龙口"或"龙门",所以最后在龙口对接称"合龙"或"合龙门"。"合龙"是整个工程成败的关键,稍有疏漏便会功亏一篑。沈括《梦溪笔谈·官政一》中记载:"凡塞河决,垂合,中间一埽(读 sào,堵口的材料),谓之'合龙门',功全在此。"工程合龙时,一般会举行重大庆典,民间有些地方还会杀猪宰羊,举行隆重的祭祀仪式,祈求合龙成功。

从语意上分析,"合龙"与"合拢"也是有区别的。"合龙"强调做到两端工程在龙口接合得天衣无缝,整个工程像一条龙一样浑然一体。"拢",意思是合上、靠近。"合拢"指两个或多个个体靠近、闭合。"合拢"后的个体一般还是各自独立的,并没有变成浑然一体的整体。如书本合拢,一张张书页还是各自独立的。修筑堤坝从两端施工,最后留下的缺口称作"龙口",这种封口接合工作叫"合龙"。

16. 名(明)信片既不是可以事无巨细、无话不说的长信,也不是可以分秒即达、目的明确的电子邮件。

明信片是一种不用信封就可以直接投寄的载有信息的卡片,因为在付邮时不用另加信封,故称"明"信片。"明"是信息公开的意思。

17. 那紫红的葡萄,像带着梦想,给秋天的绿荫凭(平)添了几分韵味。

"平添",自然而然地增添,这是由"平"的平静、平和的意思深化而来的。"平"表达的是一种状态,而不是依照或凭借的意思。

18. 包车因为价格便宜、方便快捷得到了很多同学的亲(青)睐。

"青睐"即青眼,和"白眼"相对,"青",黑色。"青眼",眼睛正视时,眼球居中,故青眼表示对人喜爱或尊重。白眼,眼睛斜视时则现出眼白,故"白眼"是对人轻视或憎恶的表示。出自《晋书·阮籍》:"籍又能为青白眼,见礼俗之士,以白眼对之。(母终)及嵇喜来吊,籍作白眼,喜不怿而退。喜弟康闻之,乃赍酒挟琴造焉,籍大悦,乃见青眼。"此处应作"青(qīng)睐"。

19. 在经过很多年的努力以后,他突然声名雀(鹊)起,成为家喻户晓的人物!

"鹊",指喜鹊,其特点是嘴尖尾长,翅膀有力,能一飞冲天。"声名鹊起"指某人名声大振,知名度迅速提高,就像喜鹊一样一下子飞到了很高的位置。易错写成"声名雀起"。"雀",小鸟也,特指麻雀,其特点是脚短、翅短,整日跳跳蹦蹦,不具备一飞冲天的特点。

20. 联欢会上,苏老师和同学们谈笑风声(生)。

"谈笑风生",形容谈话轻松自如,有说有笑,风趣横生,似乎搅动了周围的空气。"风生"其实就是"生风"。出自辛弃疾《念奴娇·赠夏成玉》词:"遐想后日蛾眉,两山横黛,谈笑风生颊。"

21. 他们又注意最近报端刊登的"寻人启示(事)"栏,也毫无收获。

"启事"和"启示"是人们日常生活中用得较频繁但又容易混淆的两个词。遗失了东西,写一张"寻物启事",某单位要招工,贴一份"招聘启事"。但是,上述"启事"却常被人写成"启示",这类错误甚至见诸报刊上的广告用词。

在合成词"启事"和"启示"中,"启"表示的意义并不相同。"启示"的"启"义为开导启发,"示"也表示同样的意义,"启"与"示"是同义并用。"启示"的意思是启发指示、使人有所领悟的意思。如"这篇文章给了他很大的启示"。至于"启事"的"启",则为陈述表白的意思。"启事"即为公开声明某事而刊登在报刊上或张贴在墙壁上的文字。为寻找失物、招聘职工或其他事情写个文告,都应当称"启事"才对,如果自称"启示",于文意有悖。

22. 即使在走头（投）无路时，人也不要放弃生的机会，因为太阳每天都是新的。

"走"，奔走；"投"，投靠。"走投无路"说的是四处奔走，八方投靠，想尽一切办法，依旧无路可走，形容已经陷入绝境，找不到出路。"走投"误作"走头"，在语义上不通。

23. 桂林山水是个世外桃园（源）的好地方。

"世外桃源"，比喻理想中环境幽静、不受外界影响、生活安逸的地方。出自陶渊明的《桃花源记》，作者虚构了一个与世隔绝、和谐安宁的美好世界。不能写作"世外桃园"。

24. 莘莘学子们历经数年的寒窗苦读，为的就是希望有朝一日能够金榜提（题）名，载誉归乡。

"金榜"，科举时代殿试揭晓的皇榜；"题名"，写上名字。"金榜题名"即在殿试的榜上写有名字，指科举得中。"题名"和"提名"虽然同音，但意义有明显区别："题名"是题上名字，这是已经揭晓的结果；而"提名"是指提到名字，只是获得一种候选资格，并不意味着入选。

三、义近替代

义近替代是指字义都有相近之处，而将甲字当成乙字。有的汉字不仅意义相近，而且字音相同，字形相近，使用时不容易分辨，往往出现别字现象。如"滑"、"猾"，字义相近，字音相同，字形相似。"滑"是浮而不实，恶劣程度轻，"猾"是狡诈，恶劣程度重。形容某少年油头滑脑时，正字是程度较浅的"滑"字，形容坏人狡猾、老奸巨猾时，正字是程度较重的"猾"字，使用时要注意区分。

1. 身穿黑制服的是法院的人,穿灰色制服是检查(察)院的人。

"检查"与"检察"主要区别在"查"与"察"上。"查"是查看、核查,而"察"是考察、研究。"检查"是为了发现问题而用心查看,多指核对、查出问题。"检察"是指国家的法律监督机关(我国专指人民检察院)为了履行法律监督职责而审查一定法律事实的活动,多与国家机关相关。"检察官"勿错写成"检查官","检察厅"勿错写成"检查厅"。

2.《通知》要求,参加领导班子生活会的同志必须预先准备好发言提纲,切不可临时凑和(合)、敷衍了事。

正确写法是"凑合"。"合"跟"和"读音相同、意思相近,注意区别,正确的写法是"凑合"而不是"凑和"。"合",甲骨文为器盖相合形,义为闭合、合拢。"凑合"有三个义项:一指聚集,例如"业余时间他们常凑合在一起聊天";二勉强适应或对付:"这日子就凑合着过吧";三指拼凑,用在例句中即属此义项。"合"在这里读轻声"he",不能写作"和"。"和",本指声音的协调、和谐,由此又引申出和睦、平和、融洽等义。

3. 他的那首打油诗之所以在当地广为传颂(诵),就是由于说出了老百姓的心里话,反映了群众的美好愿望。

这里的"传颂"应为"传诵"。"传诵"与"传颂"读音相同,词义相近但又有明显区别,因而用法不同。其中的"传"都是辗转传布的意思,"诵"指述说或称述,"颂"指称颂或颂扬。可见,虽然二者都有辗转传播的意思,但"传诵"偏重于诵读和称道,"传颂"则偏重于称颂和颂扬。例句中"他的那首打油诗"为人们所"诵读和称道"是可信的,如果说"称颂和颂扬"则不准确。因此,应当用"传诵"而不用"传颂"。

4. 我们企业要把握机会，罗织（致）人才。

"罗织"与"罗致"是一对易混词。相同点：都有搜罗的意思，但使用对象不同，感情色彩不同。"罗织"指虚构罪状，陷害无辜的人，贬义，如"罗织罪名"。而"罗致"指延聘、搜罗人才，不含贬义，如"罗致人才"。

5. 她每天清晨上班前都要化装（妆）。
后台的演员正在忙于化妆（装）。

"化妆"与"化装"都是动词，都有打扮、修饰容貌的意思，但使用范围有区别。"化妆"是指美容，用化妆品来修饰头部、面部，使容貌美丽。例如"梳妆、浓妆艳抹"中都用"妆"。"化装"是指为了演出的需要，把演员装扮成特定的角色。"化装"不仅指头部、面部，还包括身体。另外，"化装"有"假扮"的意思，"化妆"没有这层意思。如果是指修饰头部、面部，进行美容的工作室，要写成"化妆间"；如果是给演员进行全身装扮的工作室，则应当写成"化装间"。在美容店修饰头部、面部的师傅，应当称为"化妆师"；如果是装扮全身、帮助演员扮成某个角色的剧组工作人员，则应当称为"化装师"。另外，"妆饰"跟"装饰"都指打扮、修饰，但使用对象不同。"妆饰"主要用于人。例如"她今天的妆饰跟平日不同"。"装饰"主要用于事物。例如"餐厅装饰一新，单位准备在这里举行春节团拜会"。

6. 领导正在台上做（作）报告。

"做"和"作"在有些意义上是相通的，按照使用习惯有所分工。表示动作行为意义的"作、做"的大致区别是：如①从语体色彩来看，区分"作、做"用法的基本标准是"文"与"白"。"作"多用于具有书面语色彩的词语，特别是文言词语均用"作"，成语几乎全用"作"；"做"则多用于具有口语色彩的词语。这种情况与"作"出于文言，起源很早，而"做"出于北方白话且起源很晚有关。② 从语义内容来看,"作"表示的动作性不强,意义比较抽象、泛化;"做"表示的动作性强,意义比较具体、实在,具体东西的制造一般写成'做',如'做桌子、做衣服、做文章'。③ 从语法特征来看,宾语是双音节动词,多用"作",例如"作研究、作调查、作报告"等。宾语是双音节名词,多用"做",表示做某件事或某方面的事。

四、违规用字

违规用字是指人们对文字规范化的意义认识不够,不了解规范汉字,乱用繁体字,使用二简字,仍用被淘汰的异体字等使用别字的现象。如:零售店铺门口的"另"售,饭店门口的"合"饭,饭店菜单的鸡"旦",五金店的"扦"座,体育用品店的"兰"球,停车场招牌的"仃"车收费,等等。有的是使用《简化字总表》时不得当。如"卢"作为简化偏旁,可以类推出简化字"泸、颅、鲈",但有的字不能类推,如"庐、炉、芦、驴",有的书写者不明白这一点,会出现错误类推简化偏旁而写了错字。

1. 树叶纷纷雕（凋）落,一派金秋景色。

"凋"的本义指草木零落。"凋"过去作为"雕"的异体字被淘汰,1988年重新确定"凋"为规范字。

2. 影片的故事情节感人,高潮叠（迭）起,吸引了很多观众走进电影院。

1956年的《汉字简化方案》把"叠"简化为"迭"。1986年重新发布的《简化字总表》时作了调整,明确"叠"字恢复使用,"叠"不再做"迭"的繁体字处理。"迭"有"更换、交替"等意思,"叠"有"累积、折叠"等意思。"迭"多表时间义,"叠"多表空间义。根据规范采用"迭起"的写法,不宜采用"叠起"来表示"一次又一次兴起、出现"的意思。

3. 这个人翻手为云，复（覆）手为雨，变化无常。

"复"原是"復、複、覆"的简化字，1986年公布的《简化字总表》作了调整，明确"覆"字恢复使用。"复"作为"復"和"複"两个字的简化字。復字的含义是"往而仍来"（循环往复，去而复返）；複字的含义是"重"（重复，繁复）。作为"復，複"的简化字，自然兼有其二字的含义。而"覆"字不再作为"复"的繁体字，而恢复为规范字，意思是翻过来和盖住，如"覆巢之下，岂有完卵？"。

4. 蔚兰（蓝）的天空，晴朗，洁净，像一泓碧水，荡涤着人们的心怀。

"兰"本是"蘭"的简化字。1977年12月22日，中国文字改革委员会根据国务院的批示，发表了《第二次汉字简化方案（草案）》，"兰"又成了"蓝、篮"的简化字，"蔚蓝"据此可以写作"蔚兰"，"篮球"写作"兰球"。1986年6月24日，国务院明令废止"二简字"。今天，"蓝天白云"不能再写作"兰天白云"，"兰"字只能视为别字。

5. 但有些司机……不减速，不了（瞭）望，有时还与火车抢道。

国家语言文字工作委员会于1986年10月10日在《关于重新发表〈简化字总表〉的说明》中指出，"瞭"字读作"liǎo"时，如"了解"，仍简化作"了"；读作"liào"时，如瞭望时不简化作"了"，按此规定，"瞭望"中的"瞭"字不能用"了"字。

第五节 汉字偏误校正的基本方法

一、扎实掌握组合汉字的基本元素

书写汉字时最容易犯的毛病就是只认轮廓、不辨细微、笔画增损、部件错置,其病根就是学习初始阶段的笔画、部件、单部件字这些组合汉字的基本元素时没能掌握好。学生在学习汉字的初始阶段基础打得扎实,以后学习汉字时就会事半功倍。对初级阶段学生,要扎实打好汉字书写的基础——笔画。笔画是汉字的基本书写单位,掌握笔画的正确写法是汉字学习的首要任务。应展开系统的笔画教学,从笔形、笔顺、笔画数、笔画组合关系四方面重点展开,安排充足的课时量和课后作业,扎实掌握笔画,为学习部件、整字,以及正字法意识的培养奠定基础。

就构字的笔画、部件、整字三个结构层次而言,掌握部件是关键。现代汉字中,除了几百个独体字之外,成千上万个合体字都是由几百个不同的部件按照不同的方位关系逐层组合而成,把汉字分解成若干个部件,比死记一笔一画要容易得多。跟笔画和整字相比,部件是最理想的。例如"辨、辩、辫、瓣"四字,这几个合体字整体外形轮廓太相似,区别度极小,很容易混淆,但如果把区别它们的部件"刂、讠、纟、瓜"单独列出来不易混淆,也便于称谓和记忆。

二、学习汉字六书的基本知识,掌握汉字正字方法

现代汉字是对古代汉字的继承和发展,现代汉字的字形中残留古代象形汉字的痕迹,字形有一定的理据性,很多部件具有表意或表音功能。教学时可以充分运用六书知识,培养学生符合汉字特点的文字观念。东汉许慎的《说文解字》用"六书"来分析汉字的构造。"六书"包括象形、指事、会意、形声、转注和假借。学习汉字六书的基本知识,培养学生正字法知识,帮助学生建立起汉字字形、字音、字义之间正确的对应关系。充分但又恰如其分地利用现代汉字中尚有表音或表意功能的声符、意符,利用声符和意符提示音义的功能来帮助学生记忆汉字的字形,同时引发他们学习汉字的浓厚兴趣,培养符合汉字特点的文字观念。

可利用形声字的意符来区别相似的字形。现代汉字巩固并发展

了以形声字为主的格局，是形声字占绝对优势的文字体系。尽管汉字形旁的表意功能有很大的局限性，如随着社会的发展、古今字义的演变，以及由于假借字的存在、一些字形旁的形体和位置特殊，一些形声字形旁的表意信息无法充分体现，但是，仍然有一半左右的形声字，形旁能够准确表示字的意义类属，这有助于人们理解和区别字义，避免写错别字。而且，运用汉字形体演变的知识，要了解形旁在古代的形体和意义，也有利于准确掌握和辨析汉字。由于形声字的意符具有表示义类的作用，我们可以根据形声字的义类把一些形体相似的部件区别开来。例如"冫"是"冰"的象形字，凡是由两点水组成的字，大都与寒冷有关系；例如"冬、凋、冽、凝"，"氵"是"水"字作左偏旁的变体，由"氵"组成的字都与水有联系，表示与水、液体相关的事物、性质或动作行为，如"液、淡、浊、洗"。这样，就把两个形似的意符区别开来。再如"祟"和"崇"字，字形相近，极易混淆，"祟"会意，从示，从出。"示"，与鬼神有关，表示鬼魅出没，本义为鬼神制造的灾祸。"崇"形声，从山，宗声，本义为山大而高。我们如果有一定的文字观念，了解汉字六书的基本知识，就可以正确区分这类形近字，有效避免写错别字。

同样，我们可以利用形声字的声符来区别相似的字形。尽管汉字声旁的表音作用也有局限性，由于古今语音的演变等原因，约有75%的形声字声旁和整字的读音不完全一致，有的声旁现在不再单用，很难直观表达整字的读音；有的声旁位置特殊，难以分辨；还有的声旁在不同的形声字中表示不同的读音，也不容易掌握。但是，也还有一定数量的形声字，声旁能够较为准确地提供字音信息，有助于识字教学。由于汉字中有不少同声符的形声字的读音相同或相近，所以我们可以根据形声字的读音来区别相似的字形，例如"沛"字，很多人把声符错写成"市"字，如果了解两个声符的读音不同，就不会出现写错的情况。"市"音"shì"，以"市"作声符的读作"shì"，如"柿"；"市"作声符的字都是唇音，如"肺、沛、芾"。再如以"舀"为声符的"稻、蹈、韬、滔"等字的韵母为"ao"，而以"臽"为声符的"陷、馅、焰、阎、诌"等字的韵母为"an"，这样就把两个形似的声符区别开来,避免形似部件的混用。

三、学习和使用规范汉字,关注汉字的调整变化情况

作为交际工具的语言文字具有强烈的社会性,因此人们在使用语言文字进行交际时,必须遵守统一明确的规范。我们作为汉字使用者,要自觉学习和使用规范汉字。规范汉字主要指新中国建立以来由政府发布的规范文件所规定的汉字,包括:①《简化字总表》规定的简化字。②《第一批异体字整理表》里的选用字。③《印刷通用汉字字形表》规定的新字形。[①]要自觉学习和使用国家发布的规范文件所规定的汉字,不用不规范汉字,包括已经简化了的繁体字、已经淘汰的异体字、已经停止使用的旧字形,《第二次汉字简化方案(草案)》里的简化字,即"二简字"和群众流行的自造简体字,尽量避免写错别字。

此外,还要注意规范汉字的调整变化情况。国家语言文字工作委员会于1986年10月10日在《关于重新发表〈简化字总表〉的说明》中对4个繁体字作了调整,"叠、覆、像、啰"不再作"迭、复、象、罗"的繁体字处理。"重叠、叠床架屋、峰峦叠翠"的"叠"不能写作"迭"。"高潮迭起"的"迭"不要写作"叠"。"颠覆、重蹈覆辙、翻云覆雨、天翻地覆、全军覆没"的"覆"都不能写作"复"。"啰唆"的"啰"不要简化写成"罗"。"象……一样",现在应写作"像……一样"。"像"指用模仿、比照等方法制成的人或物的形象,如"画像、录像、偶像、人像、神像、塑像、图像、肖像、绣像、遗像、影像、摄像"等,都是人工做成的;"象"指自然界、人或物的形态、样子,如"表象、病象、形象、脉象、气象、景象、天象"等,都是自然表现。

必须注意少数简化字的特殊用法。1986年重新发表的《简化字总表》,对少数简化字的特殊用法做了规范性注释,例如:"瞭",读

[①] 苏培成:《现代汉字学纲要》,北京大学出版社,2001。

"liǎo"（了解）时仍简作"了"，读"liào"（瞭望）时作"瞭"，不简化。"藉口、凭藉"的"藉"简化作"借"，"慰藉、蕴藉"的"藉"仍用"藉"；"馀"简化作"余"，在"余"和"馀"意义可能混淆时仍用"馀"（如"馀年未多"）。"徵"简化作"征"，古代五音（宫商角徵羽）的"徵"（zhǐ）不简化。"夥"，简化作"伙"，但表"多"义时仍用"夥"（如"收获甚夥"）。

还要注意《通用规范汉字表》对异体字问题的处理。《第一批异体字整理表》在 1955 年 12 月发布后，有些相关的文件曾对其进行过改动，主要是：① 1956 年 3 月发布的《修正〈第一批异体字整理表〉内"阪""挫"二字的通知》；②《简化字总表》（1986 年 10 月 10 日重新发表）和《关于发布〈现代汉语通用字表〉的联合通知》（1988 年 3 月 25 日发布）中重新认定了 26 个字；③ 1993 年《关于"镕"字使用问题的批复》。上述 3 个文件总共恢复了 29 字，分别是：阪、挫、訢、讌、晔、奢、诃、鲻、紬、划、鲙、诓、雠、剪、邱、於、澹、骼、彷、菰、溷、徵、熏、黏、桉、愣、晖、涠、镕。此次制定《新订异体字整理表》时，根据现有原则对这 29 个字重新审核，审核后的处理结果为："讌、鲻、紬、划"4 字仍按异体字处理，其余 25 字收入《通用规范汉字表》。此外，根据群众的意见，《通用规范汉字表》还将 51 个异体字恢复为规范字，并在各级字表中相应的字下增加注释，说明这些字恢复为规范字后的使用范围。有的出版物没有注意到这一变化，还按照《第一批异体字整理表》的规定，把"发愣"排成"发楞"，把"黏液"排成"粘液"，出现了别字。因此，掌握这些由淘汰到恢复使用的汉字十分必要，可以避免把已经恢复的正体字仍当作异体字予以淘汰，从而促进汉字的规范化。

参考文献

[1] 黄伯荣,廖序东.现代汉语(5版)[M].北京:高等教育出版社,2011.
[2] 邢福义.现代汉语[M].武汉:华中师范大学出版社,2002.
[3] 邢福义,汪国胜.现代汉语[M].武汉:华中师范大学出版社,2003.
[4] 张斌.新编现代汉语[M].上海:复旦大学出版社,2009.
[5] 邢福义,吴振国.语言学概论[M].武汉:华中师范大学出版社,2002.
[6] 高名凯.语言学概论[M].北京:高等教育出版社,2002.
[7] 叶蜚声,徐通锵.语言学纲要[M].北京:北京大学出版社,2002.
[8] 陈汝东.当代汉语修辞学[M].北京:北京大学出版社,2004.
[9] 黎运汉,盛永生.汉语修辞学[M].广州:广东教育出版社,2006.
[10] 李庆荣.现代实用汉语修辞[M].北京:北京大学出版社,2002.
[11] 倪宝元,章一鸣.名家锤炼词句[M].杭州:浙江教育出版社,1988.
[12] 王希杰.汉语修辞学[M].北京:北京出版社,1982.
[13] 熊正辉.南昌方言词典[M].南京:江苏教育出版社,1995.
[14] 黄景湖.汉语方言学[M].厦门:厦门大学出版社,1987.
[15] 虞国庆.普通话水平测试与培训教程[M].南昌:江西高校出版社,2011.
[16] 王新民,侯玉茹.普通话异读词汇表(修订本)[M].北京:语文出版社,1995.
[17] 金岳霖.形式逻辑[M].北京:人民出版社,1979.

[18] 吴家国. 普通逻辑[M]. 上海：上海人民出版社，1983.

[19] 黑格尔. 小逻辑[M]. 贺麟，译，商务印书馆，2004.

[20] 贝拉·弗格拉希. 逻辑学[M]. 刘丕坤，译. 北京：生活·读书·新知三联书店，1983.

[21] 王建平. 语言交际中的艺术：语境的逻辑功能[M]. 北京：求实出版社，1989.

[22] 刘培育. 逻辑时空丛书[M]. 北京：北京大学出版社，2006.

[23] 何向东. 逻辑学教程[M]. 北京：高等教育出版社，2005.

[24] 刘夏塘. 形式逻辑学[M]. 上海：同济大学出版社，1991.

[25] 陶景侃. 大学逻辑教程[M]. 兰州：兰州大学出版社，1997.

[26] 陈波. 逻辑学是什么[M]. 北京：北京大学出版社，2002.

[27] 彭涟漪，余式厚. 趣味逻辑学[M]. 北京：中国青年出版社，1981.

[28] 陈宗明. 汉语逻辑概论[M]. 北京：人民出版社，1993.

[29] 杨沛荪. 中国逻辑思想史教程[M]. 兰州：甘肃人民出版社，1998.

[30] 刘焕辉. 言语交际学[M]. 南昌：江西教育出版社，1988.

[31] 徐中玉，齐森华. 大学语文[M]. 上海：华东师范大学出版社，2007.

[32] 苏培成. 现代汉字学纲要[M]. 北京：北京大学出版社，2001.

[33] 杜维东. 错别字辨析手册[M]. 北京：华文出版社，2003.

[34] 赵克勤. 错别字例释[M]. 北京：商务印书馆，1998.

[35] 张静贤. 现代汉字教程[M]. 北京：北京现代出版社，1992.

[36] 裘锡圭. 文字学概要[M]. 北京：商务印书馆，1998.

[37] 孙钧锡. 汉字和汉字规范化[M]. 北京：教育科学出版社，1990.

[38] 周健. 汉字教学理论与方法[M]. 北京：北京大学出版社，2007.

[39] 王玉新. 汉字部首认知研究[M]. 济南：山东大学出版社，2009.

[40] 于根元. 关于媒体语言研究的若干思考//播音主持语言研究十篇[C]. 北京：中国经济出版社，2006.

[41] 鲁健骥. 中介语理论与外国人学习汉语的语音偏误分析[J]. 语

言教学与研究，1984（3）.

[42] 叶南. 对外汉语语音偏误研究[J]. 西南民族大学学报，2008（10）.

[43] 谢文芳. 语音缺陷的方音特征[J]. 咸宁学院学报，2007（10）.

[44] 何广见. 语音缺陷的生成类和评判类论析[J]. 绥化师专学报，2003（3）.

[45] 肖放亮. 南昌县（塘南）方言的语音系统[J]. 江西科技师范学院学报，2010（2）.

[46] 张继娅. 吴语人群学习普通话语音存在的问题及解决途径[J]. 广西民族大学学报，2009（1）.

[47] 杨奔. 探讨错误分析在普通话语音教学中的运用[J]. 教育与职业，2006（8）.

[48] 周汉清. 赣方言区提高普通话水平测试等级的策略研究[J]. 江西教育科研，2006（3）.

[49] 陈才佳，梁安. 方言区学生普通话学习中的迁移现象及教学策略[J]. 经济与社会发展，2006（10）.

[50] 文薇. 进行方音辨正是学习普通话语音的关键[J]. 保山师专学报，1999（3）.

[51] 石瑛. 香港人普通话学习中的单字调偏误分析[J]. 语文学刊，2011（2）.

[52] 马显彬. 汉语同音现象分化[J]. 语文研究，2005（2）.

[53] 易嘉骢. 广告语言的失范及其应对策略[D]. 华中师范大学，2007.

[54] 孙修章. 电视新闻播音中的不规范读音[J]. 语文建设，1993.

[55] 范祖奎. 中亚留学生汉字学习特点调查分析[J]. 民族教育研究，2009（3）.

[56] 范可育. 从外国学生书写汉字的错误看汉字字形特点和汉字教学[J]. 语文建设，1993（4）.

[57] 王宁. 汉字构形理据与现代汉字部件拆分[J]. 语文建设，1997，（3）.

[58] 陈文博. 中亚留学生汉语学习现状及新疆对外汉语教学对策[J]. 新疆大学学报：哲学人文社会科学版, 2007（7）.

[59] 肖奚强. 外国学生汉字偏误分析[J]. 世界汉语教学, 2002（2）.

[60] 施正宇. 外国留学生意符书写偏误分析//第六届国际汉语教学讨论会论文选[C]. 1999.

[61] 尉万传. 东南亚华裔留学生汉字偏误综合考察[D]. 暨南大学, 2004.

[62] 原新梅. 非汉字文化圈留学生汉字偏误"镜像错位"析[J]. 河南社会科学, 2003（6）.

[63] 刘艳妮. 非汉字文化圈留学生汉字认知难点及教学策略[J]. 开封大学学报, 2005（2）.

[64] 陈琴, 刘婧, 朱丽. 泰国学生汉字书写偏误分析[J]. 云南师范大学学报：对外汉语教学与研究版, 2009（2）.

[65] 郭圣林. 汉字的笔画特点与外国学生汉字笔画偏误[J]. 暨南大学华文学院学报, 2008（4）.